LES

CLASSIQUES FRANÇOIS

PUBLIÉS

PAR M. LEFÈVRE.

VINGT-CINQUIÈME VOLUME.

PARIS. — TYPOGRAPHIE DE FIRMIN DIDOT FRÈRES,
Imprimeurs de l'Institut de France,
RUE JACOB, 56.

ŒUVRES
DE
P. CORNEILLE

AVEC LES NOTES

DE TOUS LES COMMENTATEURS.

TOME ONZIÈME.

A PARIS,

CHEZ FIRMIN DIDOT FRÈRES, LIBRAIRES,

RUE JACOB, 56;

ET CHEZ L'ÉDITEUR, RUE HAUTEFEUILLE, 18.

M DCCC LV.

L'OFFICE
DE LA
SAINTE VIERGE,

TRADUIT EN FRANÇOIS,

TANT EN VERS QU'EN PROSE,

AVEC LES SEPT PSAUMES PÉNITENTIAUX,

LES VÊPRES ET COMPLIES DU DIMANCHE,

ET TOUS LES

HYMNES DU BRÉVIAIRE ROMAIN,

PAR P. CORNEILLE[1].

---

[1] Ce titre est conforme à celui de l'édition de 1670. Voyez tome I. *Avis de l'Éditeur*, page IV. (LEF....)

A LA REINE.

Madame,

Ce n'est pas sans quelque sorte de confiance que j'ose présenter cet Office de la Reine du ciel à la première reine de la terre ; et si mes forces avoient pu répondre à la dignité de la matière et au zèle de Votre Majesté, je me tiendrois très assuré de lui faire un présent tout-à-fait selon son cœur. Cette infatigable piété qui ajoute à sa couronne un brillant si extraordinaire, lui fait prendre une joie bien plus sensible à rendre ses devoirs à Dieu, qu'à recevoir ceux des hommes : et comme elle a sans cesse devant les yeux qu'il est infiniment plus au-dessus d'elle qu'elle n'est au-dessus du moindre de ses sujets ; dans la hauteur de ce rang qui a mérité les adorations des peuples, elle trouve une gloire plus solide à se regarder comme sa servante que comme reine. En attendant les récompenses éternelles qu'il lui en réserve en l'autre vie, il en fait éclater d'illustres et d'étonnantes dès celle-ci dans les prospérités continuelles qu'il prodigue au roi, et dans les belles naissances des princes qu'il donne par elle à la France. Il ne lui suffit pas de cette florissante et inébranlable tranquillité dont il nous fait jouir sous les ordres de cet invincible monarque; ce ne lui est pas assez de faire trembler au seul nom de cet illustre conquérant tous les ennemis de son état : il promet les mêmes avantages à ceux qui naîtront après nous, par les rares qualités qu'il fait admirer de jour en jour en Monseigneur le Dauphin. Il ne s'arrêtera pas là, MADAME, et, pour comble de bénédictions et de graces, il fera de tous vos exemples autant d'inépuisables sources, qui répandront sur tout le royaume les vertus qui font leur asile de votre cabinet. Nous avons droit d'en espérer ces pleins effets, après les puissantes impressions que nous leur voyons faire sur les ames de ces généreuses filles qui ont l'honneur d'être nourries auprès de V. M. et attachées au service de sa personne : elles n'en sortent que pour se consacrer à celui de Dieu : votre balustre leur inspire le mépris des vanités et le dégoût du monde : elles y apprennent à renoncer à leurs volontés, à dompter leurs sentiments, à triompher de tout l'amour-propre : elles y conçoivent ces courageuses résolutions de s'enfermer dans les cloîtres les plus austères, pour s'appliquer incessamment, dans le bienheureux calme de ces retraites toutes saintes, à ce qu'elles ont vu pratiquer à V. M. parmi les tumultes des grandeurs. Dieu ne laisse point ses ouvrages im-

ÉPITRE.

parfaits : il achèvera celui-ci, MADAME, et portera la force de ces miraculeux exemples aussi loin que les bornes de cet empire, pour qui V. M. en a obtenu ce prodigieux enchaînement de félicités. Ce sont les vœux de tous les véritables François, et ceux que fait avec le plus de passion,

MADAME,

DE VOTRE MAJESTÉ,

Le très humble, très obéissant et très fidèle serviteur et sujet,
P. CORNEILLE.

PRECATIO PRO REGE.

PSALMUS 19.

Que le Seigneur vous exauce au jour de la tribulation : que le nom du Dieu de Jacob vous protége.

Que de sa sainte demeure il vous envoie du secours, et que du haut de Sion il vous défende.

Qu'il se souvienne de tous vos sacrifices, et rende votre holocauste digne d'être accepté par lui.

Qu'il vous donne des succès selon votre cœur; qu'il approuve et seconde tous vos desseins.

Nous ferons de hautes réjouissances de ce qu'il vous aura conservé, et nous nous tiendrons comblés de gloire au nom de notre Dieu de ce qu'il aura fait pour vous.

Qu'il remplisse toutes vos demandes : je vois dès maintenant qu'il a sauvé de tous périls le roi qu'il a consacré par son onction.

Exaudiat te Dominus in die tribulationis : protegat te nomen Dei Jacob.

Mittat tibi auxilium de sancto : et de Sion tueatur te.

Memor sit omnis sacrificii tui : et holocaustum tuum pingue fiat.

Tribuat tibi secundum cor tuum, et omne consilium tuum confirmet.

Lætabimur in salutari tuo : et in nomine Dei nostri magnificabimur.

Impleat Dominus omnes petitiones tuas : nunc cognovi quoniam salvum fecit Dominus Christum suum.

PRIÈRE POUR LE ROI.

PSAUME 19.

En ces jours dont l'issue est souvent si fatale,
Daigne ouïr le Seigneur les vœux que tu lui fais,
Et du Dieu de Jacob la vertu sans égale
Par sa protection répondre à tes souhaits.

Des célestes lambris de sa sainte demeure
Daigne son bras puissant t'envoyer du secours,
Et du haut de Sion renverser à toute heure
Sur l'orgueil ennemi les périls que tu cours.

Puisse ton cœur soumis, puisse ton sacrifice,
S'offrir à sa mémoire en tous temps, en tous lieux !
Puisse ton holocauste offert à sa justice
Élever une flamme agréable à ses yeux !

Qu'un bonheur surprenant, une faveur solide,
Porte plus loin ton nom que n'ose ton desir;
Que dans tous tes conseils son Esprit-Saint préside,
Et leur donne l'effet que tu voudras choisir.

De tes prospérités nous aurons pleine joie,
Nous bénirons ce Dieu qui t'en fait l'heureux don,
Nous vanterons partout son bras qui les déploie,
Nous nous glorifierons nous-mêmes en son nom.

Qu'il ne se lasse point de remplir tes demandes,
Lui qui t'a couronné pour régner sous sa loi,
Et que par tes bontés de jour en jour plus grandes
Il fasse encor mieux voir l'amour qu'il a pour toi.

Il l'exaucera de ce lieu saint qu'il habite dans le ciel, et fera voir qu'il n'appartient qu'à sa droite d'être la sauvegarde des potentats.

Les uns s'assurent en leurs chariots, les autres en leur cavalerie : mais pour nous, nous ne prenons aucune confiance qu'au nom de notre Dieu que nous invoquons.

Aussi se sont-ils embarrassés tous, et ont trébuché, cependant que nous nous sommes élevés; ou si par quelque malheur nous avons penché vers la chute, ce n'a été que pour nous redresser plus fortement.

Seigneur, ayez la bonté de sauver le roi, et de nous exaucer toutes les fois que nous vous invoquerons pour son salut.

Gloire soit au Père, etc.
Telle qu'elle, etc.

Exaudiet illum de cœlo sancto suo : in potentatibus salus dexteræ ejus.

Hi in curribus, et hi in equis : nos autem in nomine Dei nostri invocabimus.

Ipsi obligati sunt, et ceciderunt : nos autem surreximus, et erecti sumus.

Domine, salvum fac regem ; et exaudi nos in die qua invocaverimus te.

Gloria Patri, etc.
Sicut erat, etc.

ORATIO PRO REGE.

Quæsumus, omnipotens Deus, ut famulus tuus Ludovicus rex noster, qui tua miseratione suscepit regni gubernacula, virtutum etiam omnium percipiat incrementa, quibus decenter ornatus et vitiorum monstra devitare, hostes superare, et ad te qui via, veritas, et

POUR LE ROI.

Des lumineux palais de sa demeure sainte
Il entendra tes vœux, défendra tes états,
Montrera qu'il est digne et d'amour et de crainte,
Et qu'il tient en sa main le sort des potentats.

Ceux qui nous attaquoient ont mis leur confiance,
Les uns en leurs chevaux, les autres en leurs chars ;
Nous autres, mieux instruits par notre expérience,
Nous l'avons mise au Dieu qui règle les hasards.

Ceux-là sont demeurés ou morts, ou dans nos chaînes,
Leurs chars et leurs chevaux les ont embarrassés ;
Et ceux qui nous voyoient trébucher sous leurs haines
Nous ont vus par leur chute aussitôt redressés.

Sauvez notre grand roi, bénissez-en la race.
Embrasez-le, Seigneur, de vos célestes feux :
Nous demandons pour lui chaque jour votre grace,
Donnez un plein effet à de si justes vœux.

Gloire au Père éternel, la première des causes,
Gloire au Verbe incarné, gloire à l'Esprit divin !
Et telle qu'elle étoit avant toutes les choses,
Telle soit-elle encor maintenant, et sans fin !

ORAISON POUR LE ROI.

Nous vous supplions, Dieu tout-puissant, de faire que Louis votre serviteur et notre roi, qui par votre grace a pris en sa main le gouvernail de ce royaume, augmente incessamment en vertus, par le moyen desquelles il puisse éviter les monstres des vices, triompher de ses ennemis, et arriver heureusement à vous,

vita es, gratiosus valeat pervenire. Per Christum Dominum nostrum. Amen.

ORATIO PRO REGINA.

Deus, omnium regnorum author et rector, prætende, quæsumus, super famulam tuam Mariam Theresam reginam spiritum gratiæ salutaris, et ut in veritate tibi complaceat, perpetuam ei benedictionem infunde. Per Christum Dominum nostrum. Amen.

ORATIO PRO DELPHINO.

Omnipotens sempiterne Deus, miserere famulo tuo Ludovico, Delphino Franciæ, et dirige eum secundum tuam clementiam in viam salutis æternæ, ut te donante, tibi placita cupiat, et tota virtute perficiat. Per Christum Dominum nostrum. Amen.

qui êtes la voie, la vérité, et la vie. Nous vous en conjurons par Jésus-Christ notre Seigneur. Ainsi soit-il.

ORAISON POUR LA REINE.

Dieu, qui avez fait tous les royaumes et les régissez, nous vous prions de répandre sur notre reine votre servante, Marie-Thérèse, l'esprit de votre grace salutaire, et de la favoriser d'une bénédiction perpétuelle, afin que toutes ses actions et ses pensées n'ayent rien qui ne soit véritablement conforme à votre bon plaisir. Nous vous en conjurons par Jésus-Christ notre Seigneur. Ainsi soit-il.

ORAISON POUR MONSEIGNEUR LE DAUPHIN.

Dieu éternel et tout-puissant, regardez avec une amoureuse miséricorde votre serviteur Louis, Dauphin de France, et conduisez-le par votre clémence en la voie du salut éternel, afin que par votre grace il ne souhaite que ce qui vous est agréable, et se porte de tout son cœur à le pratiquer en sa perfection. Nous vous en conjurons par Jésus-Christ notre Seigneur. Ainsi soit-il.

L'OFFICE

DE LA

SAINTE VIERGE,

TRADUIT EN FRANÇOIS.

ORATIO DOMINICA.

Pater noster qui es in cœlis, sanctificetur nomen tuum. Adveniat regnum tuum, fiat voluntas tua, sicut in cœlo et in terra. Panem nostrum quotidianum da nobis hodie, et dimitte nobis debita nostra, sicut et nos dimittimus debitoribus nostris : Et ne nos inducas in tentationem, sed libera nos a malo. Amen.

SALUTATIO ANGELICA.

Ave, Maria, gratia plena ; Dominus tecum. Benedicta tu in mulieribus, et benedictus fructus ventris tui, Jesus.

Sancta Maria, mater Dei, ora pro nobis peccatoribus, nunc, et in hora mortis nostræ. Amen.

SYMBOLUM APOSTOLORUM.

Credo in Deum Patrem omnipotentem, creatorem cœli et terræ, et in Jesum Christum, Filium ejus unicum, Dominum nostrum : qui conceptus est de Spiritu Sancto, natus ex Maria Virgine, passus sub Pontio Pilato, crucifixus, mortuus, et sepultus : descendit ad inferos, tertia die resurrexit a mortuis : ascendit ad cœlos, sedet ad dexteram Dei Patris omnipotentis : inde venturus est judicare vivos et mortuos. Credo in Spiritum Sanctum, sanctam Ecclesiam Catholicam, sanctorum communionem, remissionem peccatorum, carnis resurrectionem, vitam æternam. Amen.

L'ORAISON DOMINICALE.

Notre Père qui êtes aux cieux, que votre nom soit sanctifié ; que votre règne arrive ; que votre volonté se fasse en la terre, comme elle se fait au ciel. Donnez-nous aujourd'hui notre pain quotidien, et nous remettez nos dettes, comme nous les remettons à nos débiteurs. Et ne nous laissez pas tomber dans la tentation, mais délivrez-nous du mal. Ainsi soit-il.

LA SALUTATION ANGÉLIQUE.

Je vous salue, Marie, pleine de grace ; le Seigneur est avec vous. Vous êtes bénie entre les femmes, et Jésus le fruit de votre ventre est béni.

Sainte Marie, mère de Dieu, priez pour nous autres pauvres pécheurs, maintenant, et à l'heure de notre mort. Ainsi soit-il.

LE SYMBOLE DES APOTRES.

Je crois en Dieu le Père tout-puissant, Créateur du ciel et de la terre, et en Jésus-Christ son Fils unique, notre Seigneur : qui a été conçu du Saint-Esprit, et est né de la Vierge Marie : qui a enduré sous Ponce Pilate, a été crucifié, est mort, et a été enseveli : qui est descendu aux enfers, et est ressuscité d'entre les morts le troisième jour : qui est monté aux cieux, et y est assis à la dextre de Dieu le Père tout-puissant, d'où il viendra juger les vivants et les morts. Je crois au Saint-Esprit, la sainte Église Catholique, la communion des saints, la rémission des péchés, la résurrection de la chair, et la vie éternelle. Ainsi soit-il.

OFFICIUM
BEATÆ VIRGINIS.

AD MATUTINUM.

AVE, MARIA, ETC.

Seigneur, vous ouvrirez mes lèvres ;

Et ma bouche annoncera vos louanges.

Mon Dieu, venez à mon aide.

Seigneur, hâtez-vous de me secourir.

Gloire soit au Père, et au Fils, et au Saint-Esprit.

Telle qu'elle a été au commencement, telle soit-elle encore maintenant, et toujours, et dans les siècles des siècles. Ainsi soit-il.

Domine, labia mea aperies ;

Et os meum annunciabit laudem tuam.

Deus, in adjutorium meum intende.

Domine, ad adjuvandum me festina.

Gloria Patri, et Filio, et Spiritui Sancto.

Sicut erat in principio, et nunc, et semper, et in sæcula sæculorum. Amen.

Alleluia.

INVITATORIUM. Ave, Maria, gratia plena : Dominus tecum. Ave, Maria, gratia plena : Dominus tecum.

PSALMUS 94.

Venez, réjouissons-nous au

Venite, exultemus

L'OFFICE
DE LA SAINTE VIERGE.

A MATINES.

<small>JE VOUS SALUE, MARIE, ETC.</small>

Ouvrez mes lèvres, Roi des anges,
Que je réponde à leurs concerts,
Et ma bouche de vos louanges
Fera retentir l'univers.

O grand Dieu, de qui tout procède,
Qui faites et vivre et mourir,
Ne me refusez pas votre aide,
Hâtez-vous de me secourir.

Gloire au Père, souverain maître,
Gloire au Fils, à l'Esprit divin :
Et telle qu'elle étoit quand tout commença d'être,
Telle soit-elle encor, maintenant, et sans fin.

<small>Louez le Seigneur.</small>

<small>INVITATOIRE.</small> Je vous salue, Marie, pleine de grace : le Seigneur est avec vous. Je vous salue, Marie, pleine de grace : le Seigneur est avec vous.

PSAUME 94.

Venez, peuple, venez ; il est honteux de taire

Seigneur, chantons des cantiques de joie à Dieu, notre salutaire : préoccupons sa face avec des louanges, et chantons-lui des Psaumes pour marque d'allégresse.

Domino, jubilemus Deo, salutari nostro; præoccupemus faciem ejus in confessione, et in Psalmis jubilemus ei.

Ave Maria, gratia plena : Dominus tecum.

Car le Seigneur est un grand Dieu, et un grand Roi par-dessus tous les Dieux : le Seigneur ne rejettera point la prière de son peuple; il a dans sa main tous les bouts de la terre, et quelque hautes que soient les montagnes, il les voit encore de plus haut.

Quoniam Deus magnus Dominus, et Rex magnus super omnes Deos; quoniam non repellet Dominus plebem suam : quia in manu ejus sunt omnes fines terræ, et altitudines montium ipse conspicit.

Dominus tecum.

La mer est à lui, et c'est lui qui l'a faite, et ses mains ont jeté les fondements de la terre. Venez, que nous l'adorions, prosternons-nous devant Dieu, pleurons en la présence du Seigneur, qui nous a faits : car il est le Seigneur notre Dieu, et nous ne sommes que son peuple, et les brebis de ses pâturages.

Quoniam ipsius est mare, et ipse fecit illud, et aridam fundaverunt manus ejus. Venite, adoremus, et procidamus ante Deum, ploremus coram Domino qui fecit nos : quia ipse est Dominus Deus noster, nos autem populus ejus, et oves pascuæ ejus.

Ave Maria, gratia plena : Dominus tecum.

Si vous entendez aujourd'hui sa voix, gardez-vous

Hodie si vocem ejus audieritis, nolite obdu-

A MATINES.

    Les merveilles du Roi des rois;
Élevons avec joie et nos cœurs et nos voix
    Au vrai Dieu, notre salutaire :
    Que la louange de son nom
Puisse en notre faveur préoccuper sa face,
    Nos concerts mériter sa grace,
    Nos larmes obtenir pardon !

    Je vous salue, Marie, pleine de grace : le Seigneur est avec vous.

Il est le Dieu des dieux, il en est le grand maître,
    Aussi fort, aussi bon que grand ;
Il ne dédaigne point l'hommage qu'on lui rend,
    Il conserve ce qu'il fait naître :
    Il est de tout l'unique auteur,
Il enferme en sa main les deux bouts de la terre,
    Des monts plus hauts que le tonnerre
    D'un coup d'œil il voit la hauteur.

    Le Seigneur est avec vous.

Du vaste sein des mers les eaux les plus profondes
    Sont à lui, prennent loi de lui ;
Il est seul de la terre et l'auteur et l'appui,
    Il la soutient contre tant d'ondes.
    Venez, pleurons à ses genoux,
Il nous a faits son peuple, il aime ses ouvrages,
    Et dans ses heureux pâturages
    Il n'admet de troupeaux que nous.

    Je vous salue, Marie, pleine de grace : le Seigneur est avec vous.

Oyez, oyez sa voix qui répond à vos larmes,
    Mais n'endurcissez pas vos cœurs,

d'endurcir vos cœurs, comme il arriva dans le soulèvement qui se fit au désert, le jour de la tentation, où vos pères me tentèrent : ils y éprouvèrent et virent mes œuvres.

rare corda vestra sicut in exacerbatione, secundum diem tentationis in deserto, ubi tentaverunt me patres vestri : probaverunt et viderunt opera mea.

Dominus tecum.

Je me suis attaché quarante ans à ce peuple, et j'ai toujours dit : Le cœur de ces gens-là s'égare : mais pour eux, ils ne connurent point mes voies. Aussi je leur jurai en ma colère qu'ils n'entreroient point dans mon repos.

Quadraginta annis proximus fui generationi huic, et dixi semper : Hi errant corde : ipsi vero non cognoverunt vias meas, quibus juravi in ira mea, si introibunt in requiem meam.

Ave, Maria, gratia plena : Dominus tecum.

Gloire soit au Père, et au Fils, et au Saint-Esprit. Telle qu'elle a été au commencement, telle soit-elle encore maintenant, et toujours, et dans les siècles des siècles. Ainsi soit-il.

Gloria Patri, et Filio, et Spiritui Sancto. Sicut erat in principio, et nunc, et semper, et in sæcula sæculorum. Amen.

Dominus tecum.
Ave, Maria, gratia plena : Dominus tecum.

HYMNUS.

Quem terra, pontus, æthera,
Colunt, adorant, prædicant,
Trinam regentem machinam,
Claustrum Mariæ bajulat.

Cui luna, sol, et omnia

Comme alors qu'au désert contre vos conducteurs
 Il s'élevoit tant de vacarmes.
 Vos pères y voulurent voir
Jusques où s'étendoit le pouvoir d'un tel maître,
 Et l'épreuve leur fit connoître
 Par leurs yeux mêmes ce pouvoir.

Le Seigneur est avec vous.

Quarante ans, vous dit-il, j'ai conduit cette race,
 Quarante ans j'ai sondé leurs cœurs,
Sans y voir que murmure, et qu'orgueil, et qu'erreurs,
 Sans y trouver pour moi que glace :
 Ces vieux ingrats à tous propos
Ne vouloient plus savoir les chemins de me plaire,
 Et je jurai dans ma colère
 De leur refuser mon repos.

Je vous salue, Marie, pleine de grace : le Seigneur est avec vous.

Gloire au Père éternel, la première des causes,
 Gloire au Fils, à l'Esprit divin,
Telle encor maintenant, et telle encor sans fin,
 Qu'elle étoit avant toutes choses.

Le Seigneur est avec vous.

Je vous salue, Marie, pleine de grace : le Seigneur est avec vous.

HYMNE.

 Celui que la machine ronde
 Adore et loue à pleines voix,
Qui gouverne et remplit le ciel, la terre, et l'onde,
Marie en soi l'enferme, et l'y porte neuf mois.

 Ce grand Roi, que de la nature

Deserviunt per tempora,
Perfusa cœli gratia
Gestant puellæ viscera.

Beata mater munere,
Cujus supernus artifex,
Mundum pugillo continens,
Ventris sub arca clausus est.

Beata cœli nuntio,
Fœcunda Sancto Spiritu,
Desideratus gentibus
Cujus per alvum fusus est.

Gloria tibi, Domine,
Qui natus es de Virgine,
Cum Patre, et Sancto Spiritu,
In sempiterna sæcula. Amen.

AD I. NOCTURNUM.

Tres Psalmi sequentes dicuntur die Dominica, feria 2 et 5.

ANTIPHONA. Benedicta tu.

PSALMUS 8.

O Dieu, notre souverain Seigneur, que votre nom est admirable en toute la terre!	Domine, Dominus noster : quam admirabile est nomen tuum in universa terra!
Votre magnificence est élevée au-dessus des cieux.	Quoniam elevata est magnificentia tua super cœlos.

A MATINES.

Servent l'un et l'autre flambeau,
D'un flanc que de la grace un doux torrent épure
Devient l'enflure sainte, et le sacré fardeau.

O mère en bonheur sans égale,
　　De qui l'artisan souverain
Daigne souffrir neuf mois sa prison virginale,
Lui qui tient l'univers tout entier en sa main ;

Qu'heureuse te rend ce message
　　Que suivent tes soumissions,
Par qui le Saint-Esprit forme en toi ce cher gage,
Ce Fils, ce desiré de tant de nations !

Gloire à toi, merveille suprême,
　　Dieu par une Vierge enfanté ;
Même gloire à ton Père, au Saint-Esprit la même,
Et durant tous les temps et dans l'éternité.

POUR LE 1. NOCTURNE.

Ces trois psaumes se disent le dimanche, le lundi et le jeudi.

ANTIENNE. Vous êtes bénie.

PSAUME 8.

Dieu, notre Souverain, tout-puissant et tout bon,
Auteur de la nature, et maître du tonnerre,
　　Que la gloire de ton saint nom
S'est rendue admirable aux deux bouts de la terre !

L'œil qui d'un sain regard contemple ces bas lieux
Voit ta magnificence aux plus bas lieux gravée ;
　　Et sitôt qu'il s'élève aux cieux,
Par-dessus tous les cieux il la voit élevée.

Vous avez fait éclater votre louange la plus parfaite par la bouche des enfants à la mamelle, à cause de vos ennemis; afin de détruire l'esprit d'inimitié et de vengeance.

Vos cieux que je vois sont les ouvrages de vos doigts, et c'est vous qui avez formé la lune et les étoiles.

Qu'est-ce que l'homme, pour être digne de votre souvenir? et qu'est-ce que le fils de l'homme, pour mériter que vous le visitiez?

Vous ne l'avez fait qu'un peu moindre que les anges; vous l'avez couronné de gloire et d'honneur, et vous l'avez établi sur les ouvrages de vos mains.

Vous avez tout mis sous ses pieds; toutes les brebis, tous les bœufs et toutes les bêtes de la campagne,

Les oiseaux du ciel, et les poissons de la mer, qui se promènent dans les routes de la mer.

O Dieu, notre souverain Seigneur, que votre nom est

Ex ore infantium et lactentium perfecisti laudem, propter inimicos tuos : ut destruas inimicum et ultorem.

Quoniam videbo cœlos tuos, opera digitorum tuorum : lunam et stellas quæ tu fundasti.

Quid est homo, quod memor es ejus? aut filius hominis, quoniam visitas ejus?

Minuisti eum paulo minus ab angelis, gloria et honore coronasti eum : et constituisti eum super opera manuum tuarum.

Omnia subjecisti sub pedibus ejus : oves et boves universas insuper et pecora campi,

Volucres cœli et pisces maris, qui perambulant semitas maris.

Domine Dominus noster, quam admirabile

Ton plus parfait éloge, exprès tu l'as commis
Aux accents imparfaits que hasarde l'enfance,
  Pour confondre tes ennemis,
Et détruire l'esprit de haine et de vengeance.

Lorsque je vois des cieux le brillant appareil,
De ta savante main je ne vois que l'ouvrage,
  Et lune, étoiles, ni soleil,
N'ont aucunes splendeurs qu'elle ne leur partage.

Parmi ces grands effets qui te font admirer,
Seigneur, qu'est-ce que l'homme, et quel est son mérite ?
  Et qui t'oblige à l'honorer
D'un tendre souvenir, d'une douce visite ?

Un peu moindre que l'ange il t'a plu le former,
De gloire et de grandeurs tu comblas sa naissance,
  Et ce qu'il te plut animer
Fut aussitôt par toi soumis à sa puissance.

A peine la nature avoit rempli ta voix,
Que ta voix sous nos pieds rangea ces nouveaux êtres :
  Les hôtes des champs et des bois,
Tout nous sert aujourd'hui, tout servit nos ancêtres.

Les oiseaux dans les airs, les poissons dans les eaux,
De ton image en nous reconnoissent l'empire ;
  Et sous ces liquides tombeaux
Tout ce qui nage ou vit, c'est pour nous qu'il respire.

Dieu, notre Souverain, tout-puissant et tout bon,
Auteur de la nature, et maître du tonnerre,

admirable en toute la terre ! est nomen tuum in universa terra !

Gloire soit au Père, et au Fils, et au Saint-Esprit.

Telle qu'elle a été au commencement, etc.

Gloria Patri, et Filio, etc.

Sicut erat in principio, etc.

Ant. Benedicta tu in mulieribus, et benedictus fructus ventris tui.

Antiphona. Sicut myrrha.

PSALMUS 18.

Les cieux racontent la gloire de Dieu, et le firmament annonce les ouvrages de ses mains.

Le jour en parle au jour suivant : et la nuit en montre la science à la nuit.

Il n'est point de langages, ni de manières de s'exprimer, dont leurs voix ne soient entendues.

Leur son est allé par toute la terre, et leurs paroles ont pénétré jusqu'aux bouts du monde.

Cæli enarrant gloriam Dei : et opera manuum ejus annuntiat firmamentum.

Dies diei eructat verbum : et nox nocti indicat scientiam.

Non sunt loquelæ, neque sermones, quorum non audiantur voces eorum.

In omnem terram exivit sonus eorum : et in fines orbis terræ verba eorum.

A MATINES.

Que la gloire de ton saint nom
S'est rendue admirable aux deux bouts de la terre !

Gloire au Père éternel, gloire au Verbe incarné,
Gloire à l'Esprit divin, ainsi qu'eux ineffable.
    Telle qu'avant que tout fût né,
Telle soit-elle encor à jamais perdurable.

Ant. Vous êtes bénie entre les femmes, et le fruit de votre ventre est béni.

Antienne. Ainsi que la myrrhe.

PSAUME 18.

Des célestes lambris la pompeuse étendue
    Fait l'éloge du Souverain,
Et tout le firmament ne présente à la vue
    Que des ouvrages de sa main.

Le jour prend soin d'apprendre au jour qui lui succède
    Ce que sa parole a produit,
Et la nuit qui l'a su de la nuit qui lui cède
    L'enseigne à celle qui la suit.

Aux quatre coins du monde ils parlent un langage
    Qu'entendent toutes nations,
Et des plus noirs climats l'hôte le plus sauvage
    En comprend les instructions.

Ils servent de tableaux ainsi que de trompettes,
    Ce qu'ils disent ils le font voir ;
Et des grandeurs de Dieu s'ils sont les interprètes,
    Ils en sont aussi le miroir.

Il a mis son tabernacle dans le soleil, et lui-même est comme un époux qui sort de sa chambre nuptiale.

Il part avec une joie pareille à celle d'un géant qui va commencer sa course : sa sortie est du plus haut du ciel.

Et son retour remonte jusqu'au plus haut du même ciel, sans que personne se cache à sa chaleur.

La loi du Seigneur est immaculée, elle convertit les ames : le témoignage du Seigneur est fidèle, et départ la sagesse aux plus petits.

Les justices du Seigneur sont droites, elles remplissent les cœurs de joie : le commandement du Seigneur est clair, il illumine les yeux.

La crainte du Seigneur est sainte et permanente au siècle du siècle : les jugements du Seigneur sont véritables et justifiés en eux-mêmes.

Ils sont plus desirables que l'or et la pierre précieuse, et

In sole posuit tabernaculum suum : et ipse tanquam sponsus procedens de thalamo suo.

Exultavit ut gigas ad currendam viam : a summo cœlo egressio ejus.

Et occursus ejus usque ad summum ejus, nec est qui se abscondat a calore ejus.

Lex Domini immaculata, convertens animas; testimonium Domini fidele, sapientiam præstans parvulis.

Justitiæ Domini rectæ, lætificantes corda : præceptum Domini lucidum, illuminans oculos.

Timor Domini sanctus, permanens in sæculum sæculi : judicia Domini vera, justificata in semetipsa.

Desiderabilia super aurum et lapidem pre-

Le soleil qui lui sert d'un trône incorruptible
    Les étale aux regards de tous,
Et ce visible agent d'un monarque invisible
    En est paré comme un époux.

Il part tel qu'un géant armé d'une lumière,
    Ceint d'un feu qui nous enrichit;
Et du sommet des cieux il s'ouvre une carrière
    Dont jamais il ne s'affranchit.

Chaque jour, pour finir et reprendre sa course,
    Il remonte au même sommet,
Et sa chaleur partout verse l'heureuse source
    Des biens que son maître promet.

La loi du même Dieu n'est pas moins salutaire,
    Elle touche, elle convertit;
Et pour les yeux du corps que le soleil éclaire,
    Elle éclaire ceux de l'esprit.

Sa parole est fidèle, et répand la sagesse
    Dans les cœurs les plus ravalés :
Sa justice est exacte, et répand l'allégresse
    Dans les cœurs les plus désolés.

C'est la sainte frayeur de ses ordres suprêmes
    Qui fait vivre à l'éternité;
Ils sont tous en tous lieux justifiés d'eux-mêmes,
    Tous sont la même vérité.

L'or, la perle, et l'éclat des pierres précieuses,
    Sont beaucoup moins à souhaiter;

plus doux que le miel et que le rayon de miel.

Aussi votre serviteur les garde : il y a une grande rétribution à les garder.

Qui est celui qui connoît bien tous ses péchés ? purifiez-moi de ceux qui sont cachés à ma connoissance, et pardonnez ceux d'autrui à votre serviteur.

S'ils ne dominent point en moi, je me trouverai sans souillure ; et je serai purgé du plus grand des crimes.

Toutes les paroles de ma bouche auront alors de quoi vous plaire ; et mon cœur dans sa méditation se tiendra toujours en votre présence.

Seigneur, vous êtes mon aide, et mon rédempteur.

Gloire au Père, et au Fils, et au Saint-Esprit.

Telle qu'elle étoit, etc.

tiosum multum : et dulciora super mel et favum.

Etenim servus tuus custodit ea ; in custodiendis illis retributio multa.

Delicta quis intelligit ? ab occultis meis munda me, et ab alienis parce servo tuo.

Si mei non fuerint dominati, tunc immaculatus ero : et emundabor a delicto maximo.

Et erunt ut complaceant eloquia oris mei ; et meditatio cordis mei in conspectu tuo semper.

Domine, adjutor meus, et redemptor meus.

Gloria Patri, et Filio, et Spiritui Sancto.

Sicut erat, etc.

ANTIENNE. Sicut myrrha electa odorem dedisti suavitatis, sancta Dei genitrix.

ANTIPHONA. Ante thorum.

Et les douceurs du miel les plus délicieuses
  Sont bien moins douces à goûter.

Aussi ton serviteur avec soin les observe ;
  Tu le sais, ô Dieu, tu le vois !
O que grand est le prix que ta bonté réserve
  Aux ames qui gardent tes lois !

Mais qui connoît, Seigneur, les péchés d'ignorance ?
  Épure-m'en dès aujourd'hui ;
Pardonne ceux d'orgueil, de propre suffisance,
  Et défends-moi de ceux d'autrui.

Si je pouvois sur moi leur ôter tout empire,
  Si je m'en voyois bien purgé,
Des crimes les plus grands que tout l'enfer inspire
  Je m'estimerois dégagé.

Il ne sortiroit lors aucun mot de ma bouche
  Qui ne plût au grand Roi des cieux ;
Je ne m'entretiendrois que de ce qui le touche,
  Je l'aurois seul devant les yeux.

Seigneur, qui de tous maux êtes le seul remède,
  Et de tous biens l'unique auteur,
En ces pressants besoins prodiguez-moi votre aide,
  Et soyez mon libérateur.

Gloire au Père éternel, la première des causes,
  Gloire au Fils, à l'Esprit divin ;
Et telle qu'elle étoit avant toutes les choses,
  Telle soit-elle encor sans fin.

Ant. Ainsi que la myrrhe choisie, ô sainte Mère de Dieu, vous avez rendu une odeur de suavité.

ANTIENNE. Devant la couche.

PSALMUS 23.

La terre appartient au Seigneur, et toute sa plénitude : le globe de la terre, et tous ses habitants.

Car c'est lui-même qui l'a fondée au-dessus des mers, et qui l'a préparée au-dessus des fleuves.

Qui montera sur la montagne du Seigneur? ou qui demeurera en son lieu saint?

Celui qui a les mains innocentes, et le cœur net; qui n'a point reçu son ame en vain, et n'a point juré en fraude à son prochain.

Celui-là recevra bénédiction du Seigneur, et miséricorde de Dieu son salutaire.

Telle est la génération de ceux qui le cherchent; de ceux qui cherchent la face du Dieu de Jacob.

Domini est terra et plenitudo ejus : orbis terrarum, et universi qui habitant in eo.

Quia ipse super maria fundavit eum : et super flumina præparavit eum.

Quis ascendet in montem Domini? aut quis stabit in loco sancto ejus?

Innocens manibus, et mundo corde : qui non accepit in vano animam suam, nec juravit in dolo proximo suo.

Hic accipiet benedictionem a Domino, et misericordiam a Deo salutari suo.

Hæc est generatio quærentium eum : quærentium faciem Dei Jacob.

A MATINES.

PSAUME 23.

La terre est au Seigneur, et toute son enceinte;
Il la forma lui-même en commençant les temps,
Et son globe appartient à sa majesté sainte,
    Ainsi que tous ses habitants.

Tout à l'entour des mers c'est lui qui l'a posée,
C'est lui qui l'affermit au-dessus de tant d'eaux,
C'est lui qui des courants dont elle est arrosée
    L'élève sur tous les ruisseaux.

Mais comment s'élever, et quel chemin se faire
A la sainte montagne où brille son palais?
Et qui s'établira dans son grand sanctuaire,
    Pour y demeurer à jamais?

L'homme au cœur pur et droit, à l'innocente vie,
Qui n'a point de son Dieu reçu son ame en vain,
Qui par aucun serment, fourbe, ni calomnie,
    N'a fait injure a son prochain.

Le Seigneur à jamais bénira sa conduite,
Le Seigneur, dont il prend la gloire pour seul but :
Oui, Dieu lui fera grace, et ses bontés ensuite
    L'admettront au port de salut.

C'est là ce qu'il réserve à cette heureuse race,
Qui ne cherche ici-bas que le Maître du ciel,
Et qui marche en tous lieux comme devant la face
    De l'unique Dieu d'Israël.

Princes, ouvrez vos portes, et vous, portes éternelles, élevez-vous, et le roi de gloire entrera.

Qui est ce roi de gloire? c'est un seigneur fort et puissant, c'est un seigneur puissant aux combats.

Princes, ouvrez vos portes, et vous, portes éternelles, élevez-vous, et le roi de gloire entrera.

Mais enfin qui est ce roi de gloire? C'est le seigneur des vertus qui est lui-même ce roi de gloire.

Gloire soit au Père, et au Fils, et au Saint-Esprit.

Telle qu'elle, etc.

Attollite portas principes vestras, et elevamini, portæ æternales : et introibit rex gloriæ.

Quis est iste rex gloriæ? Dominus fortis et potens, Dominus potens in prælio.

Attollite portas principes vestras, et elevamini, portæ æternales : et introibit rex gloriæ.

Quis est iste rex gloriæ? Dominus virtutum ipse est rex gloriæ.

Gloria Patri, et Filio, et Spiritui Sancto. Sicut erat, etc.

Ant. Ante thorum hujus Virginis frequentate nobis dulcia cantica dramatis.

℣. Diffusa est gratia in labiis tuis.
℟. Propterea benedixit te Deus in æternum.

Pater noster, etc., secreto.

Absolutio et Lectiones habentur post tertium Nocturnum.

AD II. NOCTURNUM.

Tres Psalmi sequentes dicuntur feria 3 et 6.

Antiphona. Specie tua.

A MATINES.

Ouvrez, princes, ouvrez vos portes éternelles,
Portes du grand palais, laissez-vous pénétrer :
Laissez-en l'accès libre aux escadrons fidèles,
    Le roi de gloire y veut entrer.

Quel est ce roi de gloire? à quoi peut-on connoître
Où s'étend son empire, et ce que peut son bras?
C'est un roi le plus fort qu'on ait encor vu naître,
    C'est un roi puissant aux combats.

Ouvrez encore un coup, princes, ouvrez vos portes;
Portes du grand palais, laissez-vous pénétrer :
Laissez-en l'accès libre aux fidèles cohortes,
    Le roi de gloire y veut entrer.

Dites-nous donc enfin quel est ce roi de gloire,
Quels peuples, quels climats sont rangés sous sa loi?
C'est le roi des vertus, le roi de la victoire,
    C'est Dieu qui lui-même est ce roi.

Gloire au Père éternel, la première des causes,
Gloire au Verbe incarné, gloire à l'Esprit divin ;
Et telle qu'elle étoit avant toutes les choses,
    Telle soit-elle encor sans fin.

Ant. Devant la couche de cette Vierge, chantez-nous souvent de doux cantiques.

℣. La grace est répandue en vos lèvres.
℟. C'est pourquoi Dieu vous a bénie à toute éternité.

Notre Père, etc., tout bas.

L'Absolution et les trois Leçons sont après le troisième Nocturne.

POUR LE II. NOCTURNE.

Les trois Psaumes suivants se disent le mardi et le vendredi

Antienne. Avec votre grace.

PSALMUS 44.

Mon cœur a poussé au-dehors une bonne parole : je dédie mes œuvres au roi.

Ma langue est comme la plume d'un écrivain, qui écrit très vite.

Vous êtes beau par-dessus les fils des hommes, la grace est répandue en vos lèvres : c'est pourquoi Dieu vous a béni à toute éternité.

Ceignez votre glaive sur votre cuisse, très puissant monarque.

Avec votre grace et votre beauté, formez des desseins, avancez en prospérité, et régnez.

A cause de votre vérité, et de votre mansuétude, et de votre justice, votre droite vous conduira partout avec des miracles.

Vos flèches sont pointues,

Eructavit cor meum verbum bonum : dico ego opera mea regi.

Lingua mea calamus scribæ, velociter scribentis.

Speciosus forma præ filiis hominum, diffusa est gratia in labiis tuis : propterea benedixit te Deus in æternum.

Accingere gladio tuo super femur tuum, potentissime.

Specie tua et pulchritudine tua, intende, prospere procede, et regna.

Propter veritatem, et mansuetudinem, et justitiam, et deducet te mirabiliter dextera tua.

Sagittæ tuæ acutæ,

A MATINES.

PSAUME 44.

Je me sens tout le cœur plein de grandes idées.
Je les sens à l'envi s'en échapper sans moi,
Je les sens vers le roi d'elles-mêmes guidées ;
    Dédions-les toutes au roi.

Ma langue qui s'empresse à chanter son mérite
Suit plus rapidement l'effort de mon esprit,
Que ne court une plume en la main la plus vite
    Qui puisse tracer un écrit.

Sa beauté sans égale entre les fils des hommes
Mêle une grace infuse à ses moindres discours,
Et Dieu qui l'a béni sur tous tant que nous sommes
    L'appuie, et l'appuiera toujours.

Grand monarque, dont l'ame est sans cesse occupée
A bien remplir ce rang où le ciel vous a mis,
Vous n'avez qu'à paroître et ceindre votre épée,
    Pour confondre vos ennemis.

Vos attraits sont si forts, vos actions si belles,
Tant de gloire et d'amour les sait accompagner,
Que chacun se déclare et pour eux et pour elles ;
    Et vous faire voir, c'est régner.

La justice en votre ame et la mansuétude
Avec la vérité font un accord si doux,
Que de tant de vertus la sainte plénitude
    Fait partout miracle pour vous.

D'un acier pénétrant la pointe de vos flèches

les peuples tomberont sous vous, et elles iront dans les cœurs des ennemis du roi.

Votre siége, ô Dieu, durera au siècle du siècle : le sceptre avec lequel vous régnez est un sceptre de droiture.

Vous avez aimé la justice et haï l'iniquité : à cause de cela Dieu vous a oint d'une huile d'allégresse par-dessus tous ceux de votre sorte.

Une odeur de myrrhe, d'aloès et de casse aromatique s'exhale de vos vêtements qu'on a tirés des maisons d'ivoire, desquelles les filles des rois sont sorties en votre honneur, et vous ont agréé.

La reine a paru à votre droite en habit d'or, environnée de variété.

Écoute, ma fille, et regarde, et penche ton oreille, et oublie ton peuple, et la maison de ton père.

Et le roi deviendra épris de ta beauté : mais n'oublie pas aussi qu'il est ton maître et ton Dieu, et que les peuples l'adoreront.

populi sub te cadent : in corda inimicorum regis.

Sedes tua, Deus, in sæculum sæculi : virga directionis, virga regni tui.

Dilexisti justitiam, et odisti iniquitatem : propterea unxit te Deus, Deus tuus oleo lætitiæ, præ consortibus tuis.

Myrrha, et gutta, et casia a vestimentis tuis, a domibus eburneis; ex quibus delectaverunt te filiæ regum, in honore tuo.

Astitit regina a dextris tuis : in vestitu deaurato : circumdata varietate.

Audi, filia, et vide, et inclina aurem tuam, et obliviscere populum tuum, et domum patris tui.

Et concupiscet rex decorem tuum : quoniam ipse est Dominus Deus tuus, et adorabunt eum.

Percera tous les cœurs rebelles à leur roi ;
Et voyant ruisseler leur sang par tant de brèches,
    Les peuples tomberont d'effroi.

Comme votre grandeur s'est toujours mesurée
Sur la droiture même et la même équité,
Votre règne n'aura pour borne à sa durée
    Que celle de l'éternité.

La haine des forfaits, l'amour de la justice,
Font de tous vos desseins les sacrés appareils ;
Et Dieu répand sur vous une onction propice,
    Plus qu'il ne fait sur vos pareils.

De riches vêtements au jour de votre gloire,
D'ambre, aloès et myrrhe embaumés à la fois.
Seront tirés pour vous des cabinets d'ivoire
    Par les filles des plus grands rois.

La reine votre épouse à votre droite assise
Brillera d'une auguste et douce majesté :
Ses habits feront voir dans leur dorure exquise
    Une exquise diversité.

Mais écoute, ma fille, écoute, et considère
Combien en sa personne éclatent de trésors :
Oublie auprès de lui la maison de ton père,
    Et ce cher peuple d'où tu sors.

Plus son amour pour toi se fera voir extrême,
Plus tes soumissions le doivent honorer ;
Car enfin c'est ton roi, ton Seigneur, ton Dieu même.
    Qu'on fera gloire d'adorer.

Et les filles de Tyr viendront avec des présents : tous les riches du peuple demanderont instamment à voir ton visage.

Toute la gloire de cette fille du roi vient du dedans, bien que ses vêtements soient frangés d'or, et qu'elle soit environnée de variétés.

On amènera au roi des vierges à sa suite : ses plus proches vous seront apportées.

Elles seront apportées avec joie et exultation : elles seront amenées dans le temple du roi.

Il t'est né des enfants au lieu de tes pères : tu les établiras princes par toute la terre.

Ils conserveront de race en race la mémoire de ton nom.

A cause de cela les peuples te loueront à toute éternité, et jusqu'au siècle du siècle.

Et filiæ Tyri in muneribus : vultum tuum deprecabuntur omnes divites plebis.

Omnis gloria ejus filiæ regis ab intus : in fimbriis aureis, circumamicta varietatibus.

Adducentur regi virgines post eam : proximæ ejus afferentur tibi.

Afferentur in lætitia, et exultatione : adducentur in templum regis.

Pro patribus tuis nati sunt tibi filii : constitues eos principes super omnem terram.

Memores erunt nominis tui, in omni generatione et generationem.

Propterea confitebuntur tibi in æternum, et in sæculum sæculi.

A MATINES.

Les princesses de Tyr te rendront leur hommage,
Avec même respect qu'on t'aura vu pour lui :
Le riche avec ses dons briguera ton suffrage,
    Et réclamera ton appui.

Mais si l'ame au-dedans n'est encor mieux ornée,
Reine, ce sera peu que l'ornement du corps,
Bien que la frange d'or en fleurons contournée
    Y borde cent divers trésors.

De cent filles d'honneur tu te verras suivie,
Quand il faudra paroître aux yeux d'un si grand roi ;
Et tes plus proches même y verront sans envie
    Qu'on les y présente après toi.

Toutes en montreront une allégresse entière,
Toutes y borneront leurs plus ardents souhaits,
Toutes estimeront à faveur singulière
    Le droit d'entrer en son palais.

Pour récompense enfin d'avoir quitté tes pères,
Il te naîtra des fils plus grands, plus braves qu'eux,
Qui feront recevoir tes lois les plus sévères
    Aux peuples les plus belliqueux.

La terre qu'on verra trembler devant leur face
Conservera sous eux ton digne souvenir ;
Et l'on respectera ton nom de race en race,
    Dans tous les siècles à venir.

Toutes les nations en ta faveur unies
De ce nom à l'envi publieront la grandeur ;
Et les temps, jusqu'au bout de leurs courses finies,
    En verront briller la splendeur.

Gloire soit au Père, et au Fils, et au Saint-Esprit.

Telle qu'elle a été au commencement, etc.

Gloria Patri, et Filio, et Spiritui Sancto.

Sicut erat, etc.

Ant. Specie tua et pulchritudine tua, intende, prospere procede, et regna.

Antiphona. Adjuvabit eam.

PSALMUS 45.

Notre Dieu est notre refuge et notre vertu : il est notre secours dans les tribulations qui ne nous ont trouvés que trop souvent.

Deus noster, refugium et virtus : adjutor in tribulationibus quæ invenerunt nos nimis.

C'est à cause de cela que nous ne tremblerons point, quand la terre sera en trouble, et quand les montagnes seront transportées au cœur de la mer.

Propterea non timebimus, dum turbabitur terra : et transferentur montes in cor maris.

Leurs eaux ont résonné avec grand bruit, et en ont été troublées : les montagnes ne l'ont pas moins été, quand il a montré sa force.

Sonuerunt et turbatæ sunt aquæ eorum : conturbati sunt montes in fortitudine ejus.

L'impétuosité du fleuve donne de la joie à la cité de Dieu : le Très-Haut a sanctifié son tabernacle.

Fluminis impetus lætificat civitatem Dei : sanctificavit tabernaculum suum Altissimus.

Dieu est au milieu d'elle, elle ne s'ébranlera point : Dieu la secourra au matin, dès le point du jour.

Deus in medio ejus, non commovebitur : adjuvabit eam Deus mane diluculo.

A MATINES.

Gloire au Père éternel, la première des causes,
Gloire au Verbe incarné, gloire à l'Esprit divin ;
Et telle qu'elle étoit avant toutes les choses,
 Telle soit-elle encor sans fin.

Ant. Avec votre grace et votre beauté, formez des desseins, avancez en prospérité, et régnez.

Antienne. Dieu l'assistera.

PSAUME 45.

 Que Dieu nous est propice à tous !
Il est seul notre force, il est notre refuge,
Il est notre soutien contre le noir déluge
 Des malheurs qui fondent sur nous.

 La terre aura beau se troubler :
Quand nous verrions partout les roches ébranlées,
Et jusqu'au fond des mers les montagnes croulées,
 Nous n'aurions point lieu de trembler.

 Que les eaux roulent à grand bruit,
Que leur fureur éclate à l'égal du tonnerre,
Que les champs soient noyés, les montagnes par terre,
 Que l'univers en soit détruit ;

 Leur fière impétuosité
Qui comble tout d'horreurs, comble Sion de joie,
Et ne fait qu'arroser, alors que tout se noie,
 Les murs de la sainte cité.

 Dieu fait sa demeure au milieu,
Dieu lui donne un plein calme en dépit des orages ;
Et dès le point du jour, contre tous leurs ravages
 Elle a le secours de son Dieu.

Les nations se sont troublées, et les royaumes ont été sur leur penchant : il a fait entendre sa voix, et la terre s'est émue.

Le Seigneur des vertus est avec nous, le Dieu de Jacob est notre protecteur.

Venez et voyez les œuvres du Seigneur, quels prodiges il a faits sur la terre, en exterminant la guerre jusqu'à ses extrémités.

Il brisera l'arc, et rompra les armes, et brûlera les boucliers avec du feu.

Quittez vos travaux, et voyez que je suis Dieu : je serai exalté parmi les gentils, et serai exalté par toute la terre.

Le Seigneur des vertus est avec nous, le Dieu de Jacob est notre protecteur.

Gloire soit au Père, et au Fils, et au Saint-Esprit.

Telle qu'elle a été au commencement, etc.

Conturbatæ sunt gentes, et inclinata sunt regna : dedit vocem suam, et mota est terra.

Dominus virtutum nobiscum : susceptor noster Deus Jacob.

Venite et videte opera Domini, quæ posuit prodigia super terram : auferens bella usque ad finem terræ.

Arcum conteret, et confringet arma : et scuta comburet igni.

Vacate, et videte, quoniam ego sum Deus : exaltabor in gentibus, et exaltabor in terra.

Dominus virtutum nobiscum : susceptor noster Deus Jacob.

Gloria Patri, et Filio, et Spiritui Sancto.

Sicut erat, etc.

A MATINES.

    On a vu les peuples troublés,
Les trônes chancelants pencher vers leur ruine ;
Dieu n'a fait que parler, et de sa voix divine
    Ils ont paru tous accablés.

    Invincible Dieu des vertus,
Que ta protection est un grand privilége !
Quels que soient les malheurs dont l'amas nous assiége,
    Nous n'en serons point abattus.

    Venez, peuples, venez bénir
Les prodiges qu'il fait sur la terre et sur l'onde :
La guerre désoloit les quatre coins du monde,
    Et ce Dieu l'en vient de bannir.

    Il a brisé les arcs d'acier,
Tous les dards, tous les traits, tous les chars des gendarmes,
Et jeté dans le feu, pour finir vos alarmes,
    Et l'épée et le bouclier.

    Calmez vos appréhensions,
Voyez bien qu'il est Dieu, qu'il est l'unique maître,
Et que malgré l'enfer sa gloire va paroitre
    Parmi toutes les nations.

    Encore un coup, Dieu des vertus,
Que ta protection est un grand privilége !
Quels que soient les malheurs dont l'amas nous assiége,
    Nous n'en serons point abattus.

    Gloire aux Trois dont l'être est divin,
Gloire soit en tous lieux à leur unique essence ;
Et telle qu'elle étoit lorsque tout prit naissance,
    Telle soit-elle encor sans fin.

Ant. Adjuvabit eam Deus vultu suo : Deus in medio ejus non commovebitur.

Antiphona. Sicut lætantium.

PSALMUS 86.

Ses fondements sont dans les saintes montagnes; Dieu chérit les portes de Sion par-dessus tous les tabernacles de Jacob.

On a dit des choses glorieuses de toi, cité de Dieu.

Je me souviendrai de Rahab et de Babylone, qui me connoissent.

Voici les étrangers, et Tyr, et les peuples d'Éthiopie : tous ces gens ont été là.

Sion ne dira-t-elle pas qu'un homme, et un homme est né en elle, et que le Très-Haut l'a fondée?

Le Seigneur, dans les registres qu'il tient des peuples et

Fundamenta ejus in montibus sanctis : diligit Dominus portas Sion super omnia tabernacula Jacob.

Gloriosa dicta sunt de te, civitas Dei.

Memor ero Rahab et Babylonis, scientium me.

Ecce alienigenæ et Tyrus, et populus Æthiopum : hi fuerunt illic.

Nunquid Sion dicet : Homo, et homo natus est in ea : et ipse fundavit eam Altissimus ?

Dominus narrabit in scripturis populorum et

A MATINES.

Ant. Dieu l'assistera par ses regards, Dieu est au milieu d'elle, elle ne s'ébranlera point.

Antienne. Tels que sont des gens.

PSAUME 86.

Le Seigneur a fondé sur les saintes montagnes
Ce temple et ce palais qui s'élèvent aux cieux,
Et tout ce qu'Israël a peuplé de campagnes
    N'a rien de si cher à ses yeux.

Cité du Dieu vivant, cité pleine de gloire,
Sion où l'Éternel daigne dicter sa loi;
Que, pour faire à jamais honorer ta mémoire,
    On dit partout de bien de toi!

On y vient de Rahab, on vient de Babylone
Apprendre dans tes murs quelles sont ses bontés;
Et les rois quitteront les douceurs de leur trône,
    Pour mieux y voir ses vérités.

Elles y sont aussi toutes comme en leur source;
Et des bords étrangers, et du milieu de Tyr,
Et de l'Éthiopie où le Nil prend sa course,
    Ils y viennent se convertir.

Sion qui les voit tous s'habituer chez elle,
Et comme nés chez elle aime à les regarder,
Fait de son peuple et d'eux une cité fidèle,
    Qu'au Très-Haut il plaît de fonder.

Dieu les écrira tous en son livre de vie,
Ils ne mourront ici que pour revivre mieux.

des rois, parlera de ceux qui ont été chez elle.

Tous ceux qui demeurent en toi sont comme des gens comblés de joie.

Gloire soit au Père, et au Fils, et au Saint-Esprit.

Telle qu'elle a été au commencement, etc.

principum : horum qui fuerunt in ea.

Sicut lætantium omnium : habitatio est in te.

Gloria Patri, et Filio, et Spiritui Sancto.

Sicut erat, etc.

Ant. Sicut lætantium omnium habitatio est in te, sancta Dei genitrix.

℣. Diffusa est gratia in labiis tuis.
℞. Propterea benedixit te Deus in æternum.

Absolutio et Lectiones habentur post tertium Nocturnum.

AD III. NOCTURNUM.

Tres Psalmi sequentes dicuntur feria 4, et sabbato.

Antiphona. Gaude, Maria virgo.

PSALMUS 95.

Chantez un nouveau cantique au Seigneur : que toute la terre chante à la gloire du Seigneur.

Chantez au Seigneur, et bénissez son nom : annoncez de jour en jour son salutaire.

Cantate Domino canticum novum : cantate Domino, omnis terra.

Cantate Domino, et benedicite nomini ejus : annuntiate de die in diem salutare ejus.

Et cette heureuse loi qu'en terre ils ont suivie
Les réunira dans les cieux.

Du Seigneur cependant attachés à la voie,
Dans les glorieux murs de la sainte cité,
Tous marquent à l'envi par l'excès de leur joie
Celui de leur félicité.

Gloire au Père éternel, la première des causes,
Gloire au Verbe incarné, gloire à l'Esprit divin;
Et telle qu'elle étoit avant toutes les choses,
Telle soit-elle encor sans fin.

Ant. Tels que des gens tout comblés de joie, tels sont ceux qui demeurent en vous, sainte Mère de Dieu.

℣. La grace est répandue en vos lèvres.
℟. C'est pourquoi Dieu vous a bénie à l'éternité.

Notre Père, etc., tout bas.

L'Absolution et les trois Leçons sont après le troisième Nocturne.

POUR LE III. NOCTURNE.

Les trois Psaumes suivants se disent le mercredi et le samedi.

Antienne. Réjouissez-vous, V. Marie.

PSAUME 95.

Qu'on fasse résonner dans un nouveau cantique
Les éloges du Roi des rois;
Formez, terre, à sa gloire un concert magnifique,
Unissez-y toutes vos voix.

Exaltez son grand nom, vantez ce qu'il opère,
Faites-le bénir hautement :
Annoncez chaque jour son digne salutaire,
Annoncez-le chaque moment.

Annoncez sa gloire parmi les nations, et ses merveilles parmi tous les peuples.

Car le Seigneur est grand et digne d'une louange infinie : il est à craindre par-dessus tous les dieux.

Parceque tous ces dieux des gentils ne sont que démons : mais c'est le Seigneur qui a fait les cieux.

La louange et la beauté se trouvent toujours en sa présence : la sainteté et la magnificence sont les ornements de son sanctuaire.

Apportez, provinces des gentils, apportez de l'honneur et de la gloire au Seigneur : apportez au Seigneur de la gloire pour son nom.

Prenez des hosties et entrez en son temple : adorez le Seigneur dans son saint parvis.

Que toute la terre s'émeuve devant sa face : dites par toutes les nations que le Seigneur a régné.

Annuntiate inter gentes gloriam ejus : in omnibus populis mirabilia ejus.

Quoniam magnus Dominus et laudabilis nimis : terribilis est super omnes deos.

Quoniam omnes dii gentium dæmonia : Dominus autem cœlos fecit.

Confessio et pulchritudo in conspectu ejus : sanctimonia et magnificentia in sanctificatione ejus.

Afferte Domino, patriæ gentium, afferte Domino gloriam et honorem : afferte Domino gloriam nomini ejus.

Tollite hostias et introite in atria ejus : adorate Dominum in atrio sancto ejus.

Commoveatur a facie ejus, universa terra : dicite in gentibus quia Dominus regnavit.

A MATINES.

Que toutes nations apprennent de vos bouches
    Ses merveilles et ses grandeurs;
Qu'il ne soit cœurs si durs, ni peuples si farouches,
    Qui n'en admirent les splendeurs.

A sa juste louange aucun ne peut atteindre,
    Aucun la porter assez haut :
Par-dessus tous les dieux il est lui seul à craindre,
    Seul tout-puissant, seul sans défaut.

Ce ne sont que démons, que les gentils adorent
    Sous un titre usurpé de dieux;
Et c'est l'unique Dieu que nos besoins implorent,
    Qui d'un mot a fait tous les cieux.

La gloire et la beauté qui suivent sa présence
    Couronnent ses perfections :
La sainteté suprême et la magnificence
    Parent toutes ses actions.

Portez donc au Seigneur, gentils, portez vous-mêmes
    De quoi lui rendre un plein honneur;
Exaltez son grand nom par des respects suprêmes,
    Portez-y la bouche et le cœur.

Entrez dedans son temple, et prenez des victimes
    Pour les immoler au vrai Dieu;
Adorez avec nous de ses grandeurs sublimes
    Le saint éclat en ce saint lieu.

Que la terre s'émeuve à l'aspect de sa face,
    De l'un jusques à l'autre bout;
Et qu'elle fasse dire à toute votre race
    Que le Seigneur règne partout.

Car c'est lui qui a corrigé l'instabilité du globe de la terre, qui ne s'ébranlera plus : il jugera les peuples en équité.

Que les cieux s'en réjouissent, et que la terre en montre entière allégresse ; que la mer en fasse voir des émotions de joie en toute sa plénitude : les campagnes et tout ce qui les habite en auront même ravissement.

Tous les arbres des forêts feront éclater leur allégresse à la face du Seigneur, parcequ'il vient ; et surtout parcequ'il vient juger la terre.

Il jugera toute la terre en équité, et les peuples en sa vérité. Gloire, etc.

Etenim correxit orbem terræ, qui non commovebitur : judicabit populos in æquitate.

Lætentur cœli, et exultet terra, commoveatur mare et plenitudo ejus : gaudebunt campi, et omnia quæ in eis sunt.

Tunc exultabunt omnia ligna sylvarum a facie Domini, quia venit : quoniam venit judicare terram.

Judicabit orbem terræ in æquitate : et populos in veritate sua.

Gloria Patri, etc.

Ant. Gaude, Maria Virgo, cunctas hæreses sola interemisti in universo mundo.

Antiphona. Dignare me.

PSALMUS 96.

Le Seigneur a régné, que la terre en ait du ravissement, et que toutes les îles s'en réjouissent.

Dominus regnavit, exultet terra : lætentur insulæ multæ.

Le monde qu'il corrige et remet dans la voie
    N'aura plus d'instabilité,
Et quelques jugements que sur tous il déploie,
    Ils n'auront que de l'équité.

Qu'une allégresse entière en tous lieux épandue
    Remplisse la terre et les mers,
Que tout le ciel l'étale en sa vaste étendue,
    Que tous les champs en soient couverts.

Des bois même, des bois l'écorce et les feuillages
    Marqueront leurs ravissements,
Comme s'ils avoient part à ces hauts avantages
    Qui naissent de ses jugements.

Aussi jugera-t-il les vertus et les vices
    Selon la suprême équité,
Et pas un ne doit craindre aucunes injustices
    Des règles de sa vérité.

Gloire au Père éternel, la première des causes,
    Gloire au Fils, à l'Esprit divin ;
Et telle qu'elle étoit avant toutes les choses,
    Telle soit-elle encor sans fin.

Ant. Réjouissez-vous, ô Vierge Marie, vous avez détruit vous seule toutes les hérésies dans tout le monde.

Antienne. Ayez agréable.

PSAUME 96.

Enfin le Seigneur règne, enfin il a fait voir
    Son absolu pouvoir :
Terre, fais voir la joie en tes cantons fertiles,
    Et toi, mer, en tes îles.

Il a des nuages et de l'obscurité tout à l'entour de lui : la justice et le jugement sont les règles du trône où il se sied.

Le feu marchera devant lui, et embrasera ses ennemis tout alentour.

Ses éclairs ont brillé par toute la terre : la terre les a vus, et en a frémi.

Les montagnes ont fondu devant sa face comme la cire : toute la terre a fondu devant sa face.

Les cieux ont annoncé sa justice, et tous les peuples ont vu sa gloire.

Que tous ceux qui adorent les idoles soient confondus, et tous ceux qui se glorifient en leurs simulacres.

Anges du Seigneur, adorez-le tous ; Sion l'a entendu, et s'en est réjouie.

Nubes et caligo in circuitu ejus : justitia et judicium correctio sedis ejus.

Ignis ante ipsum præcedet, et inflammabit in circuitu inimicos ejus.

Illuxerunt fulgura ejus orbi terræ : vidit, et commota est terra.

Montes sicut cera fluxerunt a facie Domini : a facie Domini omnis terra.

Annuntiaverunt cœli justitiam ejus : et viderunt omnes populi gloriam ejus.

Confundantur omnes qui adorant sculptilia, et qui gloriantur in simulachris suis.

Adorate eum, omnes angeli ejus : audivit, et lætata est Sion.

A MATINES.

Quelque nuage épais qui de sa majesté
      Couvre l'immensité,
L'heureux prix des vertus et la peine du vice
      Font briller sa justice.

Le feu qui le précède et partout lui fait jour
      Se répand tout autour,
Et de ses ennemis qu'enveloppe sa flamme
      Il brûle jusqu'à l'ame.

Ses foudres éclatants ont semé l'univers
      De prodiges divers :
On les vit sur la terre, on en vit ébranlées
      Montagnes et vallées.

Les rochers les plus hauts fondirent devant Dieu,
      Comme la cire au feu ;
Et virent sous le bras qui lançoit le tonnerre
      Trembler toute la terre.

Le ciel annonça lors à tous les éléments
      Ses justes jugements ;
Et les peuples, voyànt ce qu'ils n'auroient pu croire,
      Reconnurent sa gloire.

Soient confus à jamais les vains adorateurs
      Du travail des sculpteurs,
Et cet impie orgueil qui rend de vrais hommages
      A de fausses images !

Anges, que dans le ciel vous vous faites d'honneur,
      D'adorer le Seigneur !
Sion, que de douceurs, sitôt que ses merveilles
      Frappèrent tes oreilles !

Et les filles de Juda en ont été toutes ravies : et ça été, Seigneur, à cause de vos jugements.

Parceque vous êtes le Très-Haut sur toute la terre, et que vous êtes infiniment élevé par-dessus tous les dieux.

Vous qui aimez le Seigneur, haïssez le mal : le Seigneur garde les ames de ses saints, il les délivrera de la main du pécheur.

La lumière s'est levée pour le juste, et la joie s'est répandue sur les hommes droits de cœur.

Justes, réjouissez-vous au Seigneur, et donnez des louanges à la mémoire de sa sanctification.

Gloire soit au Père, et au Fils, et au Saint-Esprit.

Telle qu'elle, etc.

Et exultaverunt filiæ Judæ : propter judicia tua, Domine.

Quoniam tu Dominus Altissimus super omnem terram : nimis exaltatus es super omnes deos.

Qui diligitis Dominum, odite malum : custodit Dominus animas sanctorun suorum, de manu peccatoris liberabit eos.

Lux orta est justo, et rectis corde lætitia.

Lætamini justi in Domino : et confitemini memoriæ sanctificationis ejus.

Gloria Patri, et Filio, et Spiritui, etc.

Sicut erat, etc.

Ant. Dignare me laudare te, Virgo sacrata ; da mihi virtutem contra hostes tuos.

Antiphona. Post partum.

A MATINES.

Les filles de Juda dans toutes leurs cités
    Bénirent ses bontés,
Et tous ses jugements à leurs ames ravies
    Semblèrent d'autres vies.

Aussi, Seigneur, aussi vous êtes le Très-Haut,
    Et le seul sans défaut :
Tous les dieux près de vous sont dieux aussi frivoles
    Que leurs froides idoles.

Vous, qui de son amour portez un cœur touché,
    Haïssez le péché :
Dieu, qui hait les pécheurs, garantit l'ame sainte
    De leur plus rude atteinte.

Sa bonté pour le juste aime à se déclarer,
    Elle aime à l'éclairer ;
Et sur l'homme au cœur droit les graces qu'il déploie
    Ne répandent que joie.

Justes, prenez en lui, prenez incessamment
    Un plein ravissement ;
Et de sa sainteté consacrez la mémoire
    Par des chants à sa gloire.

Gloire au Père éternel, au Fils, à l'Esprit-Saint,
    Que tout adore et craint ;
Et telle qu'elle étoit avant l'ange rebellé,
    Telle à jamais soit-elle.

Ant. Ayez agréable, Vierge sacrée, que je publie vos louanges : donnez-moi de la vertu contre vos ennemis.

Antienne. Après l'enfantement.

PSALMUS 97.

Chantez au Seigneur un cantique nouveau; car il a fait des choses merveilleuses.

Sa dextre nous a sauvés pour lui, et son bras saint nous a défendus.

Le Seigneur a fait connoître son salutaire : il a révélé sa justice à la vue des nations.

Il s'est souvenu de sa miséricorde et de sa vérité, en faveur de la maison d'Israël.

Tous les cantons de la terre ont vu le salutaire de notre Dieu.

Que toute la terre applaudisse à Dieu par des cris de joie : qu'elle chante, qu'elle psalmodie, et fasse éclater ses ravissements.

Psalmodiez à la gloire du

Cantate Domino canticum novum : quia mirabilia fecit.

Salvavit sibi dextera ejus, et brachium sanctum ejus.

Notum fecit Dominus salutare suum : in conspectu gentium revelavit justitiam suam.

Recordatus est misericordiæ suæ, et veritatis suæ domui Israel.

Viderunt omnes termini terræ, salutare Dei nostri.

Jubilate Deo, omnis terra : cantate, et exultate, et psallite.

Psallite Domino in ci-

A MATINES.

PSAUME 97.

Sion, encore un coup, par un nouveau cantique
Des bontés du Seigneur bénis les hauts effets :
Fais régner en tes murs l'allégresse publique,
    Pour les miracles qu'il a faits.

Rien n'a pu te sauver que sa dextre adorable,
Qui t'a fait un triomphe après tant de combats;
Et tu n'en dois enfin l'ouvrage incomparable
    Qu'à la sainteté de son bras.

Son divin salutaire a paru dans le monde,
Et dégagé la foi des révélations :
Lui-même a dévoilé sa justice profonde
    A la face des nations.

Il n'a point oublié quelle miséricorde
Aux enfants d'Israël promit sa vérité :
L'effet à la promesse heureusement s'accorde,
    On voit ce qu'on a souhaité.

Oui, tout ce qu'a de bords l'un et l'autre hémisphère.
Ceux où règne le jour, ceux où règne la nuit,
Tout a vu du grand Dieu le sacré salutaire,
    Et les merveilles qu'il produit.

Chantez, peuples, chantez, et par toute la terre
Exaltez la vertu de son bras tout-puissant;
Montrez par votre joie au maître du tonnerre
    L'effort d'un cœur reconnoissant.

N'épargnez point les luths à votre psalmodie,

Seigneur avec la harpe : joignez à la harpe les voix de la psalmodie, accordez-y les trompettes d'airain et le son des cornets.

Montrez une pleine allégresse en la présence du Seigneur : que la mer s'en émeuve, et toute sa plénitude, le globe de la terre, et tous ceux qui l'habitent.

Les fleuves battront des mains, et en même temps les montagnes feront éclater leur joie en la présence du Seigneur, parcequ'il vient juger la terre.

Il jugera tout le tour de la terre avec justice, et les peuples avec équité.

Gloire au Père, et au Fils, et au Saint-Esprit.

Telle qu'elle, etc.

thara, in cithara, et voce psalmi : in tubis ductilibus, et voce tubæ corneæ.

Jubilate in conspectu regis Domini : moveatur mare, et plenitudo ejus, orbis terrarum, et universi qui habitant in eo.

Flumina plaudent manu, simul montes exultabunt a conspectu Domini : quoniam venit judicare terram.

Judicabit orbem terrarum in justitia : et populos in æquitate.

Gloria Patri, et Filio, et Spiritui Sancto.

Sicut erat, etc.

Ant. Post partum Virgo inviolata permansisti : Dei genitrix, intercede pro nobis.

℣. Diffusa est gratia in labiis tuis.
℟. Propterea benedixit te Deus in æternum.

Pater noster, etc., secreto.

ABSOLUTIO.

Precibus et meritis beatæ Mariæ semper Virginis, et omnium sanctorum, perducat nos Dominus ad regna cœlorum. ℟. Amen.

A MATINES.

De la plus douce harpe ajustez-y les tons :
Joignez-y l'éclatante et forte mélodie
    Des trompettes et des clairons.

A l'aspect du Seigneur éclatez d'allégresse ;
Que la mer en résonne en tout son vaste enclos,
Et que la terre entière avec chaleur s'empresse
    A mieux retentir que ses flots.

Les fleuves suspendront leurs courses vagabondes,
Pour applaudir au Roi qui nous vient protéger :
Les montagnes suivront l'exemple de tant d'ondes,
    Voyant comme il vient tout juger.

Aussi jugera-t-il les vertus et le vice
Sur la justice même et la même équité,
Sans faire soupçonner de la moindre injustice
    Sa plus haute sévérité.

Gloire au Père éternel, la première des causes,
Gloire au Verbe incarné, gloire à l'Esprit divin ;
Et telle qu'elle étoit avant toutes les choses,
    Telle soit-elle encor sans fin.

Ant. Après l'enfantement vous êtes demeurée Vierge sans tache : Mère de Dieu, intercédez pour nous.

℣. La grace est répandue en vos lèvres.
℟. C'est pourquoi Dieu vous a bénie à toute éternité.

Notre Père, etc., tout bas.

ABSOLUTION.

Que par les prières et les mérites de la bien heureuse Marie toujours Vierge, et de tous les saints, le Seigneur nous fasse parvenir au royaume des cieux. ℟. Ainsi soit-il.

℣. Jube, Domne, benedicere.

Benedictio. Nos cum prole pia, benedicat Virgo Maria. ℟. Amen.

Lectio I. Ecclesiastici, 24.

In omnibus requiem quæsivi, et in hæreditate Domini morabor. Tunc præcepit et dixit mihi Creator omnium : et qui creavit me, requievit in tabernaculo meo, et dixit mihi : In Jacob inhabita, et in Israel hæreditare, et in electis meis mitte radices. Tu autem, Domine, miserere nostri. ℟. Deo gratias.

℟. Sancta et immaculata Virginitas, quibus te laudibus efferam, nescio : quia quem cœli capere non poterant, tuo gremio contulisti.

℣. Benedicta tu in mulieribus, et benedictus fructus ventris tui : quia quem cœli capere non poterant, tuo gremio contulisti.

℣. Jube, Domne, benedicere.

Benedict. Ipsa Virgo virginum intercedat pro nobis ad Dominum. ℟. Amen.

Lectio II.

Et sic in Sion firmata sum, et in civitate sanctificata similiter requievi : et in Jerusalem potestas mea, et radicavi in populo honorificato, et in parte Dei mei hæreditas illius, et in plenitudine sanctorum detentio mea. Tu autem, Domine, miserere nobis.

℟. Deo gratias.

℣. Donnez-moi votre bénédiction.

Bénédiction. Que la Vierge Marie avec son Fils tout débonnaire nous bénisse. ℟. Ainsi soit-il.

Leçon I. En l'Ecclésiastique. 24.

J'ai cherché le repos partout, et résolu d'arrêter ma demeure en l'héritage du Seigneur. Alors le Créateur de tous m'a honorée de ses commandements et de son entretien, et celui-là même qui m'a créée s'est reposé en mon tabernacle, et m'a dit : Habitez au-dedans de Jacob, prenez votre partage héréditaire en Israël, et enracinez-vous parmi ceux que j'ai choisis. Quant à vous, Seigneur, ayez pitié de nous. ℟. Rendons graces à Dieu.

℟. Sainte et immaculée Virginité, je ne sais point de louanges assez hautes pour vous honorer ; car vous avez porté dans votre sein celui que les cieux ne pouvoient contenir.

℣. Vous êtes bénie entre les femmes, et le fruit de votre ventre est béni ; car vous avez porté en votre sein celui que les cieux ne pouvoient contenir.

℣. Donnez-moi votre bénédiction.

Bénéd. Que la Vierge des vierges intercède elle-même pour nous. ℟. Ainsi soit-il.

Leçon II.

C'est ainsi que je me suis affermie en Sion, et c'est en cette manière que j'ai pris mon repos en la ville sanctifiée, que ma puissance est en Jérusalem, et que j'ai pris racine chez un peuple comblé d'honneur. Son héritage est du partage de mon Dieu, et ma demeure est en la plénitude des saints. Quant à vous, Seigneur, ayez pitié de nous.

℟. Rendons graces à Dieu.

℞. Beata es, Virgo Maria, quæ Dominum portasti creatorem mundi : genuisti qui te fecit, et in æternum permanes virgo.

℣. Ave Maria, gratia plena, Dominus tecum. Genuisti qui te fecit, et in æternum permanes virgo.

Gloria Patri, et Filio, et Spiritui Sancto. Genuisti qui te fecit, et in æternum permanes virgo.

℣. Jube, Domne, benedicere.

BENEDTICIO. Per Virginém Matrem concedat nobis Dominus salutem et pacem.

℞. Amen.

LECTIO III.

Quasi cedrus exaltata sum in Libano, et quasi cypressus in monte Sion. Quasi palma exaltata sum in Cades, et quasi plantatio rosæ in Hierico. Quasi oliva speciosa in campis, et quasi platanus exaltata sum juxta aquas. In plateis sicut cinnamomum et balsamum aromatizans odorem dedi : quasi myrrha electa dedi suavitatem odoris. Tu autem, Domine, miserere nobis.

℞. Deo gratias.

HYMNUS SANCTORUM AMBROSII ET AUGUSTINI.

Te Deum laudamus, te Dominum confitemur.
Te æternum patrem omnis terra veneratur.

Tibi omnes angeli, tibi cœli, et universæ potestates.
Tibi Cherubin et Seraphin incessabili voce proclamant

℟. Vous êtes bien heureuse, Vierge Marie, qui avez porté le Seigneur qui a créé le monde. Vous avez engendré celui qui vous a faite, et demeurez vierge à toute éternité.

℣. Je vous salue, Marie, pleine de grace, le Seigneur est avec vous. Vous avez engendré celui qui vous a faite, et demeurez vierge à toute éternité.

Gloire soit au Père, et au Fils, et au Saint-Esprit. Vous avez engendré celui qui vous a faite, et demeurez vierge à toute éternité.

℣. Donnez-moi votre bénédiction.

Bénéd. Que le Seigneur nous donne le salut et la paix par la Vierge Mère.

LEÇON III.

J'ai crû aussi haut qu'un cèdre au Liban, et qu'un cyprès en la montagne de Sion : j'ai crû comme un palmier en Cadès, et comme un plant de roses en Hiérico : j'ai crû comme les plus beaux oliviers en la campagne, et comme un plane sur le bord des eaux. Dans les places publiques j'ai rendu une odeur pareille à celle de la cannelle et du baume aromatique, et répandu une senteur aussi agréable que celle de la myrrhe choisie. Quant à vous, Seigneur, ayez pitié de nous. ℟. Rendons graces à Dieu.

HYMNE DE SAINT AMBROISE ET DE SAINT AUGUSTIN.

Nous te louons, Seigneur, nous t'avouons pour maître ;
La terre en fait autant de l'un à l'autre bout,
T'adore comme auteur et soutien de son être,
Comme père éternel, et créateur de tout.

Les amoureux concerts de la troupe angélique,
Les puissances des cieux ne chantent que ce mot,

Sanctus, sanctus, sanctus, Dominus Deus Sabaoth.

Pleni sunt cœli et terra majestatis gloriæ tuæ.
Te gloriosus apostolorum chorus,
Te prophetarum laudabilis numerus,
Te martyrum candidatus laudat exercitus.

Te per orbem terrarum sancta confitetur Ecclesia,
Patrem immensæ majestatis,
Venerandum tuum verum et unicum Filium,
Sanctum quoque paraclitum Spiritum.

Tu Rex gloriæ, Christe;
Tu Patris sempiternus es Filius;
Tu ad liberandum suscepturus hominem, non horruisti
  Virginis uterum.

Tu devicto mortis aculeo, aperuisti credentibus regna
  cœlorum.
Tu ad dexteram Dei sedes, in gloria Patris.
Judex crederis esse venturus.

Te ergo, quæsumus, famulis tuis subveni, quos pretioso
  sanguine redemisti.
Æterna fac cum sanctis tuis gloria munerari.

Salvum fac populum tuum, Domine, et benedic hære-
  ditati tuæ.
Et rege eos, et extolle illos usque in æternum.

Per singulos dies benedicimus te.

Chérubins, Séraphins n'ont que cette musique,
Saint, saint, et trois fois saint le Dieu de Sabaoth.

Ta gloire ainsi sur terre et dans le ciel résonne ;
Apôtres, et martyrs qu'en revêt un rayon,
Prophètes, confesseurs que ta main en couronne,
Tout bénit à l'envi, tout exalte ton nom.

Ton Église ici-bas, une, sainte, infaillible,
Et du Père, et du Fils, et de l'Esprit divin,
Vante l'immensité, l'essence indivisible,
Le pouvoir sans limite, et le règne sans fin.

O Jésus, Roi de gloire, et Rédempteur du monde,
Fils avant tous les temps de ce Père éternel,
Qui t'enfermas au sein d'une Vierge féconde,
Pour rendre l'innocence à l'homme criminel :

L'aiguillon de la mort brisé par ta victoire
T'a laissé nous ouvrir les royaumes des cieux ;
A la dextre du Père on t'y voit dans ta gloire,
D'où tu viendras un jour juger tous ces bas lieux.

Daigne donc secourir ces foibles créatures,
Qu'il t'a plu sur la croix racheter de ton sang ;
Et dans le clair séjour de tes lumières pures
Fais-leur parmi tes saints mériter quelque rang.

Sauveur, sauve ton peuple, et sur ton héritage
Verse à larges torrents tes bénédictions ;
Gouverne, guide, élève à l'éternel partage
Nos pensers, nos discours, nos vœux, nos actions.

Chaque jour nous t'offrons un tribut de louanges,

Et laudamus nomen tuum in sæculum, et in sæculum sæculi.

Dignare, Domine, die isto, sine peccato nos custodire.
Miserere nostri, Domine, miserere nostri.

Fiat misericordia tua, Domine, super nos : quemadmodum speravimus in te.
In te, Domine, speravi : non confundar in æternum.

AD LAUDES.

Mon Dieu, venez à mon aide.	Deus, in adjutorium meum intende.
Seigneur, hâtez-vous de me secourir.	Domine, ad adjuvandum me festina.
Gloire soit au Père, et au Fils, et au Saint-Esprit.	Gloria Patri, et Filio, et Spiritui Sancto.
Telle qu'elle a été au commencement, telle soit-elle maintenant, et toujours, et dans les siècles des siècles. Ainsi soit-il.	Sicut erat in principio et nunc et semper, et in sæcula sæculorum. Amen.

Alleluia.

ANTIPHONA. Assumpta est Maria.

PSALMUS 92.

Le Seigneur a régné, il s'est	Dominus regnavit.

C'est pour les entonner qu'on nous voit nous unir,
C'est pour bénir ton nom : souffre qu'avec tes anges
A toute éternité nous puissions le bénir.

Surtout, durant le cours de toute la journée
Préserve-nous de tache, et tiens-nous sans péché :
Prends pitié des malheurs dont notre ame est gênée,
Prends pitié des périls où l'homme est attaché.

Fais que cette pitié réponde à l'espérance
Qu'a mise en tes bontés notre esprit éperdu :
Seigneur, j'y mets encor toute mon assurance,
Et quiconque l'y met n'est jamais confondu.

A LAUDES.

O grand Dieu, de qui tout procède,
Qui faites et vivre et mourir,
Ne me refusez pas votre aide,
Hâtez-vous de me secourir.

Gloire au Père, souverain Maître,
Gloire au Fils, à l'Esprit divin :
Et telle qu'elle étoit quand tout commença d'être,
Telle soit-elle encor, maintenant, et sans fin.

Louez le Seigneur.
Antienne. Marie est élevée.

PSAUME 92.

Le Seigneur pour régner s'est voulu rendre aimable;

vêtu de beauté : le Seigneur s'est vêtu de force, il s'en est ceint et environné.

Il a affermi le globe de la terre, qui ne sera point ébranlé.

Votre siége a été préparé dès lors, vous êtes de toute éternité.

Les fleuves ont élevé, Seigneur, les fleuves ont élevé leur voix.

Les fleuves ont élevé leurs vagues, avec les voix de quantité d'eaux.

Les élévations de la mer sont merveilleuses : le Seigneur est admirable dans tout ce qu'il y a de haut.

Vos témoignages sont devenus trop croyables : votre maison doit être ornée de sainteté dans toute la longueur des jours.

decorem indutus est : indutus est Dominus fortitudinem, et præcinxit se.

Etenim firmavit orbem terræ : qui non commovebitur.

Parata sedes tua, Deus, ex tunc : a sæculo tu es.

Elevaverunt flumina, Domine : elevaverunt flumina vocem suam.

Elevaverunt flumina fluctus suos : a vocibus aquarum multarum.

Mirabiles elationes maris : mirabilis in altis Dominus.

Testimonia tua credibilia facta sunt nimis : domum tuam decet sanctitudo, Domine, in longitudinem dierum.

A LAUDES.

Il s'est revêtu de beauté ;
Il s'est armé de force en prince redoutable,
Ceint de gloire et de majesté.

Ses ordres sur un point ont affermi la terre,
Pour y répandre son pouvoir ;
Et s'il veut qu'elle tremble à l'éclat du tonnerre,
Il lui défend de se mouvoir.

Il prépara pour siége à sa grandeur suprême
Dès lors ces globes éclatants,
D'où, comme avant les temps il régnoit en lui-même,
Il voulut régner dans les temps.

Tous les fleuves dès lors lui rendirent hommage,
Ils élevèrent tous la voix ;
Tous les fleuves dès lors par un commun suffrage
Acceptèrent toutes ses lois.

Pour le voir de plus près, de leurs grottes profondes
Tous surent élever leurs flots ;
Tous surent applaudir par le bruit de leurs ondes
A qui les tiroit du chaos.

Les enflures des mers sont autant de miracles
Qu'enfante leur sein orgueilleux ;
Et ce maître de tout dans ses hauts tabernacles
Se montre encor plus merveilleux.

Tes paroles, Seigneur, n'en sont que trop croyables ;
Et tant que dureront les jours,
La sainteté doit luire en ces lieux vénérables
Où nous implorons ton secours.

L'OFFICE DE LA SAINTE VIERGE.

Gloire soit au Père, et au Fils, et au Saint-Esprit.

Telle qu'elle a été au commencement, etc.

Gloria Patri, et Filio, et Spiritui Sancto.

Sicut erat, etc.

Ant. Assumpta est Maria in cœlum, gaudent angeli, laudantes benedicunt Dominum.

Antiphona. Maria Virgo

PSALMUS 99.

Que toute la terre applaudisse à Dieu par des chants de joie : servez le Seigneur avec allégresse.

Entrez en sa présence avec des transports de contentement.

Sachez que le Seigneur est le vrai Dieu : c'est lui-même qui nous a faits, et non pas nous-mêmes.

Nous sommes son peuple, et les brebis de ses pâturages ; entrez dans ses portes en le louant, entonnez des hymnes en entrant dans son temple, et chantez sa gloire.

Louez son nom, parcequ'il est la douceur même : sa miséricorde durera à l'éternité, et sa vérité subsistera de génération en génération.

Jubilate Deo omnis terra : servite Domino in lætitia.

Introite in conspectu ejus, in exultatione.

Scitote quoniam Dominus ipse est Deus : ipse fecit nos, et non ipsi nos.

Populus ejus et oves pascuæ ejus, introite portas ejus in confessione : atria ejus in hymnis, confitemini illi.

Laudate nomen ejus, quoniam suavis est Dominus : in æternum misericordia ejus, et usque in generationem et generationem veritas ejus.

A LAUDES.

Gloire au Père éternel, la première des causes,
    Gloire au Fils, à l'Esprit divin ;
Et telle qu'elle étoit avant toutes les choses,
    Telle soit-elle encor sans fin.

Ant. Marie est élevée dans le ciel, les anges s'en réjouissent, ils en louent et en bénissent le Seigneur.

Antienne. La Vierge Marie.

PSAUME 99.

Terre, que ton enclos tout entier retentisse
    Des louanges de ton Seigneur :
    Ne songe à lui rendre service
Que l'hymne dans la bouche, et l'allégresse au cœur.

Paroître en le servant chagrin devant sa face,
    C'est ne le servir qu'à regret :
    Entrons, et que la joie efface
Ce qu'attire d'ennuis le mal le plus secret.

Vous, son peuple, apprenez qu'il est roi, qu'il est maître,
    Que tout empire est sous le sien,
    Qu'à tous il nous a donné l'être,
Et que sa main sans nous nous a formés de rien.

Nous sommes ses brebis, à qui ses pâturages
    En tous lieux sont toujours ouverts :
    Portons chez lui de saints hommages,
Et courons dans son temple entonner nos concerts.

Adorons tous son nom, sa douceur adorée
    Fait revivre à l'éternité ;
    Et telle sera la durée
De sa miséricorde et de sa vérité.

Gloire soit au Père, et au Fils, et au Saint-Esprit.

Gloria Patri, et Filio. et Spiritui Sancto.

Telle qu'elle a été au commencement, etc.

Sicut erat, etc.

Ant. Maria Virgo assumpta est ad æthereum thalamum, in quo Rex regum stellato sedet solio.

Antiphona. In odorem.

PSALMUS 62.

O Dieu, qui êtes mon Dieu, je m'éveille pour penser à vous dès le point du jour.

Deus, Deus meus : ad te de luce vigilo.

Mon ame sent une ardente soif de vous posséder, et ma chair est pressée de cette même soif en bien des manières.

Sitivit in te anima mea : quam multipliciter tibi caro mea.

En cette terre déserte, sans voie et sans eau, je me suis présenté devant vous comme en un lieu saint, pour y voir votre vertu et votre gloire.

In terra deserta, et invia, et inaquosa, sic in sancto apparui tibi : ut viderem virtutem tuam et gloriam tuam.

Parceque votre miséricorde vaut mieux que toutes les vies, mes lèvres chanteront vos louanges.

Quoniam melior est misericordia tua super vitas : labia mea laudabunt te.

Ainsi je vous bénirai toute ma vie, et je lèverai mes mains en votre nom.

Sic benedicam te in vita mea, et in nomine tuo levabo manus meas.

Que mon ame se remplisse comme de graisse et d'em-

Sicut adipe et pinguedine repleatur ani-

A LAUDES.

Gloire au Père éternel, gloire au Verbe ineffable,
    Gloire à l'Esprit leur pur amour,
    Telle à tout jamais perdurable
Qu'elle étoit en tous trois avant le premier jour.

Ant. La Vierge Marie est élevée à un céleste appartement, où le Roi des rois est assis en un trône étoilé.

Antienne. C'est après l'odeur.

PSAUME 62.

Dieu, que je reconnois pour l'auteur de mon être,
    De qui dépend mon avenir,
Sitôt que la lumière a commencé de naître,
    Je m'éveille pour te bénir.

Pour apaiser l'ardeur qui dessèche mon ame,
    Sa soif n'a de recours qu'à toi;
Et ma chair, que dévore une pareille flamme,
    Se fait une pareille loi.

Dans un climat sans eaux, sans habitants, sans voie,
    Devant toi je me suis offert,
Pour mieux voir les vertus que ta bonté déploie,
    Et ta gloire dans ce désert.

Cette bonté, Seigneur, vaut mieux que mille vies,
    Que mille empires à la fois :
Nous t'en devons louer, et nos ames ravies
    Y vont unir toutes nos voix.

Puissé-je de mes jours n'employer ce qui reste
    Qu'aux éloges d'un Dieu si bon,
Et n'élever les mains vers la voûte céleste
    Que pour en exalter le nom !

Se puisse ainsi mon ame enivrer de ta grace

bonpoint, et ma bouche vous louera avec des lèvres d'exultation.

Si je me suis souvenu de vous sur mon lit durant les ténèbres, je ne penserai pas moins à vous dès le matin, parceque vous avez été mon aide.

Et j'aurai des ravissements de joie sous le voile de vos ailes ; mon ame s'est attachée à courir après vous, et votre dextre m'a reçu.

Mais quant à mes ennemis, ils ont cherché mon ame en vain ; ils entreront au plus bas de la terre : ils seront livrés en la main du glaive, ils seront le partage des renards.

Cependant le roi se réjouira en Dieu, tous ceux qui jurent en lui recevront des louanges : parceque ceux qui ne parlent qu'iniquité ont la bouche fermée.

ma mea : et labiis exultationis laudabit os meum.

Si memor fui tui super stratum meum, in matutinis meditabor in te : quia fuisti adjutor meus.

Et in velamento alarum tuarum exultabo. adhæsit anima mea post te : me suscepit dextera tua.

Ipsi vero in vanum quæsierunt animam meam, introibunt in inferiora terræ : tradentur in manus gladii. partes vulpium erunt.

Rex vero lætabitur in Deo, laudabuntur omnes qui jurant in eo : quia obstructum est os loquentium iniqua.

PSALMUS 66.

Que Dieu prenne pitié de nous, et nous bénisse ; qu'il fasse resplendir son visage sur nous, et en prenne pitié ;

Afin que nous connoissions

Deus misereatur nostri, et benedicat nobis : illuminet vultum suum super nos, et misereatur nostri ;

Ut cognoscamus in

A LAUDES.

    Et s'enrichir de tes présents,
Que ma joie à ma langue en confiera l'audace
    Jusques à la fin de mes ans.

Au milieu de la nuit, dans le fond de ma couche
    J'en veux prendre un soin amoureux,
Et dès le point du jour mon esprit et ma bouche
    Béniront ton secours heureux.

En l'appui de ton bras, sous l'ombre de tes ailes,
    J'ai mis mon bonheur souverain ;
Et mon ame attachée à tes lois éternelles
    A reçu l'aide de ta main.

Mes ennemis ont vu dissiper leur poursuite,
    Leur sang coulera sous l'acier ;
Dans le sein de la terre ils cacheront leur fuite,
    Ainsi que renards au terrier.

Mon trône est raffermi, ma joie est ranimée,
    Et tes humbles adorateurs
Feront gloire de voir la bouche ainsi fermée
    Aux lâches calomniateurs.

PSAUME 66.

Jette un œil de pitié sur toute notre race ;
Seigneur, pour la bénir désarme ton courroux ;
Laisse briller sur elle un rayon de ta face,
    Et fais-nous grace à tous.

Afin que nous puissions connoître ici ta voie.

votre voie en terre, et votre salutaire parmi toutes les nations.

Que les peuples vous louent, ô Dieu ! que tous les peuples vous louent.

Que les nations se réjouissent, et soient ravies de ce que vous jugez les peuples dans l'équité, et dirigez les nations sur la terre.

Que les peuples vous louent, ô Dieu ! que tous les peuples vous louent : la terre a donné son fruit.

Que Dieu, que notre Dieu nous bénisse : que Dieu nous bénisse, et que toutes les extrémités de la terre le craignent.

Gloire soit au Père, et au Fils, et au Saint-Esprit.

Telle qu'elle, etc.

terra viam tuam : in omnibus gentibus salutare tuum.

Confiteantur tibi populi, Deus ! confiteantur tibi populi omnes.

Lætentur et exultent gentes, quoniam judicas populos in æquitate, et gentes in terra dirigis.

Confiteantur tibi populi, Deus, confiteantur tibi populi omnes : terra dedit fructum suum.

Benedicat nos Deus, Deus noster, benedicat nos Deus : et metuant eum omnes fines terræ.

Gloria Patri, et Filio, et Spiritui, etc.

Sicut erat, etc.

Ant. In odorem unguentorum tuorum currimus, adolescentulæ dilexerunt te nimis.

Antiphona. Benedicta filia.

CANTICUM TRIUM PUERORUM. Danielis 3.

Que tous les ouvrages du

Benedicite omnia o-

Qu'elle y puisse régler nos pas, nos actions,
Et que ton salutaire y répande la joie
    En toutes nations.

Que des peuples unis l'humble reconnoissance
Fasse voir en tous lieux ton saint nom applaudi :
Du levant au couchant qu'aucun ne s'en dispense,
    Ni du nord au midi.

Qu'en ces peuples divers règne même allégresse,
Qu'à l'envi sous tes lois ils courent se ranger ;
Tes lois dont l'équité les juge avec tendresse,
    Et les sait diriger.

Une seconde fois, que leur reconnoissance
Fasse éclater ta gloire en tous lieux à grand bruit :
Une terre stérile a produit l'abondance,
    Et nous donne son fruit.

Qu'en tous lieux à jamais ce grand Dieu nous bénisse,
Qu'en tous lieux à jamais il nous protége en Dieu,
Qu'en tous lieux à jamais sa gloire retentisse,
    Qu'on le craigne en tout lieu.

Gloire au Père éternel, la première des causes,
Gloire au Verbe incarné, gloire à l'Esprit divin ;
Et telle qu'elle étoit avant toutes les choses,
    Telle soit-elle encor sans fin.

Ant. C'est après l'odeur de vos parfums que nous courons ; les jeunes filles vous ont extraordinairement aimée.

Antienne. Fille, vous êtes bénie.

CANTIQUE DES TROIS ENFANTS. EN DAN. 3.

Ouvrages du Très Haut, effets de sa parole,

Seigneur bénissent le Seigneur, qu'ils le louent et le surexaltent en tous les siècles.

Anges du Seigneur, bénissez le Seigneur : cieux, bénissez le Seigneur.

Que toutes les eaux qui sont sur les cieux bénissent le Seigneur : que toutes les vertus du Seigneur bénissent le Seigneur.

Soleil et lune, bénissez le Seigneur : étoiles du ciel, bénissez le Seigneur.

Que toute pluie et rosée bénisse le Seigneur, que tous les esprits de Dieu bénissent le Seigneur.

Feu et chaleurs étouffantes, bénissez le Seigneur : froids perçants, bénissez le Seigneur.

Rosées et bruines, bénissez le Seigneur : gelée et froidures, bénissez le Seigneur.

pera Domini Domino : laudate et superexaltate eum in sæcula.

Benedicite angeli Domini Domino : benedicite cœli Domino.

Benedicite aquæ omnes quæ super cœlos sunt Domino : benedicite omnes virtutes Domini Domino.

Benedicite sol et luna Domino : benedicite stellæ cœli Domino.

Benedicite omnis imber et ros Domino : benedicite omnes spiritus Dei Domino.

Benedicite ignis et æstus Domino : benedicite frigus et æstus Domino.

Benedicite rores et pruina Domino : benedicite gelu et frigus, Domino.

Bénissez le Seigneur ;
Et jusqu'au bout des temps, de l'un à l'autre pôle,
Exaltez sa grandeur.

Anges, qui le voyez dans sa splendeur entière,
Bénissez le Seigneur :
Cieux, qu'il a peints d'azur et revêt de lumière,
Exaltez sa grandeur.

Eaux sur le firmament par sa main suspendues,
Bénissez le Seigneur :
Vertus par sa clémence en tous lieux répandues,
Exaltez sa grandeur.

Soleil qui fais le jour, lune qui perces l'ombre,
Bénissez le Seigneur :
Étoiles dont mortel n'a jamais su le nombre,
Exaltez sa grandeur.

Féconds épanchements de pluie et de rosée,
Bénissez le Seigneur :
Vents, à qui la nature est sans cesse exposée,
Exaltez sa grandeur.

Feux, dont la douce ardeur ouvre et pare la terre,
Bénissez le Seigneur :
Froids, dont l'âpre rigueur la ravage et resserre,
Exaltez sa grandeur.

Incommodes brouillards, importunes bruines,
Bénissez le Seigneur :
Frimas, triste gelée, effroyables ravines,
Exaltez sa grandeur.

Glaces et neiges, bénissez le Seigneur : nuits et jours, bénissez le Seigneur.

Lumière et ténèbres, bénissez le Seigneur : éclairs et nuées, bénissez le Seigneur.

Que la terre bénisse le Seigneur : qu'elle le loue et le surexalte en tous les siècles.

Montagnes et collines, bénissez le Seigneur : que tout ce qui germe en la terre bénisse le Seigneur.

Fontaines, bénissez le Seigneur : mers et fleuves, bénissez le Seigneur.

Baleines, et tout ce qui se meut en la mer, bénissez le Seigneur : oiseaux du ciel, bénissez tous le Seigneur.

Que toutes les bêtes et les troupeaux bénissent le Seigneur : fils des hommes, bénissez le Seigneur.

Benedicite glacies et nives Domino : benedicite noctes et dies Domino.

Benedicite lux et tenebrae Domino : benedicite fulgura et nubes Domino.

Benedicat terra Dominum : laudet et superexaltet eum in sæcula.

Benedicite montes et colles Domino : benedicite universa germinantia in terra Domino.

Benedicite fontes Domino : benedicite maria et flumina Domino.

Benedicite cete, et omnia quæ moventur in aquis, Domino : benedicite omnes volucres cœli Domino.

Benedicite omnes bestiæ et pecora Domino : benedicite filii hominum Domino.

Admirables trésors de neiges et de glaces,
   Bénissez le Seigneur :
Jour qui fais la couleur, et toi, nuit qui l'effaces,
   Exaltez sa grandeur.

Ténèbres et clarté, leurs éternels partages,
   Bénissez le Seigneur :
Armes de sa colère, éclairs, foudres, orages,
   Exaltez sa grandeur.

Terre, que son vouloir enrichit ou désole,
   Bénissez le Seigneur :
Et jusqu'au bout des temps, de l'un à l'autre pôle,
   Exaltez sa grandeur.

Monts sourcilleux et fiers, agréables collines,
   Bénissez le Seigneur .
Doux présents de la terre, herbes, fruits, et racines,
   Exaltez sa grandeur.

Délicieux ruisseaux, inépuisables sources,
   Bénissez le Seigneur :
Fleuves, et vastes mers qui terminez leurs courses,
   Exaltez sa grandeur.

Poissons, qui sillonnez la campagne liquide,
   Bénissez le Seigneur :
Hôtes vagues des airs, qui découpez leur vide,
   Exaltez sa grandeur.

Animaux, que son ordre a mis sous notre empire,
   Bénissez le Seigneur :
Hommes, qu'il a faits rois de tout ce qui respire,
   Exaltez sa grandeur.

Qu'Israël bénisse le Seigneur : qu'il le loue et le surexalte en tous les siècles.

Prêtres du Seigneur, bénissez le Seigneur : serviteurs du Seigneur, bénissez le Seigneur.

Esprits et ames des justes, bénissez le Seigneur : saints et humbles de cœur, bénissez le Seigneur.

Ananie, Azarie, et Misaël, bénissez le Seigneur : louez-le et le surexaltez en tous les siècles.

Bénissons le Père, et le Fils, et le Saint-Esprit : louons-le et le surexaltons en tous les siècles.

Seigneur, vous êtes béni dans le firmament du ciel : vous êtes louable et plein de gloire, et surexalté dans tous les siècles.

Benedicat Israel Dominum : laudet et superexaltet eum in sæcula.

Benedicite sacerdotes Domini Domino : benedicite servi Domini Domino.

Benedicite spiritus et animæ justorum Domino : benedicite sancti et humiles corde Domino.

Benedicite, Anania, Azaria, Misaël Domino : laudate et superexaltate eum in sæcula.

Benedicamus Patrem et Filium cum Sancto Spiritu, laudemus et superexaltemus eum in sæcula.

Benedictus es, Domine, in firmamento cœli : et laudabilis et gloriosus et superexaltatus in sæcula.

Ant. **Benedicta**, Filia, tu a Domino, quia per te fructum vitæ communicavimus.

Antiphona. Pulchra es.

Israël, qu'il choisit pour unique héritage,
    Bénissez le Seigneur ;
Et d'un climat à l'autre, ainsi que d'âge en âge,
    Exaltez sa grandeur.

Prêtres, de ses secrets sacrés dépositaires,
    Bénissez le Seigneur :
Du Monarque éternel serviteurs exemplaires,
    Exaltez sa grandeur.

Ames justes, esprits en qui la grace abonde,
    Bénissez le Seigneur :
Humbles, qu'un saint orgueil fait dédaigner le monde,
    Exaltez sa grandeur.

Mais sur tous, Misaël, Ananie, Azarie,
    Bénissez le Seigneur :
Et tant qu'il lui plaira vous conserver la vie,
    Exaltez sa grandeur.

Bénissons tous le Père, et le Fils ineffable,
    Avec l'Esprit divin :
Rendons honneur et gloire à leur être immuable,
    Exaltons-les sans fin.

On te bénit au ciel, Dieu, qui nous fis l'usage
    De ton être divin :
On te doit en tous lieux louange, gloire, hommage,
    On te les doit sans fin.

Ant. Fille, vous êtes bénie du Seigneur, parceque nous avons participé au fruit de vie par votre moyen.

Antienne. Vous êtes belle.

PSALMUS 148.

Louez du milieu des cieux le Seigneur : louez-le dans le plus haut du firmament.

Que tous ses anges le louent : que toutes ses vertus le glorifient.

Louez-le, soleil et lune : que toutes les étoiles et la lumière le louent.

Louez-le, cieux des cieux, et que toutes les eaux qui sont sur les cieux louent le nom du Seigneur.

Parcequ'il n'a fait que parler, et ils ont été faits : il n'a fait que commander, et ils ont été créés.

Il les a établis pour durer à l'éternité, et dans le siècle du siècle : il leur a donné un ordre qui ne passera point.

De tous les cantons de la

Laudate Dominum de cœlis : laudate eum in excelsis.

Laudate eum, omnes angeli ejus : laudate eum. omnes virtutes ejus.

Laudate eum, sol et luna : laudate eum. omnes stellæ et lumen.

Laudate eum, cœli cœlorum : et aquæ omnes quæ super cœlos sunt laudent nomen Domini.

Quia ipse dixit. et facta sunt : ipse mandavit, et creata sunt.

Statuit ea in æternum, et in sæculum sæculi ; præceptum posuit. et non præteribit.

Laudate Dominum

A LAUDES.

PSAUME 148.

Louez, pures intelligences,
Le Dieu qui vous commet à gouverner les cieux ;
Et, du plus haut séjour de ses magnificences,
    Donnez l'exemple à ces bas lieux.

Louez-le tous, esprits célestes,
Ministres éternels de ses commandements :
Puissances, qui rendez ses vertus manifestes,
    N'y refusez aucuns moments.

Soleil à toi seul comparable,
Lune à qui chaque nuit fait changer de splendeur,
Astres étincelants, lumière inépuisable,
    Louez à l'envi sa grandeur.

Vastes cieux, prisons éclatantes,
Qui renfermez les airs, et la terre, et les eaux,
Réservoirs suspendus, mers sur le ciel flottantes,
    Imitez ces brillants flambeaux.

Quand il lui plut vous donner l'être,
Le rien fut sa matière, et l'ouvrier sa voix :
Il ne fit que parler, et ce grand tout pour naître
    N'en attendit point d'autres lois.

Il égala votre durée
A celle que dès lors il choisit pour les temps .
Il prescrivit à tous une borne assurée,
    Il vous fit des ordres constants.

Louez-le du fond de la terre,

terre louez le Seigneur : dragons, et toutes sortes d'abîmes.

Que le feu, la grêle, la neige, la glace, les esprits d'orages qui font sa parole ;

Que les montagnes et toutes les collines, les arbres fruitiers, et tous les cèdres ;

Que les bêtes et tous les troupeaux, les serpents et les oiseaux ailés ;

Que les rois de la terre et tous les peuples, les princes et tous les juges de la terre ;

Que les jeunes garçons et les filles, les vieillards et les enfants, louent le Seigneur : car il n'y a que lui seul dont le nom doive être exalté.

Que sa louange vole sur le ciel et sur la terre : il a élevé la force et la gloire de son peuple.

de terra : dracones et omnes abyssi.

Ignis, grando, nix, glacies, spiritus procellarum : quæ faciunt verbum ejus :

Montes et omnes colles : ligna fructifera, et omnes cedri :

Bestiæ et universa pecora : serpentes et volucres pennatæ :

Reges terræ, et omnes populi : principes, et omnes judices terræ :

Juvenes et virgines, senes cum junioribus, laudent nomen Domini : quia exaltatum est nomen ejus solius.

Confessio ejus super cœlum et terram : et exaltavit cornu populi sui.

Abîmes dans son centre à jamais enfoncés :
Exaltez ainsi qu'eux ce maître du tonnerre,
    Fiers dragons, et le bénissez.

    Bénissez-le, foudres, orages,
Frimas, neiges, glaçons, grêles, vents indomptés,
Qui ne mutinez l'air, et n'ouvrez les nuages,
    Que pour faire ses volontés.

    Vous, montagnes inaccessibles,
Vous, gracieux coteaux qui parez les vallons,
Arbres qui portez fruit, cèdres incorruptibles,
    Qui bravez tous les aquilons ;

    Vous, monstres, vous, bêtes sauvages,
Serpents qui vous cachez aux lieux les plus couverts,
Animaux qui peuplez nos champs et nos bocages,
    Volages habitants des airs ;

    Peuples et rois, soldats et princes,
Citadins, gouverneurs, souverains, et sujets,
Juges qui maintenez les lois dans vos provinces,
    Louez Dieu dans tous ses projets.

    Louez, tous sexes et tous âges,
Louez ce Dieu vivant, réclamez son appui ;
Et sachez qu'aucun Dieu ne mérite d'hommages,
    Ni de vœux, ni d'encens, que lui.

    Suppléez aux bouches muettes ;
L'air, la terre, les eaux, les cieux même en sont pleins :
Soyez, fils de Jacob, soyez les interprètes
    De tant d'ouvrages de ses mains.

Qu'un hymne éclate dans la bouche de tous ses saints : et surtout des fils d'Israël, de ce peuple qu'il tient proche de lui.

Hymnus omnibus sanctis ejus : filiis Israël, populo appropinquanti sibi.

PSALMUS 149.

Chantez au Seigneur un nouveau cantique : que sa louange retentisse dans l'assemblée des saints.

Qu'Israël se réjouisse en celui qui l'a fait, et les enfants de Sion en leur roi.

Qu'ils louent son nom en des chœurs de musique : qu'ils chantent à sa louange, sur le tambour et sur le psaltérion.

Car le Seigneur se plaît en son peuple : et il a exalté les débonnaires pour les sauver.

Les saints se réjouiront dans la gloire : ils chanteront avec allégresse sur leurs lits.

Les hautes louanges de

Cantate Domino canticum novum : laus ejus in ecclesia sanctorum.

Lætetur Israël in eo qui fecit eum : et filii Sion exultent in rege suo.

Laudent nomen ejus in choro : in tympano et psalterio psallant ei.

Quia beneplacitum est Domino in populo suo : et exaltabit mansuetos in salutem.

Exultabunt sancti in gloria : lætabuntur in cubilibus suis.

Exaltationes Dei in

Il vous a donné la victoire,
Vos tyrans sont défaits, et vos malheurs finis :
Il a pris soin de vous, prenez soin de sa gloire,
    Vous qu'à sa gloire il tient unis.

PSAUME 149.

Ames des dons du ciel comblées,
Par un nouveau cantique exaltez le Seigneur :
Que de son peuple aimé les saintes assemblées
    Y portent la voix et le cœur.

Que tous les cœurs s'épanouissent,
Qu'au Dieu qui les a faits ils fassent d'humbles vœux;
Que les fils de Sion en lui se réjouissent
    Du roi qu'il a choisi pour eux ;

Que le plein chœur de leur musique
Exalte son grand nom, adore son secours,
Et marie aux accords de ce nouveau cantique
    Ceux des harpes et des tambours.

Sur le penchant de la ruine
Il aime à relever son peuple favori :
Plus il le voit soumis, plus sa bonté divine
    Protége ce qu'il a chéri.

Elle appuie, elle glorifie
Ceux qui font pour sa gloire un ferme et saint propos ;
Et qu'il soit jour ou nuit, l'homme qui s'y confie
    Veille en joie, ou dort en repos.

Ses saints n'ont que lui dans la bouche.

Dieu seront dans leur bouche ; et ils auront en leurs mains des glaives à deux tranchants,

Pour prendre vengeance des nations, et faire de sanglants reproches aux peuples ;

Pour attacher et lier leurs rois avec des entraves, et les plus nobles d'entre eux avec des manotes de fer [1] ;

Afin d'exécuter en eux le jugement écrit de la main de Dieu : c'est là la gloire qui est réservée à tous ses saints.

gutture eorum : et gladii ancipites in manibus eorum :

Ad faciendam vindictam in nationibus : increpationes in populis :

Ad alligandos reges eorum in compedibus : et nobiles eorum in manicis ferreis :

Ut faciant in eis judicium conscriptum : gloria hæc est omnibus sanctis ejus.

PSALMUS 150.

Louez le Seigneur en ses saints : louez-le dans le firmament de sa vertu.

Louez-le en ses vertus : louez-le selon la multitude de ses grandeurs.

Louez-le avec le son de la trompette ; louez-le sur le psaltérion et sur la harpe.

Laudate Dominum in sanctis ejus : laudate eum in firmamento virtutis ejus.

Laudate eum in virtutibus ejus : laudate eum secundum multitudinem magnitudinis ejus.

Laudate eum in sono tubæ : laudate eum in psalterio et cithara.

---

[1] *Manotes* ou *Menotes*. (Nicot. *Thresor de la langve françoyse*, 1606.

Sa louange est l'objet qui remplit tous leurs chants ;
Et leurs mains, pour dompter l'orgueil le plus farouche,
    Auront un glaive à deux tranchants.

    C'est ainsi qu'ils prendront vengeance
De tant de nations qui les ont opprimés,
Et leur reprocheront la barbare insolence
    Dont les peuples se sont armés.

    Nous verrons leurs rois dans nos chaînes,
Ces rois dont la fureur étonnoit l'univers ;
Et tout ce qui sous eux servit le mieux leurs haines
    Tombera comme eux dans nos fers.

    Telle est l'éclatante justice
Qu'a résolu ce Dieu d'en faire par nos mains,
Et le triomphe heureux que sa bonté propice
    Dès ici prépare à ses saints.

PSAUME 150.

    Louez l'inconcevable essence,
La majesté d'un maître admirable en ses saints ;
Louez l'auguste éclat de sa magnificence,
    Louez-le dans tous ses desseins.

    Louez-le de tant de merveilles
Qu'en faveur des mortels prodigue sa bonté :
Louez incessamment ses grandeurs sans pareilles,
    Louez leur vaste immensité.

    N'épargnez hauts-bois, ni trompettes,
Pour lui faire à l'envi des concerts plus charmants :
Employez-y clairons, harpes, luths, épinettes ;
    N'oubliez aucuns instruments.

Louez-le avec des tambours et des chœurs de musique : louez-le avec des instruments à cordes et à organes.

Louez-le avec des cymbales harmonieuses, louez-le avec des cymbales de jubilation : que tout esprit loue le Seigneur.

Gloire soit au Père, et au Fils, et au Saint-Esprit.

Telle qu'elle a été au commencement, etc.

Laudate eum in tympano et choro : laudate eum in chordis et organo.

Laudate eum in cymbalis benesonantibus, laudate eum in cymbalis jubilationis : omnis spiritus laudet Dominum.

Gloria Patri, et Filio, et Spiritui Sancto. Sicut erat, etc.

Ant. **Pulchra** es et decora, filia Jerusalem : terribilis ut castrorum acies ordinata.

CAPITULUM.

Viderunt eam filiæ Sion, et beatissimam prædicaverunt, et reginæ laudaverunt eam.

℟. Deo gratias.

HYMNUS.

O gloriosa Domina,
Excelsa super sydera,
Qui te creavit provide,
Lactasti sacro ubere,

Quod Eva tristis abstulit,
Tu reddis almo germine :
Intrent ut astra flebiles,
Cœli fenestra facta es.

A LAUDES.

Unissez en votre musique
La flûte à la viole, et la lyre aux tambours :
Que l'orgue à tant de sons mêle un son magnifique,
  Prête un harmonieux secours.

  Joignez-y celui des cymbales,
Et de ces tons divers formez un tel accord,
Que pour vanter son nom leurs forces inégales
  Ne semblent qu'un égal effort.

  Gloire au Père, cause des causes,
Gloire au Verbe incarné, gloire à l'Esprit divin ;
Et telle qu'elle étoit avant toutes les choses,
  Telle soit-elle encor sans fin.

Ast. Vous êtes belle et bien parée, fille de Jérusalem, et terrible comme une armée rangée en bataille.

CHAPITRE. Cant. 1.

Les filles de Sion l'ont vue, et ont publié à haute voix qu'elle étoit bienheureuse, et les reines lui ont donné des louanges.

℟. Rendons-en graces à Dieu.

HYMNE.

Reine glorieuse et sacrée,
  Qui te sieds au-dessus des cieux,
Et pour nourrir sur terre un Dieu qui t'a créée,
Lui donnas de ton sein le nectar précieux ;

  Ce qu'Ève fit perdre à sa race,
  Par ta race tu nous le rends :
Par toi notre foiblesse au ciel trouve enfin place ;
Par toi sa porte s'ouvre aux fidèles mourants.

Tu Regis alti janua,
Et porta lucis fulgida :
Vitam datam per Virginem,
Gentes redemptæ plaudite.

Gloria tibi, Domine,
Qui natus es de Virgine,
Cum Patre et Sancto Spiritu,
In sempiterna sæcula. Amen.

℣. Benedicta tu in mulieribus.
℟. Et benedictus fructus ventris tui.

ANTIPHONA. Beata Dei Genitrix.

CANTICUM ZACHARIÆ.
LUCÆ I.

Béni soit le Seigneur Dieu d'Israël, de ce qu'il a visité son peuple, et en a fait le rachat;

Et a élevé pour nous une corne de salut, en la maison de David son serviteur.

Ainsi qu'il l'a dit par la bouche de ses saints, de ses prophètes qui ont été depuis le commencement du siècle,

Qu'il nous sauveroit de nos ennemis, et de la main de tous ceux qui nous haïssent,

Benedictus Dominus Deus Israël : quia visitavit, et fecit redemptionem plebis suæ;

Et erexit cornu salutis nobis : in domo David pueri sui.

Sicut locutus est per os sanctorum qui a sæculo sunt : prophetarum ejus :

Salutem ex inimicis nostris : et de manu omnium qui oderunt nos :

A LAUDES.

Porte du Monarque céleste,
Porte des immenses clartés,
C'est par toi que la vie éteint la mort funeste :
Applaudissez en foule, ô peuples rachetés !

Gloire, à toi, merveille suprême,
Dieu par une Vierge enfanté ;
Même gloire à ton Père, au Saint-Esprit la même,
Et durant tous les temps, et dans l'éternité.

℣. Vous êtes bénie entre les femmes.
℟. Et le fruit de votre ventre est béni.

Antienne. Bienheureuse Mère de Dieu.

CANTIQUE DE ZACHARIE.
EN SAINT LUC I.

Qu'à jamais soit béni le maître du tonnerre,
Le Souverain des rois, le grand Dieu de Sion,
Qui pour nous visiter descend du ciel en terre,
Et commence à nos yeux notre rédemption.

Pour relever nos cœurs d'une chute mortelle,
Avec notre bassesse il unit sa hauteur ;
Et du sang de David, son serviteur fidèle,
Du salut tant promis il a formé l'auteur.

Ainsi l'avoient prédit les célestes oracles
Qu'on vit de siècle en siècle illuminer les temps ;
Il en vient dégager la foi par ses miracles,
Et changer la promesse en effets éclatants.

Ils nous ont de sa part laissé pleine assurance
Que tous nos ennemis par lui seroient domptés,
Qu'il réduiroit pour nous leur haine à l'impuissance,
Et guériroit les coups qu'ils nous auroient portés.

Afin de faire miséricorde envers nos pères, et montrer qu'il se souvient de son saint Testament.

C'est le jugement qu'il a juré à Abraham notre père : qu'il nous donneroit son assistance,

Afin qu'étant délivrés de la main de nos ennemis, nous puissions le servir sans aucune crainte ;

Et que nous nous tenions en sa présence dans la sainteté et dans la justice, tous les jours de notre vie.

Et toi, enfant, tu seras appelé le prophète du Très-Haut : car tu marcheras devant la face du Seigneur, pour préparer ses voies,

Pour donner une science de salut à son peuple, qui lui apprenne à obtenir la rémission de ses péchés ;

Par les entrailles de la miséricorde de notre Dieu, d'où ce soleil levant nous est venu visiter d'en haut.

Ad faciendam misericordiam cum patribus nostris : et memorari Testamenti sui sancti.

Jusjurandum quod juravit ad Abraham patrem nostrum : daturum se nobis :

Ut sine timore de manu inimicorum nostrorum liberati : serviamus illi,

In sanctitate et justitia coram ipso : omnibus diebus nostris.

Et tu, puer, propheta Altissimi vocaberis : præibis enim ante faciem Domini parare vias ejus,

Ad dandam scientiam salutis plebi ejus, in remissionem peccatorum eorum ;

Per viscera misericordiæ Dei nostri, in quibus visitavit nos oriens ex alto.

A LAUDES.

Ils avoient répondu de sa grace à nos pères,
Qu'il en seroit prodigue et pour eux et pour nous,
Et qu'il se souviendroit au fort de nos misères
Du pacte qu'il posa pour borne à son courroux.

Tout ce qu'ils en ont dit, il l'a juré lui-même ;
Abraham en reçut un solennel serment,
Que la haute faveur de sa bonté suprême
Pour descendre sur nous choisiroit son moment.

Il promit de nous mettre au-dessus de l'atteinte
De la fureur jalouse et des fers ennemis,
De nous mettre en état de le servir sans crainte,
Et vient de nous donner ce qu'il avoit promis.

Nous lui rendrons hommage avec cette justice,
Avec la sainteté qui le sait épurer ;
Et nous ferons durer ce zèle à son service,
Autant qu'auront nos jours ici-bas à durer.

Et toi qu'ont vu nos yeux en tressaillir de joie,
Enfant, qui l'as connu du ventre maternel,
Tu seras son prophète à préparer sa voie,
Et l'annoncer à tous pour Monarque éternel.

Son peuple aura par toi l'heureuse connoissance
Qui lui vient aplanir les routes du salut,
Remettre ses péchés, et rendre l'espérance
A ceux qui choisiront sa gloire pour seul but.

C'est par cette pitié qui règne en ses entrailles
Que va le Saint des saints sanctifier ces lieux :
C'est avec ces bontés que le Dieu des batailles
Pour nous rendre visite est descendu des cieux.

Pour illuminer ceux qui sont assis dans les ténèbres et dans l'ombre de la mort, et conduire nos pieds dans la voie de paix.	Illuminare his qui in tenebris et in umbra mortis sedent : ad dirigendos pedes nostros in viam pacis.
Gloire au Père, et au Fils, et au Saint-Esprit.	Gloria Patri, et Filio, etc
Telle qu'elle, etc.	Sicut erat, etc.

Ant. Beata Dei genitrix Maria, Virgo perpetua, templum Domini, sacrarium Spiritus Sancti, sola sine exemplo placuisti Domino nostro Jesu Christo : ora pro populo, interveni pro clero, intercede pro devoto femineo sexu.

Kyrie, eleison. Christe, eleison. Kyrie, eleison.

℣. Domine, exaudi orationem meam.

℞. Et clamor meus ad te veniat.

OREMUS.

Deus, qui de beatæ Mariæ Virginis utero Verbum tuum, angelo nunciante, carnem suscipere voluisti : præsta supplicibus tuis, ut qui vere eam genitricem Dei credimus, ejus apud te intercessionibus adjuvemur. Per eumdem Christum Dominum nostrum. ℞. Amen.

Antiphona pro Sanctis.

Sancti Dei, omnes intercedere dignemini pro nostra omniumque salute.

℣. Lætamini in Domino, et exultate justi.

℞. Et gloriamini omnes recti corde.

OREMUS.

Protege, Domine, populum tuum, et apostolorum

A LAUDES.

Ceux qu'arrête la mort dans ses fatales ombres
Se verront par lui-même éclairés à jamais :
Leurs pas démêleront les détours les plus sombres,
Et l'auront pour leur guide aux sentiers de la paix.

Gloire au Père éternel, la première des causes,
Gloire au Verbe incarné, gloire à l'Esprit divin ;
Et telle qu'elle étoit avant toutes les choses,
Telle soit-elle encor, maintenant, et sans fin.

Ant. Bienheureuse Mère de Dieu, Marie, Vierge perpétuelle, temple du Seigneur, sacré trésor du Saint-Esprit, vous seule avez plu sans exemple à Jésus-Christ notre Seigneur ; priez pour le peuple, intervenez pour le clergé, intercédez pour le dévot sexe des femmes.

Seigneur, ayez pitié de nous : Jésus-Christ, ayez pitié de nous : Seigneur, ayez pitié de nous.

℣. Seigneur, écoutez ma prière.
℟. Et que mes clameurs aillent jusqu'à vous.

ORAISON.

O Dieu, qui avez voulu que votre Verbe prît chair des entrailles de la bienheureuse Vierge Marie, suivant que l'ange le venoit d'annoncer, accordez à nos humbles supplications que nous qui la croyons véritablement mère de Dieu, nous soyons aidés auprès de vous par son intercession. Nous vous en conjurons par le même J. C. notre Seigneur. ℟. Ainsi soit-il.

Antienne pour les Saints.

Saints de Dieu, daignez tous intercéder pour notre salut et pour celui de tous.

℣. Justes, réjouissez-vous au Seigneur, et montrez-vous remplis d'allégresse.
℟. Et que tous ceux qui ont le cœur droit se glorifient en lui.

ORAISON.

Seigneur, protégez votre peuple, qui se confie en

tuorum Petri et Pauli, et aliorum apostolorum tuorum patrocinio confidentem, perpetua defensione conserva.

Omnes sancti tui, quæsumus, Domine, nos ubique adjuvent, ut dum eorum merita recolimus, patrocinia sentiamus, et pacem tuam nostris concede temporibus, et ab Ecclesia tua cunctam repelle nequitiam: iter, actus, et voluntates nostras et omnium famulorum tuorum in salutis tuæ prosperitate dispone : benefactoribus nostris sempiterna bona retribue, et omnibus fidelibus defunctis requiem æternam concede. Per Christum Dominum nostrum. ℟. Amen.

℣. Domine, exaudi orationem meam.

℟. Et clamor meus ad te veniat.

℣. Benedicamus Domino.

℟. Deo gratias.

℣. Fidelium animæ per misericordiam Dei requiescant in pace.

℟. Amen.

AD PRIMAM.

AVE MARIA, ETC.

Mon Dieu, venez à mon aide	Deus, in adjutorium meum intende.
Seigneur, hâtez-vous de me secourir.	Domine, ad adjuvandum me festina.

l'intercession de saint Pierre et de saint Paul, et de vos autres apôtres, et conservez-le par une défense perpétuelle.

Nous vous supplions, Seigneur, que tous vos saints nous assistent partout, afin que, cependant que nous renouvelons ici-bas la mémoire de leurs mérites, nous ressentions les effets de leur protection auprès de vous. Accordez la paix à nos jours, repoussez de votre Église toute sorte de méchanceté; disposez notre démarche, nos actions, nos volontés et celle de tous vos serviteurs, dans la prospérité du salut qui vient de vous. Donnez des biens éternels pour rétribution à nos bienfaiteurs, et accordez le repos éternel à tous les fidèles défunts. Nous vous en conjurons par Jésus-Christ notre Seigneur.

℞. Ainsi soit-il.

℣. Seigneur, écoutez ma prière.

℞. Et que mes clameurs aillent jusqu'à vous.

℣. Bénissons le Seigneur.

℞. Rendons graces à Dieu.

℣. Que les ames des fidèles reposent en paix par la miséricorde de Dieu.

℞. Ainsi soit-il.

A PRIME.

JE VOUS SALUE, MARIE, ETC.

O grand Dieu, de qui tout procède,
Qui faites et vivre et mourir,
Ne me refusez pas votre aide,
Hâtez-vous de me secourir.

Gloire soit au Père, et au Fils, et au Saint-Esprit.

Telle qu'elle a été au commencement, telle soit-elle maintenant, et toujours, et dans les siècles des siècles. Ainsi soit-il.

Gloria Patri, et Filio, et Spiritui Sancto.

Sicut erat in principio, et nunc et semper, et in sæcula sæculorum. Amen.

Alleluia.

HYMNUS.

Memento, salutis author,
Quod nostri quondam corporis
Ex illibata Virgine
Nascendo formam sumpseris.

Maria, mater gratiæ,
Mater misericordiæ,
Tu nos ab hoste protege,
Et hora mortis suscipe.

Gloria tibi, Domine.
Qui natus es de Virgine,
Cum Patre et Sancto Spiritu,
In sempiterna sæcula.

ANTIPHONA. Assumpta est Maria.

PSALMUS 53.

O Dieu, sauvez-moi en votre nom; et jugez-moi en votre vertu.

O Dieu, exaucez ma prière: écoutez les paroles de ma bouche.

Deus, in nomine tuo salvum me fac : et in virtute tua judica me.

Deus, exaudi orationem meam : auribus percipe verba oris me.

Gloire au Père, souverain Maître,
Gloire au Fils, à l'Esprit divin ;
Et telle qu'elle étoit quand tout commença d'être,
Telle soit-elle encor, maintenant, et sans fin.

Louez le Seigneur.

HYMNE.

Bénin Sauveur de la nature,
Souviens-toi que d'un criminel
Tu pris la forme au sein d'une Vierge très pure,
Et daignas comme nous naître enfant et mortel.

O mère de grace, ô Marie,
Qui n'es que douceur et qu'amour,
Contre nos ennemis protége notre vie,
Et rends-toi notre asile au grand et dernier jour.

Gloire à toi, Merveille suprême,
Dieu, par une Vierge enfanté ;
Même gloire à ton Père, au Saint-Esprit la même,
Et durant tous les temps, et dans l'éternité.

ANTIENNE. Marie est élevée.

PSAUME 53.

Si vous ne voulez pas, Seigneur, que je périsse,
En votre nom faites ma sûreté ;
Montrez votre puissance à me rendre justice,
Et déployez votre bonté.

Il m'en faut, Roi des rois, une assistance entière :
Daignez ouïr la voix d'un malheureux ;
Il ose jusqu'à vous élever sa prière,
Ne rejetez pas d'humbles vœux.

Des étrangers se sont élevés contre moi, et des gens puissants ont cherché mon ame, et ne se sont point proposé Dieu devant les yeux.

Mais voici que Dieu me secourt, et le Seigneur reçoit mon ame en sa protection.

Détournez mes maux sur mes ennemis : et dissipez-les en votre vérité.

Je vous offrirai des sacrifices volontairement, et je louerai votre nom, parcequ'il est la bonté même.

Parceque vous m'avez délivré de toutes mes tribulations; et mon œil a regardé mes ennemis de haut en bas.

Gloire soit au Père, et au Fils, et au Saint-Esprit.

Telle qu'elle a été au commencement, etc.

Quoniam alieni insurrexerunt adversum me, et fortes quæsierunt animam meam : et non proposuerunt Deum ante conspectum suum.

Ecce enim Deus adjuvat me ; et Dominus susceptor est animæ meæ.

Averte mala inimicis meis : et in veritate tua disperde illos.

Voluntarie sacrificabo tibi, et confitebor nomini tuo, Domine : quoniam bonum est.

Quoniam ex omni tribulatione eripuisti me ; et super inimicos meos despexit oculus meus.

Gloria Patri, et Filio, et Spiritui Sancto.

Sicut erat, etc.

PSALMUS 84.

Seigneur, vous avez béni votre terre : vous avez dé-

Benedixisti, Domine, terram tuam : avertis-

A PRIME.

D'un perfide étranger l'impitoyable envie
    Me va réduire à périr en ces lieux ;
Un puissant ennemi cherche à m'ôter la vie,
    Sans vous avoir devant les yeux.

Mais le cœur me le dit, leur rage forcenée
    Succombera sous de plus justes coups ;
Et cette ame, Seigneur, que vous m'avez donnée
    Verra son défenseur en vous.

Renversez leurs fureurs sur leurs coupables têtes,
    Exterminez ces lâches ennemis ;
Écrasez leur orgueil sous leurs propres tempêtes,
    Suivant que vous l'avez promis.

J'oserai vous offrir alors un sacrifice,
    Et ferai voir à tout notre avenir
Combien sert votre nom à qui lui rend service,
    Et combien on le doit bénir.

Je dirai hautement : De toutes mes misères
    Le Tout-Puissant m'a si bien garanti,
Que j'ai vu trébucher les haines les plus fières
    De tout le contraire parti.

Gloire au Père éternel, la première des causes,
    Gloire à son Fils, gloire à l'Esprit divin ;
Et telle qu'elle étoit avant toutes les choses,
    Telle soit-elle encor sans fin.

PSAUME 84.

Il vous a plu, Seigneur, bénir votre contrée,
Ce cher et doux climat choisi sur l'univers.

tourné la captivité de Jacob.

Vous avez remis à votre peuple son iniquité : vous avez couvert tous ses péchés.

Vous avez adouci tout votre courroux : vous nous avez retirés de devant la colère de votre indignation.

Convertissez-nous, ô Dieu, qui êtes notre salutaire; et détournez votre colère de nous.

Serez-vous éternellement irrité contre nous; et étendrez-vous votre colère de génération en génération ?

Non, non, vous vous tournerez vers nous, et nous vivifierez : et votre peuple se réjouira en vous.

Seigneur, montrez-nous votre miséricorde : et donnez-nous votre salutaire.

J'écouterai ce que dira en

ti captivitatem Jacob.

Remisisti iniquitatem plebis tuæ : operuisti omnia peccata corum.

Mitigasti omnem iram tuam : avertisti ab ira indignationis tuæ.

Converte nos, Deus, salutaris noster; et averte iram tuam a nobis.

Numquid in æternum irasceris nobis : aut extendes iram tuam a generatione in generationem ?

Deus, tu conversus vivificabis nos : et plebs tua lætabitur in te.

Ostende nobis, Domine, misericordiam tuam : et salutare tuum da nobis.

Audiam quid loqua-

A PRIME.

Et par tant de soupirs votre ame pénétrée
    A tiré Jacob de ses fers.

Vous avez répandu les bontés d'un vrai père
Sur ce que votre peuple a commis de péchés :
Et pour ne les plus voir d'un regard de colère,
    Votre amour vous les a cachés.

Toute cette colère enfin s'est adoucie ;
Vous avez détourné les traits de sa fureur,
Et de tous les excès dont nous l'avons grossie
    Vous avez pardonné l'erreur.

Changez si bien nos cœurs qu'elle se puisse éteindre,
Qu'elle n'y trouve plus de quoi se rallumer :
Sa plus foible étincelle est toujours trop à craindre
    A qui ne veut que vous aimer.

Pourriez-vous, Dieu tout bon, pourriez-vous sur nos têtes
Tenir le bras levé durant tout l'avenir ;
Et ne quitter jamais ces foudres toujours prêtes
    A vous venger et nous punir ?

Non, non, ce vieux courroux fait place à la clémence,
Il s'est évanoui pour lui laisser son tour :
Vous allez rendre à tous la joie et l'assurance
    De voir régner tout votre amour.

Hâtez-vous de montrer en prince débonnaire
Cet effet de pitié si longtemps attendu,
Faites-nous le grand don de votre salutaire ;
    Vous l'avez promis, il est dû.

Peuple, faites silence à cette voix secrète

moi le Seigneur mon Dieu : car il ne parlera que de paix sur son peuple.

Il ne parlera que de paix sur ses saints, et sur ceux qui rentrent dans leur cœur pour l'épurer.

Certainement son salutaire est proche de ceux qui le craignent, afin que sa gloire habite en notre terre.

La Miséricorde et la Vérité se sont rencontrées : la Justice et la Paix se sont baisées.

La Vérité est sortie de la terre; et la Justice a regardé du haut du ciel.

Le Seigneur répandra sa bénignité; et notre terre donnera son fruit.

La Justice marchera devant lui, et mettra ses pas en la voie.

tur in me Dominus Deus : quoniam loquetur pacem in plebem suam.

Et super sanctos suos : et in eos qui convertuntur ad **cor**.

Verumtamen prope timentes eum salutare ipsius, ut inhabitet gloria in terra nostra.

Misericordia et Veritas obviaverunt sibi : Justitia et Pax osculatæ sunt.

Veritas de terra orta est : et Justitia de cœlo prospexit.

Etenim Dominus dabit benignitatem : et terra nostra dabit fructum suum.

Justitia ante eum ambulabit, et ponet in via gressus suos.

A PRIME.

Par qui le Tout-Puissant s'en explique avec moi;
Et je vais vous apprendre en fidèle interprète
    Quelle paix suivra votre foi.

Ce sera cette paix dont sa bonté suprême
De ses vrais serviteurs remplit la sainteté,
Et que possède un cœur qui, rentrant en soi-même,
    En chasse toute vanité.

Ce divin salutaire est bien près de paroître,
De se rendre visible aux yeux de qui le craint :
Oui, sa gloire est bien près de se faire connoître
    A ce que la terre a de saint.

La rencontre s'est faite, après tant de colère,
De la Miséricorde avec la Vérité;
La Justice et la Paix par un baiser sincère
    Marquent notre félicité.

Je vois naître déjà d'une terre sans vice
La même Vérité pour qui nous soupirons,
Et du plus haut du ciel cette même Justice
    Descendre sur nos environs.

Je ne m'en dédis point. Le grand maître du monde
Fait briller tout l'éclat de sa bénignité :
La terre, pour lui seul et pour lui seul féconde,
    Va donner le fruit souhaité.

La Justice en tous lieux lui servira de guide,
Elle lui tracera ses routes ici-bas,
Et mettra dans la voie où le vrai bien réside
    Quiconque s'attache à ses pas.

Gloire soit au Père, et au Fils, et au Saint-Esprit.

Telle qu'elle a été au commencement, etc.

Gloria Patri, et Filio. et Spiritui Sancto.

Sicut erat, etc.

PSALMUS 116.

Nations, louez toutes le Seigneur : peuples, louez-le tous.

Parceque sa miséricorde s'est affermie sur nous, et que la vérité du Seigneur demeure à l'éternité.

Gloire soit au Père, et au Fils, et au Saint-Esprit.

Telle qu'elle, etc.

Laudate Dominum, omnes gentes : laudate eum, omnes populi.

Quoniam confirmata est super nos misericordia ejus : et veritas Domini manet in æternum.

Gloria Patri, et Filio. et Spiritui, etc.

Sicut erat, etc.

Ant. Assumpta est Maria in cœlum, gaudent angeli, laudantes benedicunt Dominum.

CAPITULUM.

Quæ est ista quæ progreditur quasi aurora consurgens, pulchra ut luna, electa ut sol, terribilis ut castrorum acies ordinata ?

℞. Deo gratias.

℣. Dignare me laudare te, Virgo sacrata.

℞. Da mihi virtutem contra hostes tuos.

Kyrie, eleison. Christe, eleison. Kyrie, eleison.

A PRIME.

Gloire au Père éternel, la première des causes,
Gloire au Verbe incarné, gloire à l'Esprit divin;
Et telle qu'elle étoit avant toutes les choses,
    Telle soit-elle encor sans fin.

PSAUME 116.

Nations, qui peuplez le reste de la terre,
    Bénissez toutes le Seigneur :
Peuples, que la Judée en ses cantons resserre,
    Louez comme elles sa grandeur.

Vous voyez, nations, sa grace descendue,
    Et vous, peuples, sa vérité :
Toutes deux sont pour vous d'une égale étendue,
    Et durent à l'éternité.

Gloire au Père éternel, la première des causes,
    Gloire au Fils, à l'Esprit divin;
Et telle qu'elle étoit avant toutes les choses,
    Telle soit-elle encor sans fin.

ANT. Marie est élevée dans le ciel, les anges s'en réjouissent, ils en louent et bénissent le Seigneur.

CHAPITRE.

Qui est celle qui s'avance comme une aurore qui se lève, belle comme le soleil, terrible comme une armée rangée en bataille?

℟. Rendons graces à Dieu.

℣. Ayez agréable, Vierge sacrée, que je publie vos louanges.

℟. Donnez-moi de la vertu contre vos ennemis.

Seigneur, ayez pitié de nous. Jésus-Christ, ayez pitié de nous. Seigneur, ayez pitié de nous.

℣. Domine, exaudi orationem meam.
℟. Et clamor meus ad te veniat.

OREMUS.

Deus qui virginalem aulam beatæ Mariæ Virginis, in qua habitares, eligere dignatus es; da, quæsumus, ut sua nos defensione munitos, jucundos facias suæ interesse commemorationi. Qui vivis et regnas, Deus, per omnia sæcula sæculorum. ℟. Amen.
℣. Domine, exaudi orationem meam.
℟. Et clamor meus ad te veniat.
℣. Benedicamus Domino.
℟. Deo gratias.
℣. Fidelium animæ per misericordiam Dei requiescant in pace.
℟. Amen.

AD TERTIAM.

AVE MARIA, ETC.

Mon Dieu, venez à mon aide.	Deus, in adjutorium meum intende.
Seigneur, hâtez-vous de me secourir.	Domine, ad adjuvandum me festina.
Gloire soit au Père, et au Fils, et au Saint-Esprit.	Gloria Patri, et Filio, et Spiritui Sancto.
Telle qu'elle a été au commencement, telle soit-elle maintenant et toujours, et dans les siècles des siècles. Ainsi soit-il.	Sicut erat in principio et nunc et semper, et in sæcula sæculorum. Amen.

Alleluia.

℣. Seigneur, écoutez ma prière.
℟. Et que mes clameurs aillent jusqu'à vous.

ORAISON.

Seigneur, qui avez daigné choisir le palais virginal de la bienheureuse Vierge Marie, pour y faire votre demeure ; nous vous supplions de faire qu'étant fortifiés par sa défense, nous puissions assister avec joie à la solennité qui se fait en sa mémoire ; nous vous en conjurons, véritable Dieu, qui vivez et régnez dans tous les siècles des siècles. ℟. Ainsi soit-il.

℣. Seigneur, écoutez ma prière.
℟. Et que mes clameurs aillent jusqu'à vous.
℣. Bénissons le Seigneur.
℟. Rendons graces à Dieu.
℣. Que les ames des fidèles reposent en paix par la miséricorde de Dieu.
℟. Ainsi soit-il.

A TIERCE.

JE VOUS SALUE, MARIE, ETC.

O grand Dieu, de qui tout procède,
Qui faites et vivre et mourir,
Ne me refusez pas votre aide,
Hâtez-vous de me secourir.

Gloire au Père, souverain Maître,
Gloire au Fils, à l'Esprit divin ;
Et telle qu'elle étoit quand tout commença d'être,
Telle soit-elle encor, maintenant, et sans fin.

Louez le Seigneur.

HYMNUS.

Memento, salutis author,
Quod nostri quondam corporis
Ex illibata Virgine
Nascendo formam sumpseris.

Maria, mater gratiæ,
Mater misericordiæ,
Tu nos ab hoste protege,
Et hora mortis suscipe.

Gloria tibi, Domine,
Qui natus es de Virgine,
Cum Patre et Sancto Spiritu,
In sempiterna sæcula. Amen.

ANTIPHONA. Maria Virgo.

PSALMUS 119.

J'ai élevé mes cris au Seigneur, quand j'ai été dans la tribulation ; et il m'a exaucé.

Seigneur, délivrez-moi des lèvres injustes, et de la langue pleine de fraude.

Que peut-on donner, ou que peut-on mettre auprès de vous de comparable à une langue pleine de fraude?

Ad Dominum, cum tribularer, clamavi : et exaudivit me.

O Domine, libera animam meam a labiis iniquis, et a lingua dolosa.

Quid detur tibi, aut quid apponatur tibi ad linguam dolosam?

A TIERCE.

HYMNE.

Bénin sauveur de la nature,
Souviens-toi que d'un criminel
Tu pris la forme au sein d'une Vierge très pure,
Et daignas comme nous naître enfant et mortel.

O Mère de grace, ô Marie,
Qui n'es que douceur et qu'amour,
Contre nos ennemis protége notre vie,
Et rends-toi notre asile au grand et dernier jour.

Gloire à toi, Merveille suprême,
Dieu par une Vierge enfanté;
Même gloire à ton Père, au Saint-Esprit la même,
Et durant tous les temps, et dans l'éternité.

ANTIENNE. La Vierge Marie.

PSAUME 119.

Dans les ennuis qui m'ont pressé,
J'ai toujours au Seigneur élevé ma prière;
Et n'ai point réclamé son aide en ma misère,
    Qu'il ne m'ait exaucé.

De lâches calomniateurs
Font que tout de nouveau, Seigneur, je la réclame :
Daigne m'en garantir, et délivre mon ame
    Des perfides flatteurs!

Il n'est point de contrepoisons
Contre le noir venin des langues médisantes,
Et ce sont tout autant de blessures cuisantes,
    Que toutes leurs raisons.

Elle ressemble à des flèches aiguës, décochées par un puissant bras, et à des charbons qui désolent tout.

Que je suis malheureux de ce que mon exil est encore prolongé! j'ai demeuré avec des habitants de Cédar, et mon ame a été long-temps exilée.

J'étois pacifique avec ces gens qui haïssent la paix : quand je leur parlois, ils m'attaquoient de gaieté de cœur.

Gloire au Père, et au Fils, et au Saint-Esprit.

Telle qu'elle, etc.

Sagittæ potentis acutæ, cum carbonibus desolatoriis.

Heu mihi, quia incolatus meus prolongatus est! habitavi cum habitantibus Cedar, multum incola fuit anima mea.

Cum his qui oderunt pacem, eram pacificus: cum loquebar illis, impugnabant me gratis.

Gloria Patri, et Filio, etc.

Sicut erat, etc.

PSALMUS 120.

J'ai levé mes yeux aux montagnes, d'où me doit venir du secours.

Le secours me viendra du Seigneur, qui a fait le ciel et la terre.

Qu'il ne souffre point que ton pied trébuche, et que celui qui te garde ne s'assoupisse point.

Levavi oculos meos in montes, unde veniet auxilium mihi.

Auxilium meum a Domino, qui fecit cœlum et terram.

Non det in commotionem pedem tuum : neque dormitet qui custodit te.

Les traits que lance un bras puissant
Portent bien moins de morts que ceux de leur parole;
Et les pointes d'un feu qui ravage et désole
    N'ont rien de si perçant.

Que mon exil me fait d'horreur!
J'y vis comme en Cédar je vivrois sous des tentes,
Et ne vois que brutaux, dont les mœurs insolentes
    N'étalent que fureur.

Plus j'ose leur parler de paix,
Plus j'aigris contre moi leur haine et leur colère;
Et la vaine douceur de nuire et de mal faire
    Forme tous leurs souhaits.

Gloire aux Trois dont l'être est divin,
Gloire soit en tous lieux à leur unique essence,
Telle comme elle étoit lorsque tout prit naissance,
    Et telle encor sans fin.

PSAUME 120.

Près d'être accablé de misère,
Jusqu'au plus haut des cieux j'ai levé mes regards,
    Et recherché de toutes parts
D'où pourroit me venir le secours nécessaire.

Mais dans une si rude guerre
Je n'ai vu que mon Dieu qui pût me secourir :
    C'est à lui qu'il faut recourir,
A ce Dieu qui de rien fit le ciel et la terre.

Ne craignons ni faux pas, ni chute,
Puisque ce Dieu des dieux s'abaisse à nous garder :
    C'est un crime d'appréhender
Qu'un œil si vigilant se ferme ou se rebute.

Non, il ne s'assoupira point et ne s'endormira point, celui qui garde Israël.

Ecce non dormitabit neque dormiet, qui custodit Israël.

Le Seigneur te garde, le Seigneur te protége, beaucoup mieux que ta main droite ne le peut.

Dominus custodit te. Dominus protectio tua. super manum dexteram tuam.

Le soleil ne te brûlera point durant le jour, ni la lune durant la nuit.

Per diem sol non uret te, neque luna per noctem.

Le Seigneur te garde de tout mal : le Seigneur veuille garder ton ame !

Dominus custodit te ab omni malo : custodiat animam tuam Dominus.

Le Seigneur veuille garder ton entrée et ta sortie, de cette heure jusqu'à tout jamais !

Dominus custodiat introitum tuum, et exitum tuum : ex hoc nunc, et usque in sæculum.

Gloire soit au Père, et au Fils, et au Saint-Esprit.

Gloria Patri, et Filio, et Spiritui Sancto.

Telle qu'elle a été au commencement, etc.

Sicut erat, etc.

PSALMUS 121.

Je me suis réjoui de ce qu'on m'a dit : Nous irons

Lætatus sum in his quæ dicta sunt mihi :

A TIERCE.

Il veille, Israël, il te veille,
Il voit tous les périls qui s'ouvrent sous tes pas :
Marche sans trouble, et ne crains pas
Que jamais il s'endorme, ou même qu'il sommeille.

Il est ta garde en tes alarmes,
Il te guide et protége en ta calamité ;
Et puisqu'il marche à ton côté,
Ta main pour te couvrir n'a point à chercher d'armes.

Le soleil qui commence à luire
Ne te brûlera point dans la chaleur du jour ;
Et quand la lune aura son tour,
Ses rais les plus malins ne pourront plus te nuire.

Contre le fer, contre la flamme,
Contre tous les assauts du malheur qui te suit,
Il te gardera jour et nuit ;
Il fera plus encor, il gardera ton ame.

Daigne en la mort comme en la vie
L'excès de sa bonté répondre à tes souhaits,
Et de tes desseins à jamais
Favoriser l'entrée, et bénir la sortie.

Gloire au Père, cause des causes,
Gloire au Verbe incarné, gloire à l'Esprit divin,
Telle maintenant et sans fin
Qu'elle étoit en tous trois avant toutes les choses.

PSAUME 121.

O l'heureuse nouvelle !
Le grand mot qu'on m'a dit ! Nous irons, peuple aimé,

en la maison du Seigneur.

Nous nous tiendrons de pied ferme, comme autrefois, dans la demeure de Jérusalem ;

Jérusalem qu'on bâtit comme une ville, aux avantages de laquelle tous ses habitants participent par leur union.

Car c'est là que sont montées les tribus, les tribus choisies du Seigneur, qu'Israël y envoie en témoignage de sa foi, pour y chanter les louanges du Seigneur.

C'est là que sont établis les siéges de la justice, les siéges où on la rend à la maison de David.

Demandez à Dieu ce qui concerne la paix de Jérusalem ; et que l'abondance arrive à ceux qui l'aiment.

Que la paix se fasse en ta vertu, et que l'abondance soit en tes tours.

A cause de mes frères et

In domum Domini ibimus.

Stantes erant pedes nostri, in atriis tuis, Jerusalem.

Jerusalem quæ ædificatur ut civitas : cujus participatio ejus in idipsum.

Illuc enim ascenderunt tribus, tribus Domini, testimonium Israël, ad confitendum nomini Domini.

Quia illic sederunt sedes in judicio, sedes super domum David.

Rogate quæ ad pacem sunt Jerusalem : et abundantia diligentibus te.

Fiat pax in virtute tua, et abundantia in turribus tuis.

Propter fratres meos

A TIERCE.

Nous rentrerons, troupe fidèle,
Dans la maison du Dieu qui seul a tout formé.

Nous reverrons encore
Les murs, les sacrés murs de la sainte Sion,
Où le Dieu qu'Israël adore
Fait briller tant d'effets de sa protection.

Cette reine des villes,
Qu'il doit faire durer même au-delà des temps,
Ne craint point de guerres civiles,
Tant l'union est forte entre ses habitants.

Ces nombreuses lignées,
Qui du sang d'Israël portent si haut l'honneur,
Des terres les plus éloignées
Y viennent rendre hommage au grand nom du Seigneur.

Dans ses tours les plus fortes
La pudeur, l'équité, le saint amour revit;
Et la justice entre ses portes
Tient le haut tribunal des enfants de David.

Montrez-lui votre zèle,
Peuple; à vœux redoublés souhaitez-lui la paix :
Ce que vous obtiendrez pour elle
Entretiendra chez vous l'abondance à jamais.

Qu'à jamais ta puissance,
Sion, à cette paix force tes ennemis,
Et qu'à jamais cette abondance
Du sommet de tes tours coule chez tes amis !

J'ai chez toi tant de frères,

de mes proches, je parlois sans cesse de paix pour toi.

et proximos meos, loquebar pacem de te.

A cause de la maison du Seigneur notre Dieu, j'ai cherché à te procurer du bien.

Propter domum Domini Dei nostri, quæsivi bona tibi.

Gloire soit au Père, et au Fils, et au Saint-Esprit.

Gloria Patri, et Filio. et Spiritui Sancto.

Telle qu'elle a été au commencement, etc.

Sicut erat, etc.

Ant. Maria Virgo assumpta est ad æthereum thalamum, in quo Rex regum stellato sedet solio.

CAPITULUM.

Et sic in Sion firmata sum, et in civitate sanctificata similiter requievi, et in Jerusalem potestas mea.

℟. Deo gratias.

℣. Diffusa est gratia in labiis tuis.

℟. Propterea benedixit te Deus in æternum.

Kyrie, eleison. Christe, eleison. Kyrie, eleison.

℣. Domine, exaudi orationem meam.

℟. Et clamor meus ad te veniat.

OREMUS.

Deus, qui salutis æternæ beatæ Mariæ virginitate fecunda humano generi præmia præstitisti : tribue, quæsumus, ut ipsam pro nobis intercedere sentiamus, per quam meruimus authorem vitæ suscipere, Dominum nostrum Jesum Christum filium tuum. ℟. Amen.

A TIERCE.

Mes proches avec toi m'ont fait de si doux nœuds,
    Que tant de liaisons si chères
Pour ce bienheureux calme unissent tous mes vœux.

    Ce temple, où Dieu lui-même
Fait éclater souvent toute sa majesté,
    Surtout oblige un cœur qui t'aime
A des vœux assidus pour la prospérité.

    Père, cause des causes,
Gloire à ton Fils et toi, gloire à l'Esprit divin :
    Telle qu'avant toutes les choses,
Telle soit-elle encor maintenant et sans fin.

Ant. La Vierge Marie est élevée à un céleste appartement, où le Roi des rois est assis en un trône étoilé.

CHAPITRE. Eccl. 24.

C'est ainsi que je me suis affermie en Sion, et c'est en cette manière que j'ai pris mon repos en la ville sanctifiée, et que ma puissance est en Jérusalem.

℟. Rendons-en graces à Dieu.

℣. La grace est répandue en vos lèvres.

℟. C'est pourquoi le Seigneur vous a bénie à l'éternité.

Seigneur, ayez pitié de nous : Jésus-Christ, ayez pitié de nous : Seigneur, ayez pitié de nous.

℣. Seigneur, écoutez ma prière.

℟. Et que mes clameurs aillent jusqu'à vous.

ORAISON.

O Dieu, qui par la féconde virginité de la bienheureuse Marie avez accordé au genre humain les prix du salut éternel, nous vous supplions de nous faire ressentir les effets de l'intercession de cette même Vierge, par laquelle nous avons mérité de recevoir l'auteur de la vie, notre Seigneur Jésus-Christ.

℟. Ainsi soit-il.

℣. Domine, exaudi orationem meam.
℟. Et clamor meus ad te veniat.
℣. Benedicamus Domino.
℟. Deo gratias.
℣. Fidelium animæ per misericordiam Dei requiescant in pace.
℟. Amen.

AD SEXTAM.

AVE MARIA, ETC.

Mon Dieu, venez à mon aide.

Seigneur, hâtez-vous de me secourir.

Gloire soit au Père, et au Fils, et au Saint-Esprit.

Telle qu'elle a été au commencement, telle soit-elle maintenant, et toujours, et dans les siècles des siècles. Ainsi soit-il.

Deus, in adjutorium meum intende.

Domine, ad adjuvandum me festina.

Gloria Patri, et Filio, et Spiritui Sancto.

Sicut erat in principio et nunc et semper, et in sæcula sæculorum. Amen.

Alleluia.

HYMNUS.

Memento, salutis author,
Quod nostri quondam corporis
Ex illibata Virgine
Nascendo formam sumpseris

Maria, mater gratiæ,
Mater misericordiæ,
Tu nos ab hoste protege,
Et hora mortis suscipe.

℣. Seigneur, écoutez ma prière.
℟. Et que mes clameurs aillent jusqu'à vous.
℣. Bénissons le Seigneur.
℟. Rendons graces à Dieu.
℣. Que les ames des fidèles reposent en paix par la miséricorde de Dieu.
℟. Ainsi soit-il.

A SEXTE.

JE VOUS SALUE, MARIE, ETC.

O grand Dieu, de qui tout procède,
Qui faites et vivre et mourir,
Ne me refusez pas votre aide,
Hâtez-vous de me secourir.

Gloire au Père, souverain Maître,
Gloire au Fils, à l'Esprit divin;
Et telle qu'elle étoit quand tout commença d'être,
Telle soit-elle encor, maintenant, et sans fin.

Louez le Seigneur.

HYMNE.

Bénin sauveur de la nature,
Souviens-toi que d'un criminel
Tu pris la forme au sein d'une Vierge très pure,
Et daignas comme nous naître enfant et mortel.

O mère de grace, ô Marie,
Qui n'es que douceur et qu'amour,
Contre nos ennemis protége notre vie,
Et rends-toi notre asile au grand et dernier jour.

Gloria tibi, Domine,
Qui natus es de Virgine,
Cum Patre et Sancto Spiritu,
In sempiterna sæcula.

Antiphona. In odorem.

PSALMUS 122.

J'ai élevé mes yeux vers vous, Seigneur, qui habitez dans les cieux.

Comme les yeux des serviteurs s'attachent sur les mains de leurs maîtres,

Comme les yeux d'une servante s'attachent sur les mains de sa maîtresse : ainsi font nos yeux sur le Seigneur notre Dieu, jusqu'à ce qu'il prenne pitié de nous.

Prenez pitié de nous, Seigneur, prenez pitié de nous; car nous sommes accablés de mépris.

Notre ame en est tout accablée; elle est devenue l'opprobre des riches et le mépris des superbes.

Gloire soit au Père, et au

Ad te levavi oculos meos, qui habitas in cœlis.

Ecce sicut oculi servorum in manibus dominorum suorum,

Sicut oculi ancillæ in manibus dominæ suæ : ita oculi nostri ad Dominum Deum nostrum, donec misereatur nostri.

Miserere nostri, Domine, miserere nostri : quia multum repleti sumus despectione.

Quia multum repleta est anima nostra : opprobrium abundantibus, et despectio superbis.

Gloria Patri, et Fi-

A SEXTE.

Gloire à toi, merveille suprême,
Dieu, par une Vierge enfanté;
Même gloire à ton Père, au Saint-Esprit la même,
Et durant tous les temps, et dans l'éternité.

ANTIENNE. C'est après l'odeur.

PSAUME 122.

Auteur de l'univers, qui choisis pour demeure
    Les immenses palais des cieux,
    A toute rencontre, à toute heure,
Jusque-là, jusqu'à toi j'ose élever mes yeux.

Ainsi le serviteur sur la main de son maître
    A tous moments porte les siens,
    Lorsqu'il tremble et veut reconnoître
Ce qu'il doit en attendre ou de maux, ou de biens

La servante inquiète aux mains de sa maîtresse
    N'attache pas mieux ses regards,
    Que ma douloureuse tendresse
Ramène à toi, Seigneur, les miens de toutes parts.

Jette un œil de pitié sur mon ame accablée
    Et d'opprobres et de mépris :
    La honte dont elle est comblée
De ses plus durs travaux chaque jour est le prix.

Le riche me dédaigne, et l'orgueilleux m'affronte :
    Mais enfin jette ce coup-d'œil,
    Le riche recevra la honte,
Et tu renverseras l'opprobre sur l'orgueil.

Gloire au Père éternel, la première des causes,

Fils, et au Saint-Esprit.

Telle qu'elle a été au commencement, etc.

lio, et Spiritui Sancto.

Sicut erat, etc.

PSALMUS 123.

Si le Seigneur n'eût été avec nous : qu'Israël dise maintenant, si le Seigneur n'eût été avec nous,

Quand les hommes s'élevoient contre nous, peut-être nous eussent-ils dévorés tout vivants.

Quand leur fureur s'allumoit contre nous, peut-être l'eau nous auroit engloutis.

Notre ame a passé au travers d'un torrent : peut-être lui auroit-il fallu passer au travers d'une eau insupportable.

Béni soit le Seigneur, qui ne nous a pas donnés en proie à leurs dents.

Notre ame en a été délivrée, comme un passereau qui s'échappe des lacs des chasseurs.

Nisi quia Dominus erat in nobis, dicat nunc Israël : nisi quia Dominus erat in nobis,

Cum exurgerent homines in nos, forte vivos deglutissent nos.

Cum irasceretur furor eorum in nos, forsitan aqua absorbuisset nos.

Torrentem pertransivit anima nostra : forsitan pertransisset anima nostra aquam intolerabilem.

Benedictus Dominus, qui non dedit nos in captionem dentibus eorum.

Anima nostra sicut passer erepta est de laqueo venantium.

A SEXTE.

Gloire au Fils, à l'Esprit divin;
Et telle qu'avant toutes choses,
Telle soit-elle encor, maintenant, et sans fin.

PSAUME 123.

Si le Dieu d'Israël ne m'avoit garanti
De l'insolente audace, et de la perfidie :
    Qu'Israël lui-même le die,
  Si le Seigneur n'eût pris notre parti,

Des ennemis couverts les piéges décevants,
Des ennemis connus le bras fait au carnage,
    Auroient si bien uni leur rage,
  Qu'elle nous eût engloutis tout vivants.

Le barbare complot de tant de conjurés
Qui s'enivrent de sang, et se gorgent de crimes,
    Nous eût plongés en des abîmes
  Où leur fureur nous auroit dévorés.

De leurs plus fiers torrents les orgueilleux ruisseaux
N'ont fait en dépit d'eux que bondir sur nos têtes,
    Où sans lui mille autres tempêtes
  Auroient roulé d'insupportables eaux.

Béni soit le Seigneur, béni soit le secours
Que sa faveur départ, que sa bonté déploie!
    Il leur vient d'arracher leur proie,
  Et de leurs dents il a sauvé nos jours.

Ils nous avoient poussés sur les bords du tombeau,
Ils y tenoient déja notre ame enveloppée;
    Mais elle s'en est échappée,
  A l'oiseleur comme échappe un oiseau.

Les lacs ont été rompus, et nous avons été délivrés.

Nous n'avons point d'autre secours que le nom du Seigneur, qui a fait le ciel et la terre.

Gloire soit au Père, et au Fils, et au Saint-Esprit.

Telle qu'elle a été au commencement, telle soit-elle maintenant et toujours, et dans les siècles des siècles. Ainsi soit-il.

Laqueus contritus est : et nos liberati sumus.

Adjutorium nostrum in nomine Domini, qui fecit cœlum et terram.

Gloria Patri, et Filio, et Spiritui Sancto.

Sicut erat in principio et nunc et semper : et in sæcula sæculorum. Amen.

PSALMUS 124.

Ceux qui se confient au Seigneur sont comme la montagne de Sion ; celui qui habite en Jérusalem ne sera jamais ébranlé.

Les montagnes sont à l'entour d'elle, et le Seigneur est à l'entour de son peuple, de ce moment jusqu'à tout jamais.

Car le Seigneur ne laissera point la verge du pécheur sur le partage des justes, de peur que les justes n'étendent leurs mains vers l'iniquité.

Seigneur, faites du bien

Qui confidunt in Domino, sicut mons Sion : non commovebitur in æternum qui habitat in Jerusalem.

Montes in circuitu ejus : et Dominus in circuitu populi sui, ex hoc nunc, et usque in sæculum.

Quia non relinquet Dominus virgam peccatorum super sortem justorum : ut non extendant justi ad iniquitatem manus suas.

Benefac, Domine, bo-

On a brisé les lacs qu'ils nous avoient tendus,
De notre liberté nous recouvrons l'usage,
   Et nous triomphons de leur rage
  Dans le moment qu'on nous croyoit perdus.

Peuple, n'en doute point, c'est le Seigneur, c'est lui,
Dont le bras invincible a pris notre défense;
   Et son adorable puissance
  A qui le sert aime à servir d'appui.

Gloire au Père éternel, gloire au Verbe incarné,
Gloire à l'Esprit divin, ainsi qu'eux adorable;
   Telle à tout jamais perdurable,
  Qu'elle éclatoit avant que tout fût né.

PSAUME 124.

Quiconque met en Dieu toute sa confiance
A même fermeté que le mont de Sion :
Rien ne peut l'ébranler, et dans sa patience
Il est assez armé contre l'oppression.

Si pour Jérusalem l'enceinte des montagnes
Forme des bastions qu'on a peine à forcer;
Ce Dieu qui d'un coup d'œil les réduit en campagnes,
Sert aux siens d'un rempart qu'on ne peut renverser.

Non, il ne souffre point aux méchants un empire
Sous qui l'homme de bien soit long-temps abattu,
De peur qu'à cette amorce une ame qui soupire
Ne prenne goût au crime, et quitte la vertu.

Hâtez-vous donc, Seigneur, hâtez-vous de répandre

aux bons, et aux droits de cœur.

Mais ceux qui se détournent dans des voies obliques, le Seigneur les rangera avec ceux qui commettent l'iniquité, et la paix sera sur Israël.

Gloire soit au Père, et au Fils, et au Saint-Esprit.

Telle qu'elle, etc.

nis, et rectis corde.

Declinantes autem in obligationes, adducet Dominus cum operantibus iniquitatem : pax super Israël.

Gloria Patri, et Filio, et Spiritui, etc.

Sicut erat, etc.

Ant. In odorem unguentorum tuorum currimus; adolescentulæ dilexerunt te nimis.

CAPITULUM. Eccl. 24.

Et radicavi in populo honorificato, et in parte Dei mei hereditas illius : et in plenitudine sanctorum detentio mea.

℟. Deo gratias.
℣. Benedicta tu in mulieribus.
℟. Et benedictus fructus ventris tui.
Kyrie, eleison. Christe, eleison. Kyrie, eleison.
℣. Domine, exaudi orationem meam.
℟. Et clamor meus ad te veniat.

OREMUS.

Concede, misericors Deus, fragilitati nostræ præsidium ; ut qui sanctæ Dei genitricis memoriam agimus, intercessionis ejus auxilio a nostris iniquitatibus resurgamus. Per Dominum nostrum Jesum Christum.

℟. Amen.

Sur qui s'attache à vous quelques prospérités :
Versez-y des faveurs qui nous fassent comprendre
Quels biens suivent un cœur qui suit vos vérités.

Quant à ceux qui ne sont que détours et que ruses,
Rangez-les avec ceux qui ne font que forfaits ;
Ne faites point de grace à leurs folles excuses,
Et par là d'Israël établissez la paix.

Gloire au Père éternel, la première des causes,
Gloire au Verbe incarné, gloire à l'Esprit divin ;
Et telle qu'elle étoit avant toutes les choses,
Telle soit-elle encor maintenant et sans fin.

ANT. C'est après l'odeur de vos parfums que nous courons; les jeunes filles vous ont extraordinairement aimée.

CHAPITRE. Eccl. 24.

J'ai pris racine chez un peuple comblé d'honneur, et son héritage est du partage de mon Dieu, et ma demeure est en la plénitude des saints.

℞. Rendons-en graces à Dieu.

℣. Vous êtes bénie entre les femmes.

℞. Et le fruit de votre ventre est béni.

Seigneur, ayez pitié de nous. Jésus-Christ, ayez pitié de nous. Seigneur, ayez pitié de nous.

℣. Seigneur, écoutez ma prière.

℞. Et que mes clameurs aillent jusqu'à vous.

ORAISON.

Dieu tout miséricordieux, accordez un appui à notre fragilité, afin que nous qui célébrons la mémoire de la sainte Mère de Dieu, nous nous relevions de nos iniquités par son intercession. Nous vous en conjurons par le même Jésus-Christ, notre Seigneur.

℣. Domine, exaudi orationem meam.
℟. Et clamor meus ad te veniat.
℣. Benedicamus Domino.
℟. Deo gratias.
℣. Fidelium animæ per misericordiam Dei requiescant in pace.
℟. Amen.

AD NONAM.

AVE MARIA, ETC.

Mon Dieu, venez à mon aide.

Seigneur, hâtez-vous de me secourir.

Gloire soit au Père, et au Fils, et au Saint-Esprit.

Telle qu'elle a été au commencement, telle soit-elle maintenant et toujours, et dans les siècles des siècles. Ainsi soit-il.

Deus, in adjutorium meum intende.

Domine, ad adjuvandum me festina.

Gloria Patri, et Filio, et Spiritui Sancto.

Sicut erat in principio et nunc et semper. et in sæcula sæculorum. Amen.

Alleluia.

HYMNUS.

Memento, salutis author,
Quod nostri quondam corporis
Ex illibata Virgine
Nascendo formam sumpseris.

Maria, mater gratiæ,
Mater misericordiæ,

A NONE.

℣. Seigneur, écoutez ma prière.
℟. Et que mes clameurs aillent jusqu'à vous.
℣. Bénissons le Seigneur.
℟. Rendons graces à Dieu.
℣. Que les ames des fidèles reposent en paix par la miséricorde de Dieu.
℟. Ainsi soit-il.

A NONE.

JE VOUS SALUE, MARIE, ETC.

O grand Dieu, de qui tout procède,
Qui faites et vivre et mourir,
Ne me refusez pas votre aide,
Hâtez-vous de me secourir.

Gloire au Père, souverain maître,
Gloire au Fils, à l'Esprit divin ;
Et telle qu'elle étoit quand tout commença d'être,
Telle soit-elle encor, maintenant, et sans fin.

Louez le Seigneur.

HYMNE.

Bénin Sauveur de la nature,
Souviens-toi que d'un criminel
Tu pris la forme au sein d'une Vierge très pure,
Et daignas comme nous naître enfant et mortel.

O mère de grace, ô Marie,
Qui n'es que douceur et qu'amour,

Tu nos ab hoste protege,
Et hora mortis suscipe.

Gloria tibi, Domine,
Qui natus es de Virgine,
Cum Patre et Sancto Spiritu,
In sempiterna sæcula. Amen.

ANTIPHONA. Pulchra es.

PSALMUS 125.

Quand le Seigneur changea la captivité de Sion en liberté, nous devînmes comme des gens tout consolés.

Notre bouche fut alors remplie de joie; et notre langue, d'exultation.

On dira parmi les nations : Le Seigneur a fait pour eux des choses magnifiques.

Oui, le Seigneur a fait des choses magnifiques pour nous ; et c'est ce qui nous rend si ravis.

Achevez, Seigneur, de rompre notre captivité, comme un torrent au midi.

In convertendo Dominus captivitatem Sion : facti sumus sicut consolati.

Tunc repletum est gaudio os nostrum : et lingua nostra exultatione.

Tunc dicent inter gentes : Magnificavit Dominus facere cum eis.

Magnificavit Dominus facere nobiscum : facti sumus lætantes.

Converte, Domine, captivitatem nostram, sicut torrens in austro.

A NONE.

Contre nos ennemis protége notre vie,
Et rends-toi notre asile au grand et dernier jour.

  Gloire à toi, Merveille suprême,
   Dieu par une Vierge enfanté;
Même gloire à ton Père, au Saint-Esprit la même,
Et durant tous les temps, et dans l'éternité.

    ANTIENNE. Vous êtes belle.

PSAUME 125.

Dès qu'il plut au Seigneur mettre fin à nos peines,
  Sitôt qu'il eut brisé nos fers,
Nous traitâmes de songe et de chimères vaines
  Les maux que nous avions soufferts.

Un plein ravissement, de tout notre visage
  Bannit les marques du passé;
Et jusqu'au souvenir d'un si dur esclavage,
  Tout cessa, tout fut effacé.

Toutes les nations qui voyoient notre joie
  Se disoient, d'un air sourcilleux :
Il faut que le bonheur où leur Dieu les renvoie
  Soit bien grand et bien merveilleux.

Oui, leur répondions-nous, c'est le Dieu des merveilles,
  C'est lui qui nous tire d'ici;
Et comme ses bontés sont pour nous sans pareilles,
  Notre allégresse l'est aussi.

Favorisez, Seigneur, des mêmes priviléges
  Ces restes pour qui nous tremblons;
Comme un vent du midi, faites fondre des neiges,
  Qui fertilisent leurs sablons.

Ceux qui sèment en larmes recueilleront en exultation.

Ils ne marchoient qu'en pleurant, lorsqu'ils semoient leurs grains.

Mais ils reviendront avec pleine exultation, portant les gerbes qu'ils auront recueillies.

Gloire soit au Père, et au Fils, et au Saint-Esprit.

Telle qu'elle a été au commencement, etc.

Qui seminant in lacrymis, in exultatione metent.

Euntes ibant et flebant, mittentes semina sua.

Venientes autem venient cum exultatione, portantes manipulos suos.

Gloria Patri, et Filio, et Spiritui Sancto.

Sicut erat, etc.

PSALMUS 126.

Si le Seigneur ne bâtit la maison, c'est en vain qu'ont travaillé ceux qui la bâtissent.

Si le Seigneur ne garde la ville, c'est inutilement que veille celui qui la garde.

C'est en vain que vous vous levez avant le jour : ne vous

Nisi Dominus ædificaverit domum, in vanum laboraverunt qui ædificant eam.

Nisi Dominus custodierit civitatem, frustra vigilat qui custodit eam.

Vanum est vobis ante lucem surgere : surgite

Finissez leur exil ainsi que nos alarmes,
    Exaucez leur juste desir,
Vous qui nous avez dit que qui semoit en larmes
    Moissonneroit avec plaisir.

Ils ont semé leurs blés, mais sous des lois sévères
    Que leur imposoient leurs malheurs.
Leur douleur égaloit l'excès de leurs misères :
    Autant de pas, autant de pleurs.

Mais s'ils les ont semés avec pleine tristesse,
    Accablés d'ennuis et de maux,
Ils reviendront, Seigneur, avec pleine allégresse,
    Chargés du fruit de leurs travaux.

Gloire au Père éternel, la première des causes,
    Gloire au Fils, à l'Esprit divin ;
Et telle qu'elle étoit avant toutes les choses,
    Telle soit-elle encor sans fin.

PSAUME 126.

    Que sert tout le pouvoir humain ?
A bâtir un palais qu'en sert tout l'artifice ?
    Hommes, vous travaillez en vain,
A moins que le Seigneur avec vous le bâtisse.

    Des soldats les plus courageux
Qui veillent jour et nuit à garder une ville,
    Si Dieu ne la garde avec eux,
Toute la vigilance est pour elle inutile.

    C'est en vain que pour amasser
Un avare inquiet se lève avant l'aurore :

levez qu'après vous être reposés, vous qui mangez du pain de douleur.

Quand il aura donné le sommeil à ses bien-aimés, vous verrez que vos fils sont l'héritage du Seigneur, et que la fécondité du ventre est une récompense.

Comme des flèches en la main d'un puissant homme, ainsi seront les fils des persécutés.

Heureux l'homme qui a rempli son desir par eux : il n'aura point de confusion, quand il parlera à ses ennemis en la porte.

Gloire soit au Père, et au Fils, et au Saint-Esprit.

Telle qu'elle a été au commencement, etc.

postquam sederitis, qui manducatis panem doloris.

Cum dederit dilectis suis somnum : ecce hereditas Domini, filii; merces, fructus ventris.

Sicut sagittæ in manu potentis : ita filii excussorum.

Beatus vir qui implevit desiderium suum ex ipsis : non confundetur, cum loquetur inimicis suis in porta.

Gloria Patri, et Filio, et Spiritui Sancto.

Sicut erat, etc.

PSALMUS 127.

Heureux sont tous ceux qui craignent le Seigneur, et qui marchent dans ses voies.

Les travaux de vos mains vous fourniront de quoi manger; vous êtes heureux, et il ne vous arrivera que du bien.

Beati omnes qui timent Dominum, qui ambulant in viis ejus.

Labores manuum tuarum quia manducabis : beatus es, et bene tibi erit.

Il ne fait que se harasser,
Pour du pain de douleur qu'à regret il dévore.

Dieu joint pour ses enfants chéris
Un paisible sommeil à la sainte abondance :
Pour siens il adopte leurs fils,
Et leurs moindres travaux portent leur récompense.

Tels que des guerriers généreux
Qui s'arment en faveur d'un pouvoir légitime,
Ces fils qu'il donne aux moins heureux
Soutiennent puissamment un père qu'on opprime.

Heureux qui les voit bien agir,
Qui trouve en leur secours un assuré refuge :
Il n'a jamais lieu de rougir
Quand il lui faut répondre au tribunal d'un juge.

Gloire au Père, au Verbe incarné,
Gloire à l'Esprit divin, ainsi qu'eux adorable :
Telle qu'avant que tout fût né,
Telle soit-elle encore à jamais perdurable!

PSAUME 127.

O que votre bonheur vous doit remplir de joie,
Vous tous qui craignez le Seigneur,
Qui ne marchez que dans sa voie,
Et lui donnez tout votre cœur!

Des travaux de vos mains il fait la nourriture
Nécessaire à votre soutien :
Point pour vous de bien qui ne dure,
Point de mal qui ne tourne en bien.

Votre femme sera comme une vigne abondante, dans les côtés de votre maison.	Uxor tua sicut vitis abundans, in lateribus domus tuæ.
Vos enfants seront comme de jeunes plants d'oliviers, tout autour de votre table.	Filii tui sicut novellæ olivarum, in circuitu mensæ tuæ.
C'est ainsi que sera béni l'homme qui craint le Seigneur.	Ecce sic benedicetur homo qui timet Dominum.
Que le Seigneur vous bénisse de Sion! puissiez-vous voir le bonheur de Jérusalem tous les jours de votre vie!	Benedicat tibi Dominus ex Sion : et videas bona Jerusalem omnibus diebus vitæ tuæ.
Puissiez-vous voir les enfants de vos enfants, et la paix sur Israël!	Et videas filios filiorum tuorum, pacem super Israël.
Gloire au Père, et au Fils, et au Saint-Esprit.	Gloria Patri, et Filio, etc.
Telle qu'elle, etc.	Sicut erat, etc.

Ant. Pulchra es et decora, filia Jerusalem, terribilis ut castrorum acies ordinata.

CAPITULUM. Eccl. 24.

In plateis, sicut cinnamomum et balsamum aroma-

A NONE.

Vos femmes, tout ainsi que ces fécondes vignes
    Qui des maisons parent le tour,
    Vous rendront les fruits les plus dignes
    Que promette un parfait amour.

Vos fils se rangeront autour de votre table
    Comme de jeunes oliviers,
    Et leur concorde inviolable
    Suivra vos plus heureux sentiers.

Voilà comme ce Dieu bénira par avance
    Un cœur pour lui vraiment atteint,
    Et ce qu'aura pour récompense
    Dès ici l'homme qui le craint.

Que du haut de Sion ses bontés vous bénissent,
    Et n'étalent dans sa cité,
    Jusqu'à ce que vos jours finissent,
    A vos yeux que félicité !

Qu'elles vous fassent voir prospérer votre race
    Dans les enfants de vos enfants,
    Israël toujours sans disgrace,
    Et tous ses peuples triomphants !

Gloire au Père éternel, la première des causes,
    Gloire au Fils, à l'Esprit divin ;
    Et telle qu'avant toutes choses,
    Telle soit-elle encor sans fin.

Ant. Vous êtes belle et bien parée, fille de Jérusalem, et terrible comme une armée rangée en bataille.

CHAPITRE. Eccl. 24.

Dans les places, j'ai rendu une odeur pareille à

tizans odorem dedi; quasi myrrha electa dedi suavitatem odoris.

℟. Deo gratias.

℣. Post partum Virgo inviolata permansisti.

℟. Dei genitrix, intercede pro nobis.

Kyrie, eleison. Christe, eleison. Kyrie, eleison

℣. Domine, exaudi orationem meam.

℟. Et clamor meus ad te veniat.

OREMUS.

Famulorum tuorum, quæsumus, Domine, delictis ignosce, ut qui tibi placere de actibus nostris non valemus, genitricis filii tui Domini nostri intercessione salvemur. Per Dominum nostrum Jesum Christum filium tuum.

℟. Amen.

℣. Domine, exaudi orationem meam.

℟. Et clamor meus ad te veniat.

℣. Benedicamus Domino.

℟. Deo gratias.

℣. Fidelium animæ per misericordiam Dei requiescant in pace. ℟. Amen.

AD VESPERAS.

AVE MARIA, ETC.

Mon Dieu, venez à mon aide.

Deus, in adjutorium meum intende.

celle de la cannelle et du baume aromatique, et répandu une senteur aussi agréable que celle de la myrrhe choisie.

℟. Rendons graces à Dieu.

℣. Vous êtes demeurée Vierge sans tache après l'enfantement.

℟. Mère de Dieu, intercédez pour nous.

Seigneur, ayez pitié de nous. Jésus-Christ, ayez pitié de nous. Seigneur, ayez pitié de nous.

℣. Seigneur, écoutez ma prière.

℟. Et que mes clameurs aillent jusqu'à vous.

ORAISON.

Nous vous supplions, Seigneur, de faire grace aux péchés de vos serviteurs, afin que nous, qui n'avons pas de quoi vous plaire par nos actions, nous puissions être sauvés par l'intercession de la Mère de votre fils, notre Seigneur. Nous vous en conjurons par le même Jésus-Christ notre Seigneur. ℟. Ainsi soit-il.

℣. Seigneur, écoutez ma prière.

℟. Et que mes clameurs aillent jusqu'à vous.

℣. Bénissons le Seigneur.

℟. Rendons graces à Dieu.

℣. Que les ames des fidèles reposent en paix par la miséricorde de Dieu.

℟. Ainsi soit-il.

A VÊPRES.

JE VOUS SALUE, MARIE, ETC.

O grand Dieu, de qui tout procède,
Qui faites et vivre et mourir,

Seigneur, hâtez-vous de me secourir.	Domine, ad adjuvandum me festina.
Gloire soit au Père, et au Fils, et au Saint-Esprit.	Gloria Patri, et Filio, et Spiritui Sancto.
Telle qu'elle a été au commencement, telle soit-elle maintenant, et toujours, et dans les siècles des siècles. Ainsi soit-il.	Sicut erat in principio et nunc et semper, et in sæcula sæculorum. Amen.

Alleluia.

ANTIPHONA. Dum esset rex.

PSALMUS 109.

Le Seigneur a dit à mon Seigneur : Seyez-vous à ma dextre,	Dixit Dominus Domino meo : Sede a dextris meis,
Jusqu'à ce que j'aie réduit vos ennemis à être l'escabeau de vos pieds.	Donec ponam inimicos tuos, scabellum pedum tuorum.
Le Seigneur fera partir de Sion la verge de votre vertu : dominez au milieu de vos ennemis.	Virgam virtutis tuæ emittet Dominus ex Sion : dominare in medio inimicorum tuorum.
Le principe étoit avec vous au jour de votre vertu, dans les splendeurs des saints : je vous ai engendré de mes entrailles avant le point du jour.	Tecum principium in die virtutis tuæ in splendoribus sanctorum : ex utero ante Luciferum genui te.
Le Seigneur l'a juré, et il ne s'en repentira point : Vous	Juravit Dominus, et non pœnitebit eum : Tu

A VÊPRES.

Ne me refusez pas votre aide,
Hâtez-vous de me secourir.

Gloire au Père, souverain Maître,
Gloire au Fils, à l'Esprit divin ;
Et telle qu'elle étoit quand tout commença d'être,
Telle soit-elle encor, maintenant, et sans fin.

<small>ANTIENNE. Lorsque le roi.</small>

PSAUME 109.

Le Seigneur vient de dire à son Verbe ineffable,
Qui n'est pas moins que lui mon souverain Seigneur :
Viens te seoir à ma dextre, et rends-toi redoutable
    Par ce dernier comble d'honneur.

Cependant mon courroux aura soin de descendre
Sur ceux qui t'accabloient de leurs inimitiés ;
J'en confondrai l'audace, et je saurai les rendre
    Tels qu'un escabeau sous tes pieds.

Je ferai de Sion partir l'éclat suprême
Du sceptre universel qu'à tes mains j'ai promis :
Comme je règne au ciel, tu régneras de même
    Au milieu de tes ennemis.

Au jour de ta vertu tu leur feras connoître,
Par les saintes splendeurs de tes droits éclatants,
Que mes regards féconds de mon sein t'ont fait naître
    Avant la naissance des temps.

Je te l'ai trop juré pour m'en vouloir dédire :
Selon Melchisédech tu seras prêtre et roi,

êtes prêtre pour toute l'éternité selon l'ordre de Melchisédech.

Le Seigneur est à votre droite ; il a rompu et brisé les rois au jour de sa colère.

Il jugera parmi les nations, il fera des ruines entières, il écrasera sur la terre les têtes de beaucoup de gens.

Il boira de l'eau du torrent en son chemin, et c'est ce qui lui fera élever sa tête.

Gloire soit au Père, et au Fils, et au Saint-Esprit.

Telle qu'elle a été au commencement, etc.

es sacerdos in æternum secúndum ordinem Melchisedech.

Dominus a dextris tuis, confregit in die iræ suæ reges.

Judicabit in nationibus, implebit ruinas : conquassabit capita in terra multorum.

De torrente in via bibet : propterea exaltabit caput.

Gloria Patri, et Filio, et Spiritui Sancto.

Sicut erat, etc.

Ant. Dum esset rex in accubitu suo, nardus mea dedit odorem suavitatis.

Antiphona. Læva ejus.

PSALMUS 112.

Enfants, louez le Seigneur ; louez le nom du Seigneur.

Que le nom du Seigneur

Laudate pueri Dominum : laudate nomen Domini.

Sit nomen Domini be-

Et je joindrai moi-même un éternel empire
 Au sacrifice offert par toi.

Oui, Seigneur, oui, grand Dieu, ce divin salutaire,
Qui se sied à ta dextre et nous donne tes lois,
Viendra briser lui-même, au jour de sa colère,
 Les plus fermes trônes des rois.

Parmi les nations ces lois autorisées
Feront tant de ruine et de tels châtiments,
Qu'en mille et mille lieux les têtes écrasées
 Publieront ses ressentiments.

L'eau trouble du torrent lui servit de breuvage,
Tant qu'il lui plut traîner son exil ici-bas;
Et sa gloire en reçoit d'autant plus d'avantage,
 Que rudes furent ses combats.

Gloire au Père éternel, la première des causes,
Gloire au Verbe incarné, gloire à l'Esprit divin;
Et telle qu'elle étoit avant toutes les choses,
 Telle soit-elle encor sans fin.

Ant. Lorsque le roi étoit assis sur son lit, ma boîte de nard a répandu une odeur de suavité.

Antienne. Sa gauche.

PSAUME 112.

Enfants, de qui les voix à peine encor formées
 Ne font que bégayer,
C'est à louer le nom du Seigneur des armées
 Qu'il les faut essayer.

Que ce nom soit béni dans toute l'étendue

soit béni, de ce moment jusqu'à l'éternité.

Du levant au couchant, le nom du Seigneur doit être loué.

Le Seigneur est élevé sur toutes les nations, et sa gloire va au-dessus des cieux.

Qui est comme le Seigneur notre Dieu, qui habite aux lieux les plus hauts, et ne dédaigne pas de jeter l'œil sur les choses les plus basses qui soient au ciel et en la terre ?

Il élève de terre le plus chétif, et tire le pauvre de dessus le fumier.

Il les place avec les princes, avec les princes de son peuple.

Il fait habiter la femme stérile avec joie dans sa maison, en la rendant mère de plusieurs enfants.

nedictum, ex hoc nunc et usque in sæculum.

A solis ortu usque ad occasum, laudabile nomen Domini.

Excelsus super omnes gentes Dominus, et super cœlos gloria ejus.

Quis sicut Dominus Deus noster, qui in altis habitat, et humilia respicit in cœlo et in terra ?

Suscitans a terra inopem, et de stercore erigens pauperem.

Ut collocet eum cum principibus, cum principibus populi sui.

Qui habitare facit sterilem in domo, matrem filiorum lætantem.

Que les siècles auront ;
Que la gloire en soit même au-delà répandue
De ce qu'ils dureront.

De climat en climat, ainsi que d'âge en âge,
Il est à respecter ;
Et du nord au midi, de l'Inde jusqu'au Tage,
Il le faut exalter.

Sa gloire, qui s'élève au-dessus des monarques,
Est seule sans défaut :
Bien qu'on en voie au ciel éclater mille marques,
Elle est encor plus haut.

Quel roi fait sa demeure au-dessus du tonnerre,
Comme ce Dieu des dieux.
Qui voit de haut en bas et tout ce qu'a la terre,
Et tout ce qu'ont les cieux ?

Il dégage le pauvre, et la pauvreté même,
Du plus épais bourbier ;
Et tire le plus vil, par son pouvoir suprême,
Du plus sale fumier.

Il les place lui-même à côté de leurs princes,
Parmi les potentats ;
Il leur donne lui-même à régir leurs provinces,
Et régler leurs états.

Il fait plus, il répand sur la femme stérile
La joie et le bonheur ;
Et, faisant de sa couche une terre fertile.
Il la met en honneur.

Gloire soit au Père, et au Fils, et au Saint-Esprit.	Gloria Patri, et Filio, et Spiritui Sancto.
Telle qu'elle a été au commencement, etc.	Sicut erat, etc.

Ant. Læva ejus sub capite meo, et dextera illius amplexabitur me.

Antiphona. Nigra sum.

PSALMUS 121.

Je me suis réjoui de ce qu'on m'a dit : Nous irons en la maison du Seigneur.	Lætatus sum in his, quæ dicta sunt mihi : In domum Domini ibimus.
Nous nous tiendrons de pied ferme comme autrefois, dans la demeure de Jérusalem,	Stantes erant pedes nostri : in atriis tuis, Jerusalem :
Jérusalem qu'on bâtit comme une ville, aux avantages de laquelle tous ses habitants participent par leur union.	Jerusalem quæ ædificatur ut civitas : cujus participatio ejus in idipsum.
Car c'est là que sont montées les tribus, les tribus choisies du Seigneur, qu'Israël envoie, en témoignage de sa foi, pour y chanter les louanges du Seigneur.	Illuc enim ascenderunt tribus, tribus Domini, testimonium Israël, ad confitendum nomini Domini.
C'est là que sont établis les siéges de la justice, les siéges où on la rend à la maison de David.	Quia illic sederunt sedes in judicio, sedes super domum David.

A VÊPRES.

Gloire à ton Fils et toi, Père, cause des causes,
  Gloire à l'Esprit divin,
Telle encor maintenant qu'avant toutes les choses,
  Et telle encor sans fin.

<small>Ant.</small> Sa gauche passera sous ma tête, et sa droite m'embrassera.

<small>Antienne.</small> Je suis noire.

PSAUME 121.

  O l'heureuse nouvelle !
Le grand mot qu'on m'a dit ! Nous irons, peuple aimé.
  Nous rentrerons, troupe fidèle,
Dans la maison du Dieu qui seul a tout formé.

  Nous reverrons encore
Les murs, les sacrés murs de la sainte Sion.
  Où le Dieu qu'Israël adore
Fait briller tant d'effets de sa protection.

  Cette reine des villes,
Qu'il doit faire durer même au-delà des temps.
  Ne craint point de guerres civiles,
Tant l'union est forte entre ses habitants.

  Ces nombreuses lignées,
Qui du sang d'Israël portent si haut l'honneur,
  Des terres les plus éloignées
Y viennent rendre hommage au grand nom du Seigneur.

  Dans ses tours les plus fortes
La pudeur, l'équité, le saint amour revit,
  Et la justice entre ses portes
Tient le haut tribunal des enfants de David.

Demandez à Dieu ce qui concerne la paix de Jérusalem ; et que l'abondance arrive à ceux qui l'aiment.

Rogate quæ ad pacem sunt Jerusalem : et abundantia diligentibus te.

Que la paix se fasse en ta vertu, et que l'abondance soit en tes tours.

Fiat pax in virtute tua : et abundantia in turribus tuis.

A cause de mes frères et de mes proches, je parlois sans cesse de paix pour toi ;

Propter fratres meos et proximos meos, loquebar pacem de te :

A cause de la maison du Seigneur notre Dieu, j'ai cherché à te procurer du bien.

Propter domum Domini Dei nostri, quæsivi bona tibi.

Gloire soit au Père, et au Fils, et au Saint-Esprit.

Gloria Patri, et Filio, et Spiritui Sancto.

Telle qu'elle a été au commencement, telle soit-elle maintenant et toujours, et dans les siècles des siècles. Ainsi soit-il.

Sicut erat in principio et nunc et semper, et in sæcula sæculorum. Amen.

Ant. Nigra sum, sed formosa, filiæ Jerusalem ; ideo dilexit me rex, et introduxit me in cubiculum suum.

Antiphona. Jam hiems transiit.

PSALMUS 126.

Si le Seigneur ne bâtit la maison, c'est en vain qu'ont travaillé ceux qui la bâtissent.

Nisi Dominus ædificaverit domum, in vanum laboraverunt qui ædificant eam.

A VÊPRES.

Montrez-lui votre zèle,
Peuple, à vœux redoublés souhaitez-lui la paix :
Ce que vous obtiendrez pour elle
Entretiendra chez vous l'abondance à jamais.

Qu'à jamais ta puissance,
Sion, à cette paix force tes ennemis,
Et qu'à jamais cette abondance
Du sommet de tes tours coule chez tes amis !

J'ai chez toi tant de frères,
Mes proches avec toi m'ont fait de si doux nœuds,
Que tant de liaisons si chères
Pour ce bienheureux calme unissent tous mes vœux.

Ce temple, où Dieu lui-même
Fait éclater souvent toute sa majesté,
Sur-tout oblige un cœur qui t'aime
A des vœux assidus pour ta prospérité.

Père, cause des causes,
Gloire à ton Fils et toi, gloire à l'Esprit divin :
Telle qu'avant toutes les choses,
Telle soit-elle encor maintenant et sans fin.

Ant. Je suis noire, mais je suis belle, filles de Jérusalem : c'est pourquoi le roi m'a aimée, et m'a fait entrer dans sa chambre.

Antienne. L'hiver est déjà passé.

PSAUME 126.

Que sert tout le pouvoir humain ?
A bâtir un palais qu'en sert tout l'artifice ?
Hommes, vous travaillez en vain,
A moins que le Seigneur avec vous le bâtisse.

Si le Seigneur ne garde la ville, c'est inutilement que veille celui qui la garde.

C'est en vain que vous vous levez avant le jour : ne vous levez qu'après vous être reposés, vous qui mangez du pain de douleur.

Quand il aura donné le sommeil à ses bien-aimés, vous verrez que vos fils sont l'héritage du Seigneur, et que la fécondité du ventre est une récompense.

Comme des flèches en la main d'un puissant homme, ainsi seront les fils des persécutés.

Heureux l'homme qui a rempli son desir par eux : il n'aura point de confusion, quand il parlera à ses ennemis en la porte.

Gloire soit au Père, et au Fils, et au Saint-Esprit.

Telle qu'elle a été au commencement, etc.

Nisi Dominus custodierit civitatem, frustra vigilat qui custodit eam.

Vanum est vobis ante lucem surgere : surgite postquam sederitis, qui manducatis panem doloris.

Cum dederit dilectis suis somnum : ecce hereditas Domini, filii : merces, fructus ventris.

Sicut sagittæ in manu potentis : ita filii excussorum.

Beatus vir qui implevit desiderium suum ex ipsis : non confundetur, cum loquetur inimicis suis in porta.

Gloria Patri, et Filio, et Spiritui Sancto.

Sicut erat, etc.

Ant. Jam hiems transiit, imber abiit, et recessit : surge, amica mea, et veni.

Antiphona. Speciosa facta es.

A VÊPRES.

Des soldats les plus courageux
Qui veillent nuit et jour à garder une ville,
Si Dieu ne la garde avec eux,
Toute la vigilance est pour elle inutile.

C'est en vain que, pour amasser,
Un avare inquiet se lève avant l'aurore;
Il ne fait que se harasser,
Pour du pain de douleur qu'à regret il dévore.

Dieu joint pour ses enfants chéris
Un paisible sommeil à la sainte abondance :
Pour siens il adopte leurs fils,
Et leurs moindres travaux portent leur récompense.

Tels que des guerriers généreux
Qui s'arment en faveur d'un pouvoir légitime,
Ces fils qu'il donne aux moins heureux
Soutiennent puissamment un père qu'on opprime.

Heureux qui les voit bien agir,
Qui trouve en leur secours un assuré refuge !
Il n'a jamais lieu de rougir
Quand il lui faut répondre au tribunal d'un juge.

Gloire au Père, au Verbe incarné,
Gloire à l'Esprit divin, ainsi qu'eux adorable :
Telle qu'avant que tout fût né,
Telle soit-elle encore à jamais perdurable.

Ant. L'hiver est déjà passé, la pluie s'est écoulée et retirée : levez-vous, ma bien aimée, et venez.

Antienne. Vous êtes devenue belle.

PSALMUS 147.

Jérusalem, louez le Seigneur : Sion, louez votre Dieu.

Il a renforcé les serrures de vos portes, il a béni vos enfants en vous.

C'est lui qui a mis la paix dans tous vos confins : il vous rassasie du froment le mieux nourri.

C'est lui qui envoie sa parole à la terre, et sa parole court avec vitesse.

C'est lui qui donne la neige en forme de laine : il épart la bruine aussi menu que la cendre.

Il envoie sa glace comme des petits morceaux de cristal : qui pourra subsister devant la face de sa froidure ?

Il ne fera qu'envoyer sa

Lauda Jerusalem Dominum : lauda Deum tuum, Sion.

Quoniam confortavit seras portarum tuarum: benedixit filiis tuis in te.

Qui posuit fines tuos pacem : et adipe frumenti satiat te.

Qui emittit eloquium suum terræ : velociter currit sermo ejus.

Qui dat nivem sicut lanam : nebulam sicut cinerem spargit.

Mittit crystallum suam sicut buccellas : ante faciem frigoris ejus quis sustinebit ?

Emittet verbum suum

A VÊPRES.

PSAUME 147.

Louez, Jérusalem, louez votre Seigneur;
Montagne de Sion, exaltez votre maître,
Honorez-le de bouche, adorez-le de cœur:
    C'est de lui que vous tenez l'être.

De vos portes c'est lui qui soutient les verrous,
C'est lui qui dans vos murs tient tout en assurance;
Il y bénit vos fils, il les y comble tous
    De richesses et d'abondance.

Par lui de tant de vœux la paix est le doux fruit,
Par lui de vos confins elle s'est ressaisie :
Du blé le mieux nourri que la terre ait produit
    C'est lui seul qui vous rassasie.

Pour le faire obéir dans les plus grands états,
Il n'a du haut des cieux qu'à dire une parole;
Ses ordres sont portés aux plus lointains climats
    Plus vite qu'un oiseau ne vole.

C'est lui seul qui répand la neige à pleines mains,
Comme flocons de laine il l'oblige à descendre :
La bruine à son choix s'épart sur les humains,
    Comme s'épartiroit la cendre.

En perles de cristal que lui-même endurcit,
Il sème la froidure et laisse choir la glace;
Et quand cette froidure une fois s'épaissit,
    Qui peut tenir devant sa face?

D'un seul mot qu'il prononce il la résout en eaux;

parole pour rendre tout cela liquide; son esprit soufflera, et tout cela s'écoulera en eaux.	et liquefaciet ea : flabit spiritus ejus, et fluent aquæ.
C'est lui qui annonce sa parole à Jacob, ses justices et ses jugements à Israël.	Qui annuntiat verbum suum Jacob : justitias et judicia sua Israël.
Il n'a pas fait ainsi à toutes nations, et il ne leur a pas manifesté ses jugements.	Non fecit taliter omni nationi : et judicia sua non manifestavit eis.
Gloire soit au Père, et au Fils, et au Saint-Esprit.	Gloria Patri, et Filio, et Spiritui, etc.
Telle qu'elle, etc.	Sicut erat, etc.

ANT. Speciosa facta es et suavis, in deliciis tuis, sancta Dei genitrix.

CAPITULUM.

Ab initio et ante sæcula creata sum, et usque ad futurum sæculum non desinam, et in habitatione sancta coram ipso ministravi.

℟. Deo gratias.

HYMNUS.

Ave maris stella,
Dei mater alma,
Atque semper virgo,
Fœlix cœli porta.

A VÊPRES.

A peine il a parlé qu'elle devient liquide ;
Et d'un souffle il la fait couler à gros ruisseaux
   A travers la campagne humide.

Il choisit Israël pour lui donner sa loi,
Il lui daigne lui-même annoncer ses justices :
C'est de lui qu'il se plaît à se dire le roi,
   Et recevoir les sacrifices.

Il n'en fait pas de même à toutes nations,
Non, ce n'est pas ainsi qu'avec tous il en use ;
Et de ses jugements les saintes notions
   Sont des graces qu'il leur refuse.

Gloire au Père, à son Verbe, à l'Esprit tout divin,
Gloire soit en tous lieux à leur unique essence,
Telle encor maintenant, et telle encor sans fin,
   Qu'avant que tout eût pris naissance.

Ant. Vous êtes devenue belle, et pleine d'une admirable douceur dans vos délices, ô sainte Mère de Dieu.

CHAPITRE.

J'ai été formée dès le commencement et avant les siècles, et je ne cesserai jamais d'être, et j'ai servi en sa présence dans la demeure sainte.

℟. Rendons-en graces à Dieu.

HYMNE.

Étoile de la mer, Mère du Tout-Puissant,
Toujours vierge, toujours étoile sans nuage,
Porte du ciel ouverte au pécheur gémissant,
   Reçois notre humble hommage.

Sumens illud Ave
Gabrielis ore,
Funda nos in pace,
Mutans Evæ nomen.

Solve vincla reis,
Profer lumen cæcis,
Mala nostra pelle,
Bona cuncta posce.

Monstra te esse matrem,
Sumat per te preces
Qui pro nobis natus
Tulit esse tuus.

Virgo singularis,
Inter omnes mitis,
Nos culpis solutos,
Mites fac et castos.

Vitam præsta puram,
Iter para tutum,
Ut videntes Jesum
Semper collætemur.

Sit laus Deo Patri,
Summo Christo decus,
Spiritui Sancto,
Tribus honor unus.
℟. **Amen.**

℣ Diffusa est gratia in labiis tuis.
℟. Propterea benedixit te Deus in æternum.

ANTIPHONA. Beata Mater.

A VÊPRES.

De nous, comme de l'ange, accepte ce salut ;
Et, dans une paix sainte affermissant notre ame,
Change l'impression que notre sang reçut
    De la première femme.

Des captifs du péché romps les tristes liens,
Aux esprits aveuglés rends de vives lumières,
Chasse loin tous les maux, obtiens-nous tous les biens,
    Vierge, par tes prières.

Montre de pleins effets du pouvoir maternel,
Fais qu'à remplir nos vœux cet Homme-Dieu s'applique,
Qui pour rendre la vie à l'homme criminel
    Naquit ton fils unique.

O Vierge sans pareille en clémence, en bonté,
Fais-lui de tous nos cœurs d'agréables victimes ;
Verses-y ta douceur, joins-y ta chasteté,
    Et lave tous nos crimes.

Épure notre vie, enflamme notre esprit ;
Du ciel par ton suffrage assure-nous la voie,
Et fais-nous-y goûter près de ton Jésus-Christ
    Une éternelle joie.

Gloire, louange, honneur et puissance au Très-Haut,
Gloire, honneur et louange à sa parfaite image,
Gloire à l'Esprit divin ainsi qu'eux sans défaut,
    A tous trois même hommage.

℣. La grace est répandue en vos lèvres.
℟. C'est pourquoi Dieu vous a bénie à l'éternité.

    Antienne. Mère bienheureuse.

CANTICUM BEATÆ MARIÆ.

LUCÆ I.

Mon ame magnifie le Seigneur.

Et mon esprit a tressailli de joie en Dieu, mon salutaire.

Il a regardé la bassesse de sa servante ; et à cause de cela toutes les générations me nommeront bienheureuse.

Parceque le Tout-Puissant a fait en moi de grandes choses, et a montré la vertu de son saint nom.

Et sa miséricorde passe de race en race à ceux qui le craignent.

Il a déployé la puissance de son bras, et mis les superbes bien loin de la pensée de leur cœur.

Magnificat anima mea Dominum.

Et exultavit spiritus meus in Deo, salutari meo.

Quia respexit humilitatem ancillæ suæ : ecce enim ex hoc beatam me dicent omnes generationes.

Quia fecit mihi magna qui potens est, et sanctum nomen ejus.

Et misericordia ejus a progenie in progenies timentibus eum.

Fecit potentiam in brachio suo : dispersit superbos mente cordis sui.

A VÊPRES.

CANTIQUE DE LA SAINTE VIERGE.
EN SAINT LUC I.

    Après un si haut privilége
Dont il plaît au Seigneur de me gratifier,
Je me dois toute entière à le magnifier,
Et mon silence ingrat seroit un sacrilége.

    Quand même je voudrois me taire,
Un doux emportement parleroit malgré moi;
Et cet excès d'honneur m'est une forte loi
D'épanouir mon ame en Dieu mon salutaire.

    Il a regardé ma bassesse,
Il a du haut des cieux daigné s'en souvenir;
Et depuis ce moment tout le siècle à venir
Publiera mon bonheur par des chants d'allégresse.

    La merveille tant attendue
De son pouvoir en moi fait voir l'immensité;
Et je dois de son nom bénir la sainteté,
Dont la vive splendeur sur moi s'est répandue.

    De sa miséricorde sainte
L'effort de race en race enfin tombe sur nous;
Il en fait part à ceux qui craignent son courroux,
Et je porte le prix d'une si digne crainte.

    Son bras a montré sa puissance :
Les projets les plus vains, il les a dispersés;
Les desseins les plus fiers, il les a renversés;
Et du plus haut orgueil abattu l'insolence.

Il a déposé de leur siége les plus puissants, et a exalté les plus ravalés.	Deposuit potentes de sede, et exaltavit humiles.
Il a rempli de biens ceux qui étoient pressés de la faim, et renvoyé vides les opulents.	Esurientes implevit bonis, et divites dimisit inanes.
Il a pris en sa protection Israël son serviteur, en rappelant le souvenir de sa miséricorde,	Suscepit Israël puerum suum, recordatus misericordiæ suæ :
Ainsi qu'il l'avoit promis à nos pères, à Abraham et à sa postérité pour tout jamais.	Sicut locutus es ad patres nostros, Abraham et semini ejus in sæcula.
Gloire soit au Père, et au Fils, et au Saint-Esprit.	Gloria Patri, et Filio. et Spiritui Sancto.
Telle qu'elle a été au commencement, etc.	Sicut erat, etc.

Ant. Beata mater et intacta Virgo, gloriosa Regina mundi, intercede pro nobis ad Dominum.

℣. Domine, exaudi orationem meam.
℟. Et clamor meus ad te veniat.

OREMUS.

Concede nos famulos tuos, quæsumus, Domine Deus, perpetua mentis et corporis sanitate gaudere, et gloriosa beatæ Mariæ semper Virginis intercessione a præ-

A VÊPRES.

Les plus invincibles monarques
Se sont vus par sa main de leur trône arrachés,
Et ceux que la poussière avoit tenus cachés
Ont reçu de son choix les glorieuses marques.

Par des faveurs vraiment solides
Il a rempli de biens ceux que pressoit la faim ;
Et ceux qui puisoient l'or chez eux à pleine main,
Sa juste défaveur les a renvoyés vides.

C'est ce qui nous donne assurance
Qu'il a pris Israël en sa protection,
Et n'a point oublié la grace dont Sion
Avoit droit de flatter son illustre espérance.

Il la promit avec tendresse,
Abraham et ses fils en eurent son serment :
Tout ce qu'il leur jura paroît en ce moment,
Et ce miracle enfin dégage sa promesse.

Gloire au Père, cause des causes,
Gloire au Verbe incarné, gloire à l'Esprit divin,
Telle encor maintenant, et telle encor sans fin,
Qu'elle étoit en tous trois avant toutes les choses.

Ant. Mère bienheureuse, et Vierge immaculée, glorieuse Reine du monde,
intercédez pour nous envers le Seigneur.

℣. Seigneur, écoutez ma prière.
℟. Et que mes clameurs aillent jusqu'à vous.

ORAISON.

Seigneur, nous vous prions d'accorder à vos serviteurs une santé perpétuelle de l'esprit et du corps, et
que, par la glorieuse intercession de la bienheureuse

senti liberari tristitia, et æterna perfrui lætitia. Per Christum Dominum nostrum.

℟. Amen.

<small>ANTIPHONA. Pro Sanctis.</small>

Sancti Dei, omnes intercedere dignemini pro nostra omniumque salute.

℣. Lætamini in Domino et exultate justi.

℟. Et gloriamini omnes recti corde.

OREMUS.

Protege, Domine, populum tuum, et apostolorum tuorum Petri et Pauli, et aliorum apostolorum tuorum patrocinio confidentem, perpetua defensione conserva.

Omnes sancti tui, quæsumus, Domine, nos ubique adjuvent, ut dum eorum merita recolimus, patrocinia sentiamus, et pacem tuam nostris concede temporibus, et ab Ecclesia tua cunctam repelle nequitiam; iter, actus, et voluntates nostras et omnium famulorum tuorum in salutis tuæ prosperitate dispone : benefactoribus nostris sempiterna bona retribue, et omnibus fidelibus defunctis requiem æternam concede. Per Christum Dominum nostrum.

℟. Amen.

℣. Domine, exaudi orationem meam.

℟. Et clamor meus ad te veniat.

℣. Benedicamus Domino.

℟. Deo gratias.

℣. Fidelium animæ per misericordiam Dei requiescant in pace.

℟. Amen.

Marie toujours Vierge, ils soient délivrés de la tristesse présente, et jouissent un jour de l'allégresse éternelle. Par Jésus-Christ notre Seigneur. ℟. Ainsi soit-il.

ANTIENNE. Pour les Saints.

Saints de Dieu, daignez tous intercéder pour notre salut, et pour celui de tous.

℣. Justes, réjouissez-vous au Seigneur, et montrez-vous remplis d'allégresse.

℟. Et que tous ceux qui ont le cœur droit se glorifient en lui.

ORAISON.

Seigneur, protégez votre peuple, qui se confie en l'intercession de saint Pierre et de saint Paul, et de vos autres apôtres, et conservez-le par une défense perpétuelle.

Nous vous supplions, Seigneur, que tous vos saints nous assistent partout, afin que, cependant que nous renouvelons ici-bas la mémoire de leurs mérites, nous ressentions les effets de leur protection auprès de vous. Accordez la paix à nos jours, repoussez de votre Église toute sorte de méchanceté; disposez notre démarche, nos actions, nos volontés, et celle de tous vos serviteurs, dans la prospérité du salut qui vient de vous. Donnez des biens éternels pour rétribution à nos bienfaiteurs, et accordez le repos éternel à tous les fidèles défunts. Nous vous en conjurons par Jésus-Christ notre Seigneur. ℟. Ainsi soit-il.

℣. Seigneur, écoutez ma prière.

℟. Et que mes clameurs aillent jusqu'à vous.

℣. Bénissons le Seigneur.

℟. Rendons graces à Dieu.

℣. Que les ames des fidèles reposent en paix par la miséricorde de Dieu. ℟. Ainsi soit-il.

AD COMPLETORIUM.

AVE MARIA, ETC.

Convertissez-nous, ô Dieu, qui êtes notre salutaire ;
Et détournez votre colère de nous.
Mon Dieu, venez à mon aide.
Seigneur, hâtez-vous de me secourir.
Gloire soit au Père, et au Fils, et au Saint-Esprit.
Telle qu'elle a été au commencement, telle soit-elle maintenant, et toujours, et dans les siècles des siècles. Ainsi soit-il.

Converte nos, Deus, salutaris noster :
Et averte iram tuam a nobis.
Deus, in adjutorium meum intende.
Domine, ad adjuvandum me festina.
Gloria Patri, et Filio, et Spiritui Sancto.
Sicut erat in principio et nunc et semper, et in sæcula sæculorum. Amen.

Alleluia.

PSALMUS 128.

Ils m'ont attaqué souvent depuis ma jeunesse : qu'Israël le dise maintenant.
Ils m'ont attaqué souvent depuis ma jeunesse ; mais ils n'ont pu rien faire contre moi.
Les pécheurs ont fabriqué

Sæpe expugnaverunt me a juventute mea, dicat nunc Israël.
Sæpe expugnaverunt me a juventute mea : etenim non potuerunt mihi.
Supra dorsum meum

A COMPLIES.

<small>JE VOUS SALUE, MARIE, ETC.</small>

Seigneur, de tous les cœurs qui cherchent à vous plaire
    L'unique salutaire,
Convertissez notre ame, et détournez de nous
    Votre juste courroux.

  O grand Dieu, de qui tout procède,
  Qui faites et vivre et mourir,
  Ne me refusez pas votre aide,
  Hâtez-vous de me secourir.

  Gloire au Père, souverain Maître,
  Gloire au Fils, à l'Esprit divin;
Et telle qu'elle étoit quand tout commença d'être,
Telle soit-elle encor, maintenant, et sans fin.
<small>Louez le Seigneur.</small>

<small>PSAUME 128.</small>

Dès mes plus jeunes ans les pécheurs ont sans cesse
Par d'injustes complots attaqué ma foiblesse.
Jacob, qu'ils ont poussé longtemps si vivement,
    A droit de dire hautement :

Des mes plus jeunes ans les pécheurs ont sans cesse
Par d'injustes complots attaqué ma foiblesse :
Ils ont voulu me perdre et me faire la loi,
    Mais ils n'ont rien pu contre moi.

Ces méchants ont forgé sur mon dos plus de crimes

sur mon dos, et n'ont fait que prolonger leur iniquité.

Le Seigneur, comme juste qu'il est, a haché la tête des pécheurs : que tous ceux qui haïssent Sion soient confus, et renversés en arrière.

Qu'ils deviennent comme le foin qui croît sur les toits, lequel est séché avant qu'on l'arrache ;

Dont le moissonneur ne remplit point sa main, et dont ne daigne remplir son sein celui qui ramasse des poignées d'épis sur le champ moissonné.

Et les passants n'ont point dit : La bénédiction du Seigneur soit sur vous ; nous vous bénissons au nom du Seigneur.

Gloire au Père, et au Fils, et au Saint-Esprit.

Telle qu'elle, etc.

fabricaverunt peccatores : prolongaverunt iniquitatem suam.

Dominus justus concidit cervices peccatorum : confundantur et convertantur retrorsum omnes qui oderunt Sion.

Fiant sicut fœnum tectorum : quod priusquam evellatur, exaruit :

De quo non implevit manum suam qui metit, et sinum suum qui manipulos colligit.

Et non dixerunt qui præteribant : Benedictio Domini super vos : benedicimus vobis in nomine Domini.

Gloria Patri, et Filio, etc.

Sicut erat, etc.

PSALMUS 129.

Seigneur, je me suis écrié vers vous des lieux profonds : Seigneur, exaucez mon oraison.

De profundis clamavi ad te, Domine : Domine, exaudi vocem meam.

Qu'au désert tous les ans n'en portent nos victimes ;
Et n'ont fait, pour tout fruit de leur méchanceté,
    Qu'augmenter leur iniquité.

Le Seigneur a sur eux renversé leurs tempêtes,
Son bras, juste vengeur, a foudroyé leurs têtes :
Ainsi soient terrassés, à leur confusion,
    Tous les ennemis de Sion.

Qu'ils deviennent pareils à ce foin inutile
Qui sur le haut des toits pousse un tuyau débile,
Et ne s'y montre aux yeux que pour le voir sécher
    Avant qu'on l'en puisse arracher.

Qu'ils deviennent pareils à ces méchantes herbes,
Dont jamais moissonneur n'a ramassé de gerbes ;
Que tient le glaneur même indignes de sa main,
    Et n'en daigne remplir son sein.

Les passants, qui sauront quelle est leur injustice,
Ne leur diront jamais : Le Seigneur vous bénisse,
Le Seigneur vous appuie, ainsi que notre cœur
    Vous bénit au nom du Seigneur.

Gloire au Père éternel, gloire au Verbe ineffable,
Gloire à leur Esprit Saint, ainsi qu'eux adorable :
Et telle qu'elle étoit avant les premiers jours,
    Telle soit-elle encor toujours.

PSAUME 129.

Des abîmes profonds où mon péché me plonge,
    Jusqu'à toi j'ai poussé mes cris ;
Tu vois mon repentir, et l'ennui qui me ronge :
Seigneur, ne reçois pas mes vœux avec mépris.

Que vos oreilles se rendent attentives à la voix de ma supplication.

Seigneur, si vous prenez garde à toutes les iniquités, qui osera vous attendre?

Vous avez un fonds inépuisable de clémence; et à cause de votre loi, Seigneur, je vous ai attendu.

Mon ame a attendu le Seigneur sur sa parole : mon ame a espéré au Seigneur.

Depuis la garde du matin jusqu'à la nuit, Israël doit espérer au Seigneur;

Parcequ'il y a miséricorde chez le Seigneur, et pleine abondance de rédemption.

Et il rachètera lui-même Israël de toutes ses iniquités.

Fiant aures tuæ intendentes, in vocem deprecationis meæ.

Si iniquitates observaveris, Domine ; Domine, quis sustinebit?

Quia apud te propitiatio est : et propter legem tuam sustinui te, Domine.

Sustinuit anima mea in verbo ejus : speravit anima mea in Domino.

A custodia matutina usque ad noctem, speret Israël in Domino.

Quia apud Dominum misericordia, et copiosa apud eum redemptio.

Et ipse redimet Israël ex omnibus iniquitatibus ejus.

A COMPLIES.

Prête à mes longs soupirs cette oreille attentive
    Qui n'entend point sans secourir;
Jette sur les élans d'une douleur si vive
Cet œil qui ne peut voir de maux sans les guérir.

Pour grands que soient les miens, je le dis à ma honte,
    Seigneur, je les ai mérités :
Mais qui subsistera, si tu demandes compte
De tout l'emportement de nos iniquités?

Auprès de ta justice il est une clémence
    Que souvent tu choisis pour loi :
Elle est inépuisable, et c'est son indulgence
Qui m'a fait jusqu'ici subsister devant toi.

Je me suis soutenu, Seigneur, sur ta parole,
    Dans ce que je n'ai su parer :
Un dieu n'afflige point qu'ensuite il ne console.
C'est ce que tes bontés m'ordonnent d'espérer.

Espère ainsi que moi, peuple de la Judée!
    Fils de Jacob, espérez tous!
Et, du matin au soir, gardez la sainte idée
D'espérer en sa grace en craignant son courroux.

A sa miséricorde il n'est point de limites :
    Il en a des trésors cachés,
Et prépare lui-même un excès de mérites
A racheter bientôt l'excès de nos péchés.

Attends donc, Israël, attends avec courage
    L'effet de ce qu'il a promis :
Il paiera ta rançon, rompra ton esclavage,
Et brisera les fers où ton péché t'a mis.

Gloire soit au Père, et au Fils, et au Saint-Esprit.

Telle qu'elle a été au commencement, telle soit-elle maintenant, etc.

Gloria Patri, et Filio, et Spiritui Sancto.

Sicut erat in principio, etc.

PSALMUS 130.

Seigneur, mon cœur ne s'est point exalté, et mes yeux ne se sont point élevés.

Je n'ai point porté mes pas aux grandeurs, ni aux choses merveilleuses au-delà de ma portée.

Si je n'ai point eu d'humbles sentiments de moi-même, et si j'ai exalté mon ame.

Tel qu'est le déplaisir d'un enfant nouveau sevré entre les bras de sa mère qui lui refuse son lait, telle soit en mon ame la rétribution de mon orgueil.

Qu'Israël espère au Seigneur, depuis ce moment jusqu'à tout jamais.

Gloire soit au Père, et au Fils, etc.

Domine, non est exaltatum cor meum : neque elati sunt oculi mei.

Neque ambulavi in magnis, neque in mirabilibus super me.

Si non humiliter sentiebam : sed exaltavi animam meam,

Sicut ablactatus est super matre sua, ita retributio in anima mea.

Speret Israël in Domino, ex hoc nunc et usque in sæculum.

Gloria Patri, et Filio, etc.

A COMPLIES.

Gloire au Père éternel, la première des causes,
  Gloire au Fils, à l'Esprit divin;
Et telle qu'elle étoit avant toutes les choses,
Telle soit-elle encor maintenant, et sans fin.

PSAUME 130.

Je n'ai point soupiré pour cette indépendance
Où veut monter l'orgueil par des droits usurpés;
Vers elle aucuns regards ne me sont échappés,
  Non pas même par imprudence.

Vous le savez, Seigneur, ma plus vaste pensée
Ne m'a jamais enflé d'aucune ambition,
Ni fait chercher l'éclat d'une illustre action,
  Pour voir ma fortune haussée.

Si j'ai manqué d'avoir ce mépris de moi-même,
Cet humble sentiment que vous m'avez prescrit;
Si j'ai laissé jamais surprendre mon esprit
  A la splendeur du diadème.

Puisse votre rebut se rendre aussi sévère,
Aussi rude à mon cœur mortellement navré,
Qu'est sensible à l'enfant nouvellement sevré
  Le refus du lait de sa mère!

Porte, porte au Seigneur ta pleine confiance,
Israël, peuple élu qu'il a daigné bénir;
Et, depuis ce moment jusqu'à tout l'avenir,
  Dédaigne toute autre espérance.

Gloire au Père éternel, la première des causes,
Gloire au Verbe incarné, gloire à l'Esprit divin.

HYMNUS.

Memento, salutis author,
Quod nostri quondam corporis
Ex illibata Virgine
Nascendo formam sumpseris.

Maria, mater gratiæ,
Mater misericordiæ,
Tu nos ab hoste protege,
Et hora mortis suscipe.

Gloria tibi, Domine,
Qui natus es de Virgine,
Cum Patre et Sancto Spiritu,
In sempiterna sæcula. Amen.

CAPITULUM.

Ego mater pulchræ dilectionis, et timoris, et magnitudinis, et sanctæ spei.

℞. Deo gratias.
℣. Ora pro nobis, sancta Dei genitrix.
℞. Ut digni efficiamur promissionibus Christi.

ANTIPHONA. Sub tuum præsidium.

CANTICUM SIMEONIS.
LUCÆ II.

Seigneur, vous laissez maintenant aller votre serviteur en paix, suivant votre parole.	Nunc dimittis servum tuum, Domine, secundum verbum tuum in pace.

À COMPLIES.

Telle encor maintenant, et telle encor sans fin,
    Qu'elle étoit avant toutes choses.

HYMNE.

Bénin Sauveur de la nature,
    Souviens-toi que d'un criminel
Tu pris la forme au sein d'une Vierge très pure,
Et daignas comme nous naître enfant et mortel.

O Mère de grace, ô Marie,
    Qui n'es que douceur et qu'amour,
Contre nos ennemis protége notre vie,
Et rends-toi notre asile au grand et dernier jour.

Gloire à toi, Merveille suprême,
    Dieu par une Vierge enfanté;
Même gloire à ton Père, au Saint-Esprit la même,
Et durant tous les temps, et dans l'éternité.

CHAPITRE.

Je suis la mère de la belle dilection, et de la crainte, et de la grandeur, et de la sainte espérance.

℟. Rendons-en graces à Dieu.

℣. Priez pour nous, sainte Mère de Dieu.

℟. Afin que nous devenions dignes des promesses de Jésus-Christ.

Antienne. C'est sous votre protection.

CANTIQUE DE SIMÉON.
EN SAINT LUC II.

Enfin, suivant votre parole,
Vous me laissez aller en paix,
Seigneur, et mon ame s'envole
Au sein d'Abraham pour jamais.

182 L'OFFICE DE LA SAINTE VIERGE,

Parceque mes yeux ont vu votre salutaire,

Quia viderunt oculi mei salutare tuum,

Que vous avez préparé devant la face de tous les peuples.

Quod parasti ante faciem omnium populorum,

Pour servir de lumière à éclairer les nations, et faire la gloire d'Israël votre peuple.

Lumen ad revelationem gentium, et gloriam plebis tuæ Israël.

Gloire soit au Père, et au Fils, et au Saint-Esprit.

Gloria Patri, et Filio, et Spiritui Sancto.

Telle qu'elle a été au commencement, etc.

Sicut erat, etc.

Ant. Sub tuum præsidium confugimus, sancta Dei genitrix : nostras deprecationes ne despicias in necessitatibus, sed a periculis cunctis libera nos semper, Virgo gloriosa et benedicta.

Kyrie, eleison. Christe, eleison. Kyrie, eleison.
℣. Domine, exaudi orationem meam.
℟. Et clamor meus ad te veniat.

OREMUS.

Beatæ et gloriosæ semperque Virginis Mariæ, quæsumus, Domine, intercessio gloriosa nos protegat, et ad vitam perducat æternam. Per Dominum nostrum Jesum Christum, filium tuum, qui tecum vivit et regnat in

A COMPLIES.

Vous avez daigné satisfaire
De mes yeux le plus doux souci :
Ils ont vu votre salutaire,
Et n'ont plus rien à voir ici.

C'est le salutaire suprême,
Que vos saintes prénotions
Vous ont fait préparer vous-même
Devant toutes les nations.

Par cette lumière adorable
Les gentils seront éclairés,
Et d'une gloire incomparable
Vos peuples seront honorés.

Gloire au Père, cause des causes,
Gloire au Fils, à l'Esprit divin ;
Et telle qu'avant toutes choses,
Telle soit-elle encor sans fin.

Ant. C'est sous votre protection que nous nous réfugions, sainte Mère de Dieu : ne dédaignez pas nos prières dans les besoins où nous sommes, mais délivrez-nous en tout temps de tous périls, Vierge glorieuse et bénie.

Seigneur, ayez pitié de nous. Jésus-Christ, ayez pitié de nous. Seigneur, ayez pitié de nous.

℣. Seigneur, écoutez ma prière.

℟. Et que mes clameurs aillent jusqu'à vous.

ORAISON.

Nous vous supplions, Seigneur, que la glorieuse intercession de la bienheureuse Marie toujours Vierge nous protége, et nous conduise à la vie éternelle. Par Jésus-Christ notre Seigneur votre fils, qui étant Dieu comme vous, vit et règne avec vous en l'unité du Saint-Esprit dans tous les siècles des siècles.

℟. Ainsi soit-il.

℣. Seigneur, écoutez ma prière.

℟. Et que mes clameurs aillent jusqu'à vous.

℣. Bénissons le Seigneur.

℟. Rendons graces à Dieu.

unitate Spiritus Sancti Deus, per omnia sæcula sæculorum.

℟. Amen.

℣. Domine, exaudi orationem meam.

℟. Et clamor meus ad te veniat.

℣. Benedicamus Domino.

℟. Deo gratias.

BENEDICTIO.

Benedicat et custodiat nos omnipotens et misericors Dominus, Pater, et Filius, et Spiritus Sanctus.

℟. Amen.

LES
SEPT PSAUMES
PÉNITENTIAUX.

SEPTEM PSALMI
PŒNITENTIALES.

Antienne. Ne reminiscaris.

PSALMUS 6.

Seigneur, ne me reprenez point en votre fureur, et ne me corrigez point en votre colère.

Prenez pitié de moi, Seigneur, dans l'infirmité où je suis : guérissez-moi d'un mal qui a ébranlé tous mes os.

Mon ame en est toute troublée : mais vous, Seigneur, jusques à quand me délaisserez-vous ?

Seigneur, tournez les yeux sur moi, et délivrez mon ame : rendez-moi la santé par votre miséricorde.

Vous savez que parmi les morts aucun ne se souvient

Domine, ne in furore tuo arguas me, neque in ira tua corripias me.

Miserere mei, Domine, quoniam infirmus sum : sana me, Domine, quoniam conturbata sunt ossa mea.

Et anima mea turbata est valde : sed tu, Domine, usquequo ?

Convertere, Domine, et eripe animam meam : salvum me fac propter misericordiam tuam.

Quoniam non est in morte qui memor sit

LES SEPT PSAUMES
PÉNITENTIAUX.

ANTIENNE. Ne vous ressouvenez point.

PSAUME 6.

Je l'avouerai, Seigneur, votre juste colère
Ne peut avoir pour moi trop de sévérité :
    Mais ne me corrigez qu'en père,
    Et non pas en maître irrité.

Avec compassion regardez ma foiblesse :
Je souffre sans relâche et languis sans repos.
    Guérissez-moi, le mal me presse,
    Et passe jusque dans mes os.

Mon ame en est troublée, et ne sait plus qu'attendre,
Tant chaque jour l'accable et de crainte et d'horreur.
    Jusques où voulez-vous étendre
    Les marques de votre fureur ?

Détournez-en le cours qui sur moi se déborde ;
Du torrent qui bondit venez me préserver :
    C'est à votre miséricorde
    Qu'il appartient de me sauver.

L'empire de la mort sous qui mon corps succombe
Nous laisse-t-il de vous le moindre souvenir ?

de vous : et dans l'enfer qui chantera vos louanges ?

Je me suis tourmenté jusqu'ici à gémir : je ferai plus, je laverai mon lit toutes les nuits, et arroserai ma couche de mes larmes.

Mon œil en a été troublé de fureur : et j'en suis envieilli à la vue de tous mes ennemis.

Retirez-vous de moi, vous tous qui ne faites que des œuvres d'iniquité ; et sachez que le Seigneur a exaucé la voix de mes pleurs.

Oui, sachez que le Seigneur a exaucé ma prière, et qu'il a bien reçu mon oraison.

Que mes ennemis rougissent de honte et se troublent ; qu'ils rougissent, et tournent le dos avec la dernière promptitude.

Gloire soit au Père, etc.

tui : in inferno autem quis confitebitur tibi?

Laboravi in gemitu meo : lavabo per singulas noctes lectum meum, lacrymis meis stratum meum rigabo.

Turbatus est a furore oculus meus : inveteravi inter omnes inimicos meos.

Discedite a me omnes qui operamini iniquitatem : quoniam exaudivit Dominus vocem fletus mei.

Exaudivit Dominus deprecationem meam; Dominus orationem meam suscepit.

Erubescant, et conturbentur vehementer omnes inimici mei : convertantur et erubescant valde velociter.

Gloria Patri, etc.

Et le silence de la tombe
Nous apprend-il à vous bénir?

Abattu de tristesse et travaillé d'alarmes,
Soupirer et gémir, c'est tout ce que je puis;
    Et baigner mon lit de mes larmes,
    Ce sont mes plus heureuses nuits.

Mon œil épouvanté de toutes parts n'envoie
Que des regards troublés d'un si cuisant malheur;
    Et mes ennemis ont la joie
    De me voir blanchir de douleur.

Sortez d'auprès de moi, noirs ouvriers du crime,
Qu'on voyoit si ravis de me voir aux abois!
    Du Seigneur la bonté sublime
    Daigne entendre ma triste voix.

Mes larmes ont monté jusque devant sa face,
Il a reçu mes vœux, mes soupirs l'ont touché;
    Mes cris en ont obtenu grace:
    Il n'a plus d'yeux pour mon péché.

Allez, qu'à votre tour la misère vous trouble;
Rougissez tous de honte en cette occasion;
    Et que chaque moment redouble
    Cette prompte confusion.

Gloire au Père éternel, la première des causes,
Gloire au Verbe incarné, gloire à l'Esprit divin;
    Et telle qu'avant toutes choses,
    Telle soit-elle encor sans fin.

PSALMUS 31.

Bienheureux sont ceux à qui leurs iniquités sont remises, et ceux de qui les péchés sont couverts.

Bienheureux celui à qui Dieu n'a point imputé de péché, et dans l'esprit duquel il ne se trouve aucune fraude.

Parceque j'ai voulu taire mon péché, mes os se sont envieillis, et mes maux m'ont fait crier toute la journée.

Car votre main s'est appesantie sur moi jour et nuit, et ma misère ne m'a converti que quand ses épines m'ont percé.

Alors je vous ai fait connoître mon péché, et j'ai cessé de cacher mon injustice.

J'ai dit hautement : Je confesserai mon injustice au Seigneur contre moi : et vous m'avez pardonné aussitôt l'inhumanité de mon crime.

C'est sur cet exemple que

Beati quorum remissæ sunt iniquitates : et quorum tecta sunt peccata.

Beatus vir cui non imputavit Dominus peccatum, nec est in spiritu ejus dolus.

Quoniam tacui, inveteraverunt ossa mea, dum clamarem tota die.

Quoniam die ac nocte gravata est super me manus tua : conversus sum in ærumna mea, dum configitur spina.

Delictum meum cognitum tibi feci : et injustitiam meam non abscondi.

Dixi : Confitebor adversum me injustitiam meam Domino : et tu remisisti impietatem peccati mei.

Pro hac orabit ad te

PSAUME 31.

Heureux sont les mortels dont les saints artifices
Ont lavé les péchés par des pleurs assidus,
Et par le rude choix de leurs justes supplices
Les ont si bien couverts que Dieu ne les voit plus.

Plus heureux l'homme encor dont l'innocente vie
N'a rien que Dieu lui veuille imputer à forfait,
L'homme en qui jamais fourbe et jamais calomnie
N'infecte ce qu'il dit, n'empeste ce qu'il fait.

Mon crime s'est longtemps caché sous le silence,
Mes maux en sont accrus, mon visage envieilli ;
Et les cris que m'arrache enfin leur violence
Sont le fruit douloureux que j'en ai recueilli.

Mon ame en a senti ta main appesantie
Sous leur fardeau secret m'accabler nuit et jour ;
Mon corps en a senti sa vigueur amortie,
Et l'angoisse a plus fait sur moi que ton amour.

C'est elle qui me force à ne te plus rien taire :
Je veux t'avouer tout, Seigneur, et hautement ;
Me dire un assassin, un traître, un adultère,
En accepter la honte, aimer le châtiment.

En vain, mon ame, en vain cet aveu t'effarouche ;
Il faut servir à Dieu de témoin contre nous.
Vois que ces mots à peine ont sorti de ma bouche,
Qu'ils m'ont rendu sa grace et fléchi son courroux.

C'est comme en doit user une ame qui n'aspire

tout homme saint vous adressera ses prières, tandis que le temps y est propre.

Et dans les déluges des grandes eaux, elles n'approcheront point de lui.

Vous êtes mon refuge dans la tribulation qui m'a environné : délivrez-moi de celles qui m'environnent, vous qui êtes ma joie.

Je te donnerai de l'intelligence, je t'instruirai dans la voie où tu marcheras : je tiendrai fermement les yeux sur toi.

Ne devenez pas semblables au cheval et au mulet, qui n'ont aucun entendement.

Seigneur, serrez avec le mors et la bride les mâchoires de ceux qui leur ressemblent, et qui ne veulent point approcher de vous pour vous obéir.

Les fléaux du pécheur sont en grand nombre, mais la miséricorde environnera celui qui espère au Seigneur.

omnis sanctus, in tempore opportuno.

Verumtamen in diluvio aquarum multarum, ad eum non approximabunt.

Tu es refugium meum a tribulatione quæ circumdedit me : exultatio mea, erue me a circumdantibus me.

Intellectum tibi dabo, et instruam te in via hac qua gradieris : firmabo super te oculos meos.

Nolite fieri sicut equus et mulus, quibus non est intellectus.

In camo et freno maxillas eorum constringe, qui non approximant ad te.

Multa flagella peccatoris, sperantem autem in Domino misericordia circumdabit.

Qu'à rentrer au vrai calme où met la sainteté :
Il faut qu'elle s'accuse, il faut qu'elle soupire,
Tandis qu'elle a le temps d'implorer sa bonté.

Que la fureur des eaux par un nouveau déluge
Sur les plus hauts rochers ose encor s'élever :
Quand l'homme t'a choisi, Seigneur, pour son refuge,
Ces eaux jusques à lui ne sauroient arriver.

J'ai mis en toi le mien, contre l'affreux ravage
Des tribulations où tu m'as vu plongé ;
J'ai mis en toi ma joie : achève, et me dégage
De toutes les fureurs dont je suis assiégé.

Oui, je te donnerai, me dis-tu, la prudence,
Pour servir à tes pas de règle et de flambeau ;
Je t'instruirai moi-même en ma haute science,
Et j'aurai l'œil sur toi jusque dans le tombeau.

Vous donc, si vous voulez éviter les tempêtes
Que son juste courroux roule à chaque moment,
Mortels, ne soyez pas semblables à des bêtes
Qui manquent de raison et de discernement.

Domptez avec le mors, domptez avec la bride
Ces esprits durs et fiers, ces naturels brutaux,
Qui refusent, Seigneur, de vous prendre pour guide :
Hommes, mais après tout, moins hommes que chevaux.

Il est mille fléaux pour le pécheur rebelle
Qui ne veut suivre ici que son propre vouloir ;
Mais la miséricorde est un rempart fidèle
Pour quiconque à vous seul attache son espoir.

Justes, réjouissez-vous au Seigneur; et que tous ceux qui ont le cœur droit se glorifient en lui.

Gloire soit au Père, et au Fils, et au Saint-Esprit.

Telle qu'elle a été au commencement, etc.

Lætamini, justi, in Domino : et gloriamini, omnes recti corde.

Gloria Patri, et Filio, et Spiritui Sancto.

Sicut erat, etc.

PSALMUS 37.

Seigneur, ne me reprenez point en votre fureur, et ne me châtiez point en votre colère.

Vos flèches se sont enfoncées en mon corps, et vous avez affermi votre main sur moi.

Il n'y a rien de sain en ma chair à la vue de votre colère : il n'y a aucune paix en mes os à la vue de mes péchés.

Le comble de mes iniquités s'est élevé au-dessus de ma tête, et comme un fardeau très lourd elles se sont appesanties sur moi.

J'ai été assez fou pour négliger mes plaies, et la pour-

Domine, ne in furore tuo arguas me ; neque in ira tua corripias me.

Quoniam sagittæ tuæ infixa sunt mihi : et confirmasti super me manum tuam.

Non est sanitas in carne mea a facie iræ tuæ : non est pax ossibus meis a facie peccatorum meorum.

Quoniam iniquitates meæ supergressæ sunt caput meum : et sicut onus grave gravatæ sunt super me.

Putruerunt et corruptæ sunt cicatrices

Faites-en éclater une pleine allégresse,
Justes, sans crainte aucune ou de trouble, ou d'ennui :
Et vous, cœurs purs et droits, glorifiez sans cesse
L'auteur de votre joie, et vous-mêmes en lui.

Gloire au Père éternel, la première des causes,
Gloire au Verbe incarné, gloire à l'Esprit divin ;
Et telle qu'elle étoit avant toutes les choses,
Telle soit-elle encor maintenant et sans fin.

PSAUME 37.

Seigneur, quand tu voudras convaincre ma foiblesse,
Mets à part la fureur de tes ressentiments,
Et ne consulte point ton ire vengeresse
    Sur le choix de mes châtiments.

Les flèches que sur moi ton bras a décochées
De leurs pointes d'acier hérissent tout mon cœur,
Et ta main enfonçant leurs atteintes cachées
    S'est affermie en sa rigueur.

Je ne vois sur ma chair que blessures mortelles,
Qu'ulcères qu'à toute heure ouvrent de nouveaux traits :
Mes crimes ont pour moi des pointes éternelles
    Qui de mes os chassent la paix.

Ces crimes entassés élèvent sur ma tête
Des eaux de ta colère un fier débordement ;
Et d'un fardeau si lourd la pesanteur m'apprête
    Un long et triste accablement.

Ma folie a longtemps négligé ma blessure ;
Elle en a vu sans soin la plaie et les tumeurs,

riture et la corruption se sont mises dans leurs cicatrices.

J'en suis devenu misérable et tout courbé, et tout le long du jour je ne marche qu'avec un accablement de tristesse.

Mes reins se sont remplis d'illusions, et il n'y a rien de sain en ma chair.

J'ai été affligé et abattu jusqu'à l'excès, et les gémissements de mon cœur ont ressemblé à des rugissements.

Seigneur, tout mon desir est exposé à votre vue, et mon gémissement ne vous a point été caché.

Mon cœur n'est que trouble, ma vertu m'a abandonné; et la lumière même de mes yeux n'est pas avec moi.

Mes amis et mes proches ne se sont approchés de moi que pour me nuire, ou du moins ils se sont arrêtés à me regarder sans me secourir.

Ceux qui étoient le plus

meæ, a facie insipientiæ meæ.

Miser factus sum et curvatus sum usque in finem : tota die contristatus ingrediebar.

Quoniam lumbi mei impleti sunt illusionibus : et non est sanitas in carne mea.

Afflictus sum et humiliatus sum nimis : rugiebam a gemitu cordis meis.

Domine, ante te omne desiderium meum : et gemitus meus a te non est absconditus.

Cor meum conturbatum est dereliquit me virtus mea : et lumen oculorum meorum et ipsum non est mecum.

Amici mei et proximi mei, adversum me appropinquaverunt, et steterunt.

Et qui juxta me erant,

Et voit honteusement tourner en pourriture
    La corruption des humeurs.

La misère m'accable et la douleur me presse;
J'en marche tout courbé, j'en vis tout abattu;
Et partout où je vais, l'excès de ma tristesse
    M'y traîne foible et sans vertu.

Ce n'est qu'illusion que l'éclat de ma vie,
Qu'un vieux songe qui flatte, et qu'on rappelle en vain :
Il fait place à l'horreur de cette chair pourrie,
    Et d'un corps qui n'a rien de sain.

Dans ces afflictions et ces gênes cruelles,
Quand je crois ne pousser que des gémissements,
Je sens de nouveaux maux et des rigueurs nouvelles
    Les tourner en rugissements.

Seigneur, jetez les yeux sur ma douleur profonde :
Vous savez mes desirs, vous les connoissez tous;
Et j'ai beau déguiser ces maux à tout le monde,
    Ils n'ont rien de caché pour vous.

Mon cœur est plein de trouble, et ma vigueur entière
M'abandonne et m'expose à des ames sans foi;
Et celui qui servoit à mes yeux de lumière
    Lui-même n'est plus avec moi.

Son exemple a séduit mes amis et mes proches;
Ils ont vu ma misère, et s'en sont écartés;
Et ces lâches esprits reviennent aux approches,
    Sous l'étendard des révoltés.

Les plus attachés même à chercher ma présence

près de ma personne s'en sont éloignés, tandis que ceux qui cherchoient à m'ôter la vie s'y portoient avec la dernière violence.

Et ceux qui cherchoient à me procurer toutes sortes de maux n'avoient en la bouche que des mensonges, et ne pensoient tout le jour qu'à des tromperies.

Quant à moi, je ne les écoutois non plus que si j'eusse été sourd, et n'ouvrois non plus la bouche que si j'eusse été muet.

Et je suis devenu comme un homme qui n'entend point, et qui n'a point de quoi repartir.

Mais vous m'avez vu alors espérer en vous; et à cause de cela, Seigneur, mon Dieu, vous m'exaucerez.

Je vous ai prié d'empêcher que mes ennemis ne se réjouissent de mes misères, eux qui se glorifient si hautement, dès qu'ils voient que mes pieds chancellent.

Je suis préparé à souffrir toute sorte de fléaux, et la douleur que j'ai méritée pour punition est toujours devant mes yeux.

de longe steterunt : et vim faciebant qui quærebant animam meam.

Et qui inquirebant mala mihi locuti sunt vanitates : et dolos tota die meditabantur.

Ego autem tanquam surdus non audiebam : et sicut mutus non aperiens os suum.

Et factus sum sicut homo non audiens, et non habens in ore suo redargutiones.

Quoniam in te, Domine, speravi : tu exaudies me, Domine, Deus meus.

Quia dixi, Nequando supergaudeant mihi inimici mei : et dum commoventur pedes mei, super me magna locuti sunt.

Quoniam ego in flagella paratus sum : et dolor meus in conspectu meo semper.

M'ont regardé de loin sans m'offrir de secours,
Et laissé sans obstacle agir la violence
   Qui cherchoit à trancher mes jours.

De ceux qui m'ont haï les langues mensongères
Par des contes en l'air chaque jour m'ont noirci;
Et leurs fourbes sans cesse ont forgé des chimères
   Par qui mon nom fut obscurci.

J'ai fait la sourde oreille, et refusé d'entendre
Ce que de l'imposture osoit l'indigne cours;
Et ma bouche muette a dédaigné de rendre
   Réponse aucune à leurs discours.

J'ai mieux aimé passer pour un homme incapable
Et de rien écouter, et de rien démentir;
Ou plutôt pour un homme, ou stupide, ou coupable,
   Qui n'a point de quoi repartir.

Vous répondrez pour moi, Seigneur, et je l'espère,
Moi qui n'ai jamais eu d'espérance qu'en vous :
Vous saurez, et bientôt, exaucer la prière
   Que je vous en fais à genoux.

Vous ne permettrez point qu'une pleine victoire
Mette au-dessus de moi ces esprits insolents,
Eux qui n'ont déja pris que trop de vaine gloire
   D'avoir vu mes pas chancelants.

S'il faut souffrir encore un coup de fouet plus rude,
Je suis prêt, déployez votre sévérité :
Ma peine est au-dessous de mon ingratitude,
   Et mon crime a tout mérité.

J'avouerai à tout le monde mon injustice, et mon péché occupera toujours ma pensée.

Cependant mes ennemis vivent, et s'affermissent incessamment contre moi; et le nombre de ceux qui me haïssent s'est multiplié de jour en jour.

Ceux qui rendent le mal pour le bien médisoient de moi, parceque je n'avois que de la bonté.

Seigneur mon Dieu, ne me délaissez pas; ne partez point d'auprès de moi.

Venez promptement à mon secours; vous, Seigneur, qui êtes le Dieu de mon salut.

Gloire soit au Père, au Fils, et au Saint-Esprit.

Telle qu'elle a été au commencement, etc.

Quoniam iniquitatem meam annuntiabo : et cogitabo pro peccato meo.

Inimici autem mei vivunt, et confirmati sunt super me : et multiplicati sunt qui oderunt me inique.

Qui retribuunt mala pro bonis detrahebant mihi, quoniam sequebar bonitatem.

Ne derelinquas me, Domine, Deus meus : ne discesseris a me.

Intende in adjutorium meum, Domine, Deus salutis meæ.

Gloria Patri, et Filio, et Spiritui Sancto.

Sicut erat, etc.

PSALMUS 50.

Mon Dieu, ayez pitié de

Miserere mei, Deus,

Je l'avouerai tout haut pour rendre mieux connue
L'infame énormité de tout ce que j'ai fait ;
J'y pense nuit et jour, et n'ai devant la vue
  Que l'image de mon forfait.

Mais faut-il cependant que mes ennemis vivent
Avec tant d'avantage affermis contre moi,
Et que le nombre accru de ceux qui me poursuivent
  A jamais me fasse la loi ?

Vous voyez à quel point enflent leur médisance
Ceux dont l'injuste aigreur rend le mal pour le bien ;
A quel point ma bonté réduite à l'impuissance
  Les porte à ne douter de rien.

Ne m'abandonnez pas à toute ma disgrace ;
Autre que vous, Seigneur, ne peut me relever :
Ne vous éloignez pas que ce torrent ne passe,
  Vous qui seul m'en pouvez sauver.

Venez, venez, mon Dieu, venez tôt à mon aide
Contre tant de malheurs qui m'ont choisi pour but ;
Vous qui de tous mes maux êtes le seul remède,
  Et l'espoir seul de mon salut.

Gloire au Père éternel, la première des causes,
Gloire au Verbe incarné, gloire à l'Esprit divin ;
Et telle qu'elle étoit avant toutes les choses,
  Telle soit-elle encor sans fin.

PSAUME 50.

Prenez pitié de moi, Seigneur,

moi, selon la grandeur de votre miséricorde ;

Et selon la multitude de vos commisérations, effacez mon iniquité.

Lavez de plus en plus la tache de cette iniquité, et nettoyez-moi de mon crime.

J'ai connu la grandeur de mon offense, et mon péché est sans cesse contre moi.

J'ai péché contre vous seul, j'ai fait de méchantes actions en votre présence ; et je l'avoue afin que vous soyez justifié en vos paroles, et que vous triomphiez en vos jugements.

J'ai été formé dans les iniquités, et c'est en péché que ma mère m'a conçu.

Mais vous avez toujours aimé que l'on avouàt la vérité, et je suis d'autant plus coupable que vous m'avez révélé les secrets de votre sagesse sur les choses qui paroissent les plus incertaines, et qui sont les plus cachées.

secundum magnam misericordiam tuam :

Et secundum multitudinem miserationum tuarum, dele iniquitatem meam.

Amplius lava me ab iniquitate mea ; et a peccato meo munda me.

Quoniam iniquitatem meam ego cognosco : et peccatum meum contra me est semper.

Tibi soli peccavi, et malum coram te feci : ut justificeris in sermonibus tuis, et vincas cum judicaris.

Ecce enim in iniquitatibus conceptus sum : et in peccatis concepit me mater mea.

Ecce enim veritatem dilexisti : incerta et occulta sapientiæ tuæ manifestasti mihi.

Suivant ce qu'a d'excès votre miséricorde :
Souffrez qu'en ma faveur son torrent se déborde,
   Et désarme votre rigueur.

   Au lieu de ces punitions
Que doit votre justice à mon ingratitude,
Jetez sur mon péché toute la multitude
   De vos saintes compassions.

   Daignez de plus en plus laver
De mes iniquités les infames souillures :
Vous avez commencé de guérir mes blessures,
   Hâtez-vous, Seigneur, d'achever.

   Je ne me trouve en aucuns lieux,
Où d'un si noir forfait l'image ne me tue :
Et, de quelque côté que je porte la vue,
   Elle frappe aussitôt mes yeux.

   Je n'ai péché que contre vous ;
Mais aussi j'ai péché, Seigneur, à votre face :
Ainsi vous serez juste, et si vous faites grace,
   Et si vous jugez en courroux.

   Que puis-je après tout que pécher,
Si c'est par le péché que j'ai vu la lumière ?
Et si c'est en péché que m'a conçu ma mère,
   Par où puis-je m'en détacher ?

   C'est par cette seule bonté
Qui tire du pécheur l'aveu de sa foiblesse,
Et qui m'a révélé ce que votre sagesse
   A de plus sainte obscurité.

Vous m'arroserez avec de l'hysope, et je serai nettoyé; vous me laverez, et je deviendrai plus blanc que la neige.

Vous me ferez entendre des paroles qui me combleront de joie, et cette joie pénétrera jusque dans mes os, que vous avez humiliés.

Détournez vos yeux de mes offenses, et effacez toutes mes iniquités.

Créez en moi un cœur net et pur, et renouvelez en mes entrailles un esprit droit.

Ne me rejetez point de devant vos yeux, et ne retirez point de moi votre Saint-Esprit.

Rendez-moi la joie de votre salutaire, et donnez-moi un esprit principal qui me fortifie.

J'enseignerai vos voies aux méchants, et les impies se convertiront à vous.

Asperges me hyssopo, et mundabor : lavabis me, et super nivem dealbabor.

Auditui meo dabis gaudium et lætitiam : et exultabunt ossa humiliata.

Averte faciem tuam a peccatis meis : et omnes iniquitates meas dele.

Cor mundum crea in me, Deus : et spiritum rectum innova in visceribus meis.

Ne projicias me a facie tua : et Spiritum Sanctum tuum ne auferas a me.

Redde mihi lætitiam salutaris tui : et spiritu principali confirma me.

Docebo iniquos vias tuas : et impii ad te convertentur.

PÉNITENTIAUX.

    Jusqu'en mon sein faites couler
Ces eaux qui de blanchir ont le grand privilége :
Quand j'en serai lavé, la blancheur de la neige
    N'aura point de quoi m'égaler.

    Parlez, et me faites ouïr
De si justes sujets de véritable joie,
Que jusque dans mes os mon oreille renvoie
    De quoi toujours se réjouir.

    Mais pour cela, Seigneur, il faut
Détourner vos regards de mes fautes passées,
En rendre au dernier point les taches effacées,
    En purger le moindre défaut.

    Ce n'est pas tout : il faut en moi
Créer un cœur si pur, qu'il tienne l'ame pure ;
Renoulever en moi cet esprit de droiture
    Qui n'agit que sous votre loi.

    Lorsque vous m'aurez pardonné,
Ne me rejetez plus de devant votre face,
Et ne retirez pas l'esprit de votre grace
    Après me l'avoir redonné.

    Rendez-moi ce divin transport
Où s'élevoit ma joie en votre salutaire,
Cet esprit tout de feu qui s'efforce à vous plaire,
    Et dont vous bénissez l'effort.

    J'enseignerai ces vérités
Qui ramènent l'injuste à suivre la justice ;
Et je veux qu'à son tour mon exemple guérisse
    Ceux que mon exemple a gâtés.

O Dieu, ô Dieu de mon salut, préservez-moi de répandre davantage de sang, et ma langue publiera votre justice avec grande joie.

Seigneur, vous ouvrirez mes lèvres, et ma bouche annoncera votre louange.

Si vous eussiez voulu des sacrifices, je vous en eusse offert; mais je sais que les holocaustes ne vous plaisent pas assez pour apaiser tout votre courroux.

Un esprit affligé d'avoir failli est le sacrifice que Dieu demande : mon Dieu, vous ne mépriserez pas un cœur contrit et humilié.

Seigneur, répandez les graces de votre bienveillance sur Sion, afin que les murs de Jérusalem se bâtissent.

Vous accepterez alors un sacrifice de justice, et les offrandes et les holocaustes : alors on chargera vos autels de veaux immolés.

Gloire soit au Père, et au Fils, et au Saint-Esprit.

Telle qu'elle, etc.

Libera me de sanguinibus, Deus, Deus salutis meæ : et exultabit lingua mea justitiam tuam.

Domine, labia mea aperies : et os meum annuntiabit laudem tuam.

Quoniam si voluisses sacrificium, dedissem utique : holocaustis non delectaberis.

Sacrificium Deo spiritus contribulatus : cor contritum et humiliatum, Deus, non despicies.

Benigne fac, Domine, in bona voluntate tua Sion : ut ædificentur muri Jerusalem.

Tunc acceptabis sacrificium justitiæ, oblationes, et holocausta : tunc imponent super altare tuum vitulos.

Gloria Patri, et Filio, et Spiritui, etc.

Sicut erat, etc.

Surtout préservez-moi, Seigneur,
De plus faire verser le sang de l'innocence ;
Et je dirai partout quelle est votre clémence
A justifier un pécheur.

Ouvrez mes lèvres, ô mon Dieu,
Que je puisse mêler ma voix aux voix des anges ;
Et je ferai comme eux de vos saintes louanges
Mon plus doux objet en tout lieu.

Sur des autels fumants pour vous,
Si vous l'aviez voulu, j'aurois mis des victimes :
Mais l'holocauste enfin n'efface pas tous crimes,
N'éteint pas tout votre courroux.

Le sacrifice qui vous plaît,
C'est un esprit touché, des yeux fondus en larmes :
Le cœur humble et contrit vous arrache les armes,
Vous fait révoquer votre arrêt.

Que mes crimes n'empêchent pas
Que pour votre Sion votre bonté n'éclate ;
Relevez-en les murs s'il faut qu'on les abatte,
Protégez-la dans les combats.

Vous daignerez lors accepter
Des taureaux immolés le juste sacrifice,
Et l'holocauste offert à votre amour propice
Ne s'en verra point rebuter.

Gloire aux Trois, dont l'être est divin ;
Gloire soit en tous lieux à leur unique essence ;
Et telle qu'elle étoit lorsque tout prit naissance,
Telle soit-elle encor sans fin.

PSALMUS 101.

Seigneur, exaucez ma prière, et que mes clameurs aillent jusqu'à vous.

Ne détournez point vos yeux de dessus moi; et, en quelque jour que je tombe dans la tribulation, penchez vers moi votre oreille.

En quelque jour que je vous invoque, hâtez-vous de m'exaucer.

Car mes jours se sont évanouis comme la fumée, et mes os se sont desséchés comme un foyer.

Mon cœur est devenu aussi aride que le foin battu du soleil, parceque je me suis oublié de manger mon pain.

A force de crier et de gémir, mes os se sont attachés à ma chair.

Je suis devenu semblable

Domine, exaudi orationem meam : et clamor meus ad te veniat.

Non avertas faciem tuam a me : in quacumque die tribulor, inclina ad me aurem tuam.

In quacumque die invocavero te, velociter exaudi me.

Quia defecerunt sicut fumus dies mei : et ossa mea sicut cremium aruerunt.

Percussus sum ut fœnum, et aruit cor meum : quia oblitus sum comedere panem meum.

A voce gemitus mei, adhæsit os meum carni meæ.

Similis factus sum pe-

PSAUME 101.

Seigneur, écoutez ma prière,
Laissez-lui désarmer votre juste courroux,
Et permettez aux cris que pousse ma misère
De pénétrer le ciel pour aller jusqu'à vous.

Ne détournez plus votre face
Des mortelles douleurs qui m'ont percé le sein ;
Et dès leur premier coup, dès leur moindre menace,
Penchez vers moi l'oreille, et retirez la main.

A quelque heure que ma souffrance
Implore votre appui, réclame votre nom,
Ne regardez mes fers que pour ma délivrance,
Ne regardez mes maux que pour leur guérison.

Mes jours ne sont que la fumée
D'un tronc que vos fureurs viennent de foudroyer ;
Ils vont s'évanouir, et ma chair consumée
Couvre à peine des os aussi secs qu'un foyer.

Le foin sur qui le soleil frappe
A moins d'aridité que le fond de mon cœur ;
Ma languissante vie à toute heure m'échappe,
Et, faute de manger, je nourris ma langueur.

En vain je pleure et me tourmente,
Ce n'est que me hâter de courir au tombeau ;
A force de gémir mon supplice s'augmente,
Et mes os décharnés s'attachent à ma peau.

Le pélican est moins sauvage

au pélican de la solitude, et au hibou qui fait sa demeure dans les trous d'un vieux bâtiment.

J'ai veillé durant les nuits, et me suis fait comme un passereau solitaire qui ne sort point de son toit.

Mes ennemis me faisoient des reproches tout le long du jour; et ceux même qui me louoient le plus leur prêtoient serment contre moi ;

Parceque je mangeois de la cendre comme si cela eût été du pain, et que je mêlois des larmes avec mon breuvage.

J'étois réduit à cette extrémité par votre colère et par votre indignation, d'autant qu'après m'avoir élevé vous m'avez écrasé par la chute.

Mes jours ont décliné comme l'ombre, et je suis devenu sec comme du foin.

Mais quant à vous, Seigneur, vous demeurez éternellement ; et la mémoire que vous avez de vos promesses passe de génération en génération.

licano solitudinis : factus sum sicut nicticorax in domicilio.

Vigilavi, et factus sum sicut passer solitarius in tecto.

Tota die exprobrabant mihi inimici mei : et qui laudabant me, adversum me jurabant :

Quia cinerem tanquam panem manducabam, et potum meum cum fletu miscebam.

A facie iræ et indignationis tuæ : quia elevans allisisti me.

Dies mei sicut umbra declinaverunt : et ego sicut fœnum arui.

Tu autem, Domine, in æternum permanes : et memoriale tuum in generationem et generationem.

PÉNITENTIAUX.

Au fond de son désert que moi dedans ma cour ;
Et, comme si le jour me faisoit un outrage,
Je fuis comme un hibou les hommes et le jour.

    Tel qu'un passereau solitaire,
J'ai peine à supporter mon ombre qui me suit ;
Et tout le long du jour si je ne puis me taire,
Je repose encor moins tout le long de la nuit.

    Mais ce qui plus enfin me touche,
C'est que mes ennemis déclament contre moi,
Et que ceux qui n'avoient que ma gloire à la bouche
Conspirent avec eux pour me faire la loi.

    Tandis qu'ils apprêtent leurs armes,
La cendre en mes repas se mêle avec mon pain ;
Et comme mon breuvage est trempé de mes larmes,
L'amertume rebute et ma soif et ma faim.

    Votre colère est légitime ;
Vos bontés m'ont fait roi, j'en ai trop abusé :
Mais ne m'éleviez-vous qu'à dessein que mon crime
Me fît choir de si haut que j'en fusse écrasé ?

    L'ombre, plus elle devient grande,
Se perd d'autant plutôt dans celle de la nuit :
C'est là de mes grandeurs ce qu'il faut que j'attende ;
Mon crime est leur ouvrage, et ma perte est leur fruit.

    Vous êtes seul que rien n'efface,
Toute une éternité ne change rien en vous ;
Et vous vous souviendrez, Seigneur, de race en race,
Que vous nous devez grace après tant de courroux.

Vous prendrez pitié de Sion quand vous vous lèverez, parceque le temps d'en avoir compassion est arrivé.

Vous savez que ses pierres, toutes brisées qu'elles sont, plaisent encore à vos serviteurs ; et qu'ils ne regardent son terroir désolé que d'un œil de compassion.

Seigneur, les nations craindront votre nom, et tous les rois de la terre trembleront à l'aspect de votre gloire;

Lorsque vous aurez rétabli Sion, et que vous vous y serez fait voir dans cette gloire qui les fera trembler.

On dira que vous aurez tourné vos regards sur l'oraison des humbles, et que vous n'aurez pas méprisé leur prière.

Que toutes ces choses soient écrites à la race suivante ; et le peuple qui sera créé en louera le Seigneur.

Que l'histoire dise qu'il a regardé du plus haut de son lieu saint, et qu'il a jeté les yeux du ciel en terre,

Tu exurgens misereberis Sion : quia tempus miserendi ejus, quia venit tempus.

Quoniam placuerunt servis tuis lapides ejus : et terræ ejus miserebuntur.

Et timebunt gentes nomen tuum, Domine : et omnes reges terræ gloriam tuam :

Quia ædificavit Dominus Sion : et videbitur in gloria sua.

Respexit in orationem humilium : et non sprevit precem eorum.

Scribantur hæc in generatione altera : et populus qui creabitur laudabit Dominum.

Quia prospexit de excelso sancto suo : Dominus de cœlo in terram aspexit :

Votre serment nous l'a promise,
Hâtez-vous par pitié de secourir Sion :
Seigneur, il en est temps, le mal est à sa crise;
Il est temps d'exercer votre compassion.

De ces murailles fracassées
Le débris est si cher à vos vrais serviteurs,
Que sa poussière allume en leurs ames blessées
L'ardeur d'en voir les maux tourner sur leurs auteurs.

Par tous les climats de la terre
Les peuples aussitôt trembleroient sous vos lois,
Et ce coup merveilleux serviroit de tonnerre
A jeter l'épouvante au cœur des plus grands rois.

Ce qu'ils ont refusé de croire,
Ils le verroient alors, et diroient hautement :
Le Seigneur dans Sion a rétabli sa gloire,
Et rebâti ses murs jusqu'à leur fondement.

Nous leur dirions pour repartie :
C'est ainsi que de l'humble il écoute les cris,
Et que, jetant les yeux sur l'ame convertie,
Il en reçoit l'hommage et les vœux sans mépris.

Qu'à toute la race future
On laisse par écrit qu'il est et juste et bon :
Les peuples qu'après nous produira la nature
Feront dès le berceau l'éloge de son nom.

Surtout que l'histoire leur marque
Comme assis dans son trône il voit de toutes parts,
Et que du haut du ciel ce tout-puissant monarque
Daigne jusque sur terre abaisser ses regards.

Pour écouter les gémissements de ceux qui sont dans les fers, et en délivrer les enfants de ceux qui ont été massacrés pour sa gloire;

Afin qu'ils annoncent en Sion le nom du Seigneur, et sa louange en Jérusalem;

Lorsque les peuples s'uniront ensemble, et que les rois s'assembleront pour servir le Seigneur.

Il a répondu dans la voie de sa vertu au succès qu'il avoit promis : mais cependant déclarez-moi, Seigneur, le peu qui me reste à vivre.

Ne me rappelez point quand je ne suis qu'à la moitié de mes jours, vous dont les années iront de génération en génération.

Seigneur, vous avez affermi les fondements de la terre dès le commencement, et les cieux sont des ouvrages de vos mains.

Ils périront tandis que vous serez permanent et immuable; et toutes choses vieilliront comme un vêtement.

Ut audiret gemitus compeditorum : ut solveret filios interemptorum :

Ut annuntient in Sion nomen Domini : et laudem ejus in Jerusalem :

In conveniendo populos in unum : et reges ut serviant Domino.

Respondit ei in via virtutis suæ : Paucitatem dierum meorum nuntia mihi.

Ne revoces me in dimidio dierum meorum : in generationem et generationem anni tui.

Initio tu, Domine, terram fundasti : et opera manuum tuarum sunt cœli.

Ipsi peribunt, tu autem permanes; et omnes sicut vestimentum veterascent.

C'est de là qu'il entend la plainte,
Que des tristes captifs il descend au secours,
Pour retirer des fers la race heureuse et sainte
De ceux qui pour sa gloire ont prodigué leurs jours.

Il veut qu'après leur esclavage
Ils courent annoncer cette gloire en tous lieux,
Et qu'en Jérusalem un plus entier hommage
Le respecte, l'exalte, et le connoisse mieux.

Leurs ames de ses biens comblées
A de sacrés transports se laisseront ravir ;
Les peuples en son nom feront des assemblées,
Et les rois s'uniront exprès pour le servir.

Mais, cependant que je m'emporte
A prévoir les chemins que tiendra sa vertu,
Dis-moi ce qui me reste à vivre de la sorte,
Et combien doit languir mon esprit abattu.

Ne borne point sitôt ma course,
Recule encore un peu le dernier de mes jours :
Les tiens ont de la vie une immortelle source,
Tu peux m'en faire part sans qu'ils en soient plus courts.

Au moment que tout prit naissance,
Tu préparas la terre en faveur des humains ;
Et ces vastes miroirs de ta toute-puissance,
Les cieux, furent, Seigneur, l'ouvrage de tes mains.

Tandis que tu vivras sans cesse,
Ils céderont au feu qui les doit embraser ;
Comme ce qui respire ils auront leur vieillesse,
Et comme un vêtement on les verra s'user.

Vous les changerez comme une couverture, et ils changeront de forme à votre choix : mais quant à vous, vous demeurez toujours le même, et vos années ne finiront point.

Les enfants de vos serviteurs habiteront en Jérusalem, et leur race sera éternellement conduite par vous.

Gloire soit au Père, et au Fils, etc.

Et sicut opertorium mutabis eos, et mutabuntur : tu autem idem ipse es, et anni tui non deficient.

Filii servorum tuorum habitabunt : et semen eorum in sæculum dirigetur.

Gloria Patri, et Filio, etc.

PSALMUS 129.

Seigneur, je me suis écrié vers vous des lieux profonds : Seigneur, exaucez mon oraison.

Que vos oreilles se rendent attentives à la voix de ma supplication.

Seigneur, si vous prenez garde à toutes les iniquités, qui osera vous attendre?

Vous avez un fonds inépuisable de clémence; et à cause

De profundis clamavi ad te, Domine : Domine, exaudi vocem meam.

Fiant aures tuæ intendentes, in vocem deprecationis meæ.

Si iniquitates observaveris, Domine; Domine, quis sustinebit?

Quia apud te propitiatio est : et propter

Cette brillante couverture
N'attend que ton vouloir à perdre son éclat :
Toi seul n'es point sujet à changer de nature,
Et tout le cours des ans te voit en même état.

Mais, dans notre peu de durée,
Du moins tes serviteurs revivent en leurs fils;
Ils habitent par eux la terre desirée,
Et passent dans leur race aux siècles infinis.

Gloire au Père, cause des causes,
Gloire au Verbe incarné, gloire à l'Esprit divin;
Et telle qu'elle étoit avant toutes les choses,
Telle soit-elle encor maintenant, et sans fin.

PSAUME 129.

Des abîmes profonds où mon péché me plonge,
  Jusqu'à toi j'ai poussé mes cris :
Tu vois mon repentir, et l'ennui qui me ronge :
Seigneur, ne reçois pas mes vœux avec mépris.

Prête à mes longs soupirs cette oreille attentive
  Qui n'entend point sans secourir;
Jette sur les élans d'une douleur si vive
Cet œil qui ne peut voir de maux sans les guérir.

Pour grands que soient les miens, je le dis à ma honte,
  Seigneur, je les ai mérités :
Mais qui subsistera, si tu demandes compte
De tout l'emportement de nos iniquités?

Auprès de ta justice il est une clémence
  Que souvent tu choisis pour loi;

de votre loi, Seigneur, je vous ai attendu.

Mon ame a attendu le Seigneur sur sa parole : mon ame a espéré au Seigneur.

Depuis la garde du matin jusqu'à la nuit, Israël doit espérer au Seigneur ;

Parcequ'il y a miséricorde chez le Seigneur, et pleine abondance de rédemption.

Et il rachètera lui-même Israël de toutes ses iniquités.

Gloire soit au Père, et au Fils, et au Saint-Esprit.

Telle qu'elle a été au commencement, telle soit-elle maintenant, etc.

legem tuam sustinui te, Domine.

Sustinuit anima mea in verbo ejus : speravit anima mea in Domino.

A custodia matutina usque ad noctem, speret Israël in Domino :

Quia apud Dominum misericordia : et copiosa apud eum redemptio.

Et ipse redimet Israel, ex omnibus iniquitatibus ejus.

Gloria Patri, et Filio, et Spiritui Sancto.

Sicut erat in principio, etc.

PSALMUS 142.

Seigneur, exaucez mon oraison, écoutez ma prière selon la vérité de vos promesses, et m'exaucez selon votre justice.

Domine, exaudi orationem meam : auribus percipe obsecrationem meam in veritate tua : exaudi me in tua justitia.

Elle est inépuisable, et c'est son indulgence
Qui m'a fait jusqu'ici subsister devant toi.

Je me suis soutenu, Seigneur, sur ta parole,
    Dans ce que je n'ai su parer :
Un Dieu n'afflige point qu'ensuite il ne console ;
C'est ce que tes bontés m'ordonnent d'espérer.

Espère ainsi que moi, peuple de la Judée,
    Fils de Jacob, espérez tous ;
Et du matin au soir gardez la sainte idée
D'espérer en sa grace en craignant son courroux.

A sa miséricorde il n'est point de limites,
    Il en a des trésors cachés ;
Et prépare lui-même un excès de mérites
A racheter bientôt l'excès de nos péchés.

Attends donc, Israël, attends avec courage
    L'effet de ce qu'il a promis :
Il paiera ta rançon, rompra ton esclavage,
Et brisera les fers où ton péché t'a mis.

Gloire au Père éternel, la première des causes,
    Gloire au Fils, à l'Esprit divin ;
Et telle qu'elle étoit avant toutes les choses,
Telle soit-elle encor maintenant, et sans fin.

PSAUME 142.

Exauce-moi, Seigneur, suivant ta vérité ;
    Il est temps que ta fureur cesse :
Exerce ta justice à remplir ta promesse,
Où ta justice aura trop de sévérité.

N'entrez point en jugement avec votre serviteur, puisque aucun homme vivant ne peut être justifié devant vous.

Un ennemi a poursuivi mon ame, et a ravalé en terre la gloire de ma vie.

Il m'a réduit à me cacher en des lieux obscurs, comme si j'étois mort au monde : mon esprit en a eu mille anxiétés, et mon cœur s'en est troublé.

En cet état je me suis souvenu des siècles passés, j'ai médité sur tous vos ouvrages, et considéré ce que vos mains ont fait.

J'ai élevé les miennes à vous ; et mon ame a soupiré après vous, comme une terre aride après l'eau.

Hâtez-vous, Seigneur, de m'exaucer ; car la force et l'haleine me manquent.

Ne détournez point votre face de moi, ou je deviendrai semblable à ceux qui descendent dans les cachots sous terre.

Et non intres in judicium cum servo tuo : quia non justificabitur in conspectu tuo omnis vivens.

Quia persecutus est inimicus animam meam : humiliavit in terra vitam meam.

Collocavit me in obscuris, sicut mortuos sæculi : et anxiatus est super me spiritus meus, in me turbatum est cor meum.

Memor fui dierum antiquorum, meditatus sum in omnibus operibus tuis : in factis manuum tuarum meditabar.

Expandi manus meas ad te : anima mea sicut terra sine aqua tibi.

Velociter exaudi me, Domine : defecit spiritus meus.

Non avertas faciem tuam a me : et similis ero descendentibus in lacum.

Ne demande point compte, ou souffre à ta pitié
    Que ce soit elle qui l'entende :
S'il faut qu'à la rigueur chacun de nous le rende,
Qui pourra devant toi se voir justifié?

Ne te suffit-il point qu'un ennemi cruel
    Persécute ma triste vie,
Que l'opprobre en tous lieux me suive et m'humilie,
Que je sois du mépris l'objet continuel?

Cette obscure demeure où je me tiens caché
    Comme si j'étois mort au monde,
Ma noire inquiétude et ma douleur profonde,
Mes troubles, mes sanglots, ne t'ont-ils point touché?

Je rappelle en mon cœur le souvenir des jours
    Où tu faisois tant de merveilles;
Je rappelle à mes yeux tant d'œuvres sans pareilles,
Tant de soins amoureux, et tant de prompts secours.

J'élève à tous moments mes foibles mains vers toi,
    Et jamais la campagne aride
Ne fut des eaux du ciel si justement avide
Que l'est tout mon esprit des bontés de mon Roi.

Hâtez-vous, ô mon Dieu, hâtez-vous, Roi des rois,
    Je suis sur le bord de la tombe :
Pour peu que vous tardiez, c'en est fait, je succombe,
Et l'haleine me manque aussi bien que la voix.

De mes jours presque éteints rallumez le flambeau,
    Chassez la mort qui les menace :
En l'état où je suis détourner votre face,
C'est achever ma perte, et m'ouvrir le tombeau.

Faites-moi entendre dès le matin votre miséricorde, puisque j'ai espéré en vous.

Faites-moi connoître la voie où il faut que je marche, en récompense de ce que j'ai élevé mon ame vers vous.

Seigneur, délivrez-moi de mes ennemis, puisque je me suis réfugié vers vous : enseignez-moi à faire votre volonté, puisque vous **êtes mon Dieu.**

Votre esprit me conduira par sa bonté dans une terre droite et unie ; vous me vivifierez en votre équité pour l'amour de votre nom.

Vous tirerez mon ame de sa tribulation, et, dans la miséricorde que vous me ferez, vous perdrez tous mes ennemis.

Et vous ferez périr tous ceux qui tourmentent mon ame, parceque je m'attache à vous servir.

Gloire soit au Père, et au Fils, et au Saint-Esprit.

Telle qu'elle a été au commencement, etc.

Auditam fac mihi mane misericordiam tuam: quia in te speravi.

Notam fac mihi viam in qua ambulem : quia ad te levavi animam meam.

Eripe me de inimicis meis, Domine, ad te confugi : doce me facere voluntatem tuam, quia Deus meus es tu.

Spiritus tuus bonus deducet me in terram rectam : propter nomen tuum, Domine, vivificabis me in æquitate tua.

Educes de tribulatione animam meam : et in misericordia tua disperdes omnes inimicos meos.

Et perdes omnes qui tribulant animam meam : quoniam ego servus tuus sum.

Gloria Patri, et Filio, et Spiritui Sancto.

Sicut erat, etc.

Montrez dès ce moment comme votre courroux
    Cède à votre miséricorde ;
Montrez comme au besoin votre bonté l'accorde
Aux ames dont l'espoir ne s'attache qu'à vous.

Daignez faire encor plus, montrez-moi le sentier
    Qu'à me rétablir je dois suivre :
C'est de vous que j'attends la force de revivre,
Moi qui dans tout mon corps ne vois plus rien d'entier.

Arrachez-moi des mains qui m'ont persécuté :
    J'ai mis en vous tout mon refuge,
Vous êtes mon Dieu seul, et serez mon seul juge ;
Réglez mes actions sur votre volonté.

Vous porterez plus loin vos célestes faveurs,
    Votre esprit saint sera mon guide ;
Et, me rendant ce trône où votre nom préside,
Vous y ranimerez mes premières ferveurs.

Vous passerez l'effet que je m'en suis promis ;
    Et, m'ayant tiré de misère,
Vous la renverserez sur le parti contraire,
Et vos bontés pour moi perdront mes ennemis.

Oui, vous disperserez tous mes persécuteurs,
    Vous vous en montrerez le maître,
Et leur ferez à tous hautement reconnoître
A quel point votre bras soutient vos serviteurs.

Gloire au Père éternel, à son Verbe incarné,
    A l'Esprit comme eux adorable,
Telle encor maintenant à jamais perdurable
Qu'elle étoit en tous trois avant que tout fût né.

LES LITANIES

Ant. Ne reminiscaris, Domine, delicta nostra, vel parentum nostrorum, neque vindictam sumas de peccatis nostris.

LITANIÆ DE SANCTIS.

Kyrie, eleison.
Christe, eleison.
Kyrie, eleison.
Christe, audi nos.
Christe, exaudi nos.
Pater de cœlis, Deus, miserere nobis.
Fili, Redemptor mundi, Deus, miserere nobis.
Spiritus Sancte, Deus, miserere nobis.
Sancta Trinitas, unus Deus, miserere nobis.
Sancta Maria, ora pro nobis.
Sancta Dei genitrix, ora pro nobis.
Sancta Virgo virginum, ora pro nobis.
Sancte Michaël, ora pro nobis.
Sancte Gabriel, ora pro nobis.
Sancte Raphaël, ora pro nobis.
Omnes sancti angeli et archangeli, orate pro nobis.
Omnes sancti beatorum spirituum ordines, ora pro nobis.
Sancte Joannes Baptista, ora pro nobis.
Omnes sancti patriarchæ et prophetæ, orate pro nobis.
Sancte Petre, ora pro nobis.
Sancte Paule, ora pro nobis.
Sancte Andrea, ora pro nobis.
Sancte Jacobe, ora pro nobis.
Sancte Joannes, ora pro nobis.

Ant. Ne vous ressouvenez point de nos manquements, Seigneur, et ne prenez point vengeance de nos péchés.

LES LITANIES DES SAINTS.

Seigneur, ayez pitié de nous.
Jésus-Christ, ayez pitié de nous.
Seigneur, ayez pitié de nous.
Jésus-Christ, écoutez-nous.
Jésus-Christ, exaucez-nous.
Père céleste, véritable Dieu, faites-nous miséricorde.
Fils, Rédempteur du monde, véritable Dieu, faites-nous miséricorde.
Esprit-Saint, véritable Dieu, faites-nous miséricorde.
Trinité sainte, qui n'êtes qu'un seul Dieu, faites-nous miséricorde.
Sainte Marie, priez pour nous.
Sainte Mère de Dieu, priez pour nous.
Sainte Vierge des vierges, priez pour nous.
Saint Michel, priez pour nous.
Saint Gabriel, priez pour nous.
Saint Raphaël, priez pour nous.
Tout ce que vous êtes de saints anges et de saints archanges, priez pour nous.
Tout ce que vous êtes de saints ordres d'esprits bienheureux, priez pour nous.
Saint Jean-Baptiste, priez pour nous.
Tout ce que vous êtes de saints patriarches et de saints prophètes, priez pour nous.
Saint Pierre, priez pour nous.
Saint Paul, priez pour nous.
Saint André, priez pour nous.
Saint Jacques, priez pour nous.
Saint Jean, priez pour nous.

Sancte Thoma, ora pro nobis.
Sancte Jacobe, ora pro nobis.
Sancte Philippe, ora pro nobis.
Sancte Bartholomæe, ora pro nobis.
Sancte Matthæe, ora pro nobis.
Sancte Simon, ora pro nobis.
Sancte Thadæe, ora pro nobis.
Sancte Mathia, ora pro nobis.
Sancte Barnaba, ora pro nobis.
Sancte Luca, ora pro nobis.
Sancte Marce, ora pro nobis.
Omnes sancti apostoli et evangelistæ, orate pro nobis.
Omnes sancti discipuli Domini, orate pro nobis.
Omnes sancti Innocentes, orate pro nobis.
Sancte Stephane, ora pro nobis.
Sancte Laurenti, ora pro nobis.
Sancte Vincenti, ora pro nobis.
Sancti Fabiane et Sebastiane, orate pro nobis.
Sancti Joannes et Paule, orate pro nobis.
Sancti Cosma et Damiane, orate pro nobis.
Sancti Gervasi et Prothasi, orate pro nobis.
Omnes sancti martyres, orate pro nobis.
Sancte Sylvester, ora pro nobis.
Sancte Gregori, ora pro nobis.
Sancte Ambrosi, ora pro nobis.
Sancte Augustine, ora pro nobis.
Sancte Hieronyme, ora pro nobis.
Sancte Martine, ora pro nobis.
Sancte Nicolae, ora pro nobis.

Saint Thomas, priez pour nous.
Saint Jacques, priez pour nous.
Saint Philippe, priez pour nous.
Saint Barthélemy, priez pour nous.
Saint Matthieu, priez pour nous.
Saint Simon, priez pour nous.
Saint Thadée, priez pour nous.
Saint Mathias, priez pour nous.
Saint Barnabé, priez pour nous.
Saint Luc, priez pour nous.
Saint Marc, priez pour nous.
Tout ce que vous êtes de saints apôtres et de saints évangélistes, priez pour nous.
Tout ce que vous êtes de saints disciples du Seigneur, priez pour nous.
Tout ce que vous êtes de saints Innocents, priez pour nous.
Saint Étienne, priez pour nous.
Saint Laurent, priez pour nous.
Saint Vincent, priez pour nous.
Saint Fabien et saint Sébastien, priez pour nous.
Saint Jean et saint Paul, priez pour nous.
Saint Côme et saint Damien, priez pour nous.
Saint Gervais et saint Prothais, priez pour nous.
Tout ce que vous êtes de saints martyrs, priez pour nous.
Saint Sylvestre, priez pour nous.
Saint Grégoire, priez pour nous.
Saint Ambroise, priez pour nous.
Saint Augustin, priez pour nous.
Saint Jérôme, priez pour nous.
Saint Martin, priez pour nous.
Saint Nicolas, priez pour nous.

Omnes sancti pontifices et confessores, orate pro nobis.

Omnes sancti doctores, orate pro nobis.

Sancte Antoni, ora pro nobis.

Sancte Benedicte, ora pro nobis.

Sancte Bernarde, ora pro nobis.

Sancte Dominice, ora pro nobis.

Sancte Francisce, ora pro nobis.

Omnes sancti sacerdotes et levitæ, orate pro nobis.

Omnes sancti monachi et eremitæ, orate pro nobis.

Sancta Maria Magdalena, ora pro nobis.

Sancta Agatha, ora pro nobis.

Sancta Lucia, ora pro nobis.

Sancta Agnes, ora pro nobis.

Sancta Cæcilia, ora pro nobis.

Sancta Catharina, ora pro nobis.

Sancta Anastasia, ora pro nobis.

Omnes sanctæ virgines et viduæ, orate pro nobis.

Omnes sancti et sanctæ Dei, intercedite pro nobis.

Propitius esto, parce nobis, Domine.

Propitius esto, exaudi nos, Domine.

Ab omni malo, libera nos, Domine.

Ab omni peccato, libera nos, Domine.

Ab ira tua, libera nos, Domine.

A subitanea et improvisa morte, libera nos, Domine.

Ab insidiis diaboli, libera nos, Domine.

Ab ira, et odio, et omni mala voluntate, libera nos, Domine.

Tout ce que vous êtes de saints pontifes et de saints confesseurs, priez pour nous.
Tout ce que vous êtes de saints docteurs, priez pour nous.
Saint Antoine, priez pour nous.
Saint Benoît, priez pour nous.
Saint Bernard, priez pour nous.
Saint Dominique, priez pour nous.
Saint François, priez pour nous.
Tout ce que vous êtes de saints prêtres et de saints lévites, priez pour nous.
Tout ce que vous êtes de saints moines et de saints ermites, priez pour nous.
Sainte Marie-Madeleine, priez pour nous.
Sainte Agathe, priez pour nous.
Sainte Luce, priez pour nous.
Sainte Agnès, priez pour nous.
Sainte Cécile, priez pour nous.
Sainte Catherine, priez pour nous.
Sainte Anastasie, priez pour nous.
Tout ce que vous êtes de saintes vierges et de saintes veuves, priez pour nous.
Tout ce que vous êtes de saints et de saintes de Dieu, intercédez pour nous.
Seigneur, soyez-nous propice et pardonnez-nous.
Seigneur, soyez-nous propice et exaucez-nous.
Seigneur, préservez-nous de tout mal.
Seigneur, préservez-nous de tout péché.
Seigneur, préservez-nous de votre colère.
Seigneur, préservez-nous de la mort subite et imprévue.
Seigneur, préservez-nous des embûches du diable.
Seigneur, préservez-nous de la colère, de la haine, et de toute mauvaise volonté.

A spiritu fornicationis, libera nos, Domine.
A fulgure et tempestate, libera nos, Domine.
A morte perpetua, libera nos, Domine.
Per mysterium sanctæ incarnationis tuæ, libera nos, Domine.
Per adventum tuum, libera nos, Domine.
Per nativitatem tuam, libera nos, Domine.
Per baptismum et sanctum jejunium tuum, libera nos, Domine.
Per crucem et passionem tuam, libera nos, Domine.
Per mortem et sepulturam tuam, libera nos, Domine.
Per sanctam resurrectionem tuam, libera nos, Domine.
Per admirabilem ascensionem tuam, libera nos, Domine.
Per adventum Spiritus Sancti Paracliti, libera nos, Domine.
In die judicii, libera nos, Domine.
Peccatores : Te rogamus, audi nos.
Ut nobis parcas : Te rogamus, audi nos.
Ut nobis indulgeas : Te rogamus, audi nos.
Ut ad veram pœnitentiam nos perducere digneris : Te rogamus, audi nos.
Ut Ecclesiam tuam sanctam regere et conservare digneris : Te rogamus, audi nos.
Ut domnum apostolicum et omnes ecclesiasticos ordines in sancta religione conservare digneris : Te rogamus, audi nos.
Ut inimicos sanctæ Ecclesiæ humiliare digneris : Te rogamus, audi nos.

Seigneur, préservez-nous de l'esprit de fornication.
Seigneur, préservez-nous de la foudre et de la tempête.
Seigneur, préservez-nous de la mort perpétuelle.
Seigneur, préservez-nous-en par le mystère de votre sainte incarnation.
Seigneur, préservez-nous-en par votre avénement ici-bas.
Seigneur, préservez-nous-en par votre nativité.
Seigneur, préservez-nous-en par votre baptême, et par la sainteté de votre jeûne.
Seigneur, préservez-nous-en par votre mort, et par votre sépulture.
Seigneur, préservez-nous-en par votre sainte résurrection.
Seigneur, préservez-nous-en par votre admirable ascension.
Seigneur, préservez-nous-en par la descente du Saint-Esprit Paraclet.
Seigneur, préservez-nous de cette mort au jour du grand jugement.
Bien que nous ne soyons que des pécheurs, nous vous prions de nous écouter.
Afin que vous nous pardonniez, nous vous, etc.
Afin que vous n'ayez pour nous que l'indulgence, nous vous prions de nous écouter.
Afin que vous nous daigniez conduire à une véritable pénitence, nous vous prions, etc.
Afin que vous daigniez régir et conserver votre sainte Église, nous vous prions de, etc.
Afin que vous daigniez conserver en la sainteté de la religion le souverain pontife et tous les ordres ecclésiastiques, nous vous, etc.
Afin que vous daigniez humilier les ennemis de la sainte Église, nous vous prions de, etc.

Ut regibus et principibus christianis pacem et veram concordiam donare digneris : Te rogamus, audi nos.

Ut cuncto populo christiano pacem et unitatem largiri digneris : Te rogamus, audi nos.

Ut nosmetipsos in tuo sancto servitio confortare et conservare digneris : Te rogamus, audi nos.

Ut mentes nostras ad cœlestia desideria erigas : Te rogamus, audi nos.

Ut omnibus benefactoribus nostris sempiterna bona retribuas : Te rogamus, audi nos.

Ut animas nostras, fratrum, propinquorum, et benefactorum nostrorum ab æterna damnatione eripias : Te rogamus, audi nos.

Ut fructus terræ dare et conservare digneris : Te rogamus, audi nos.

Ut omnibus fidelibus defunctis requiem æternam donare digneris : Te rogamus, audi nos.

Ut nos exaudire digneris : Te rogamus, audi nos.

Fili Dei : Te rogamus, audi nos.

Agnus Dei, qui tollis peccata mundi : Parce nobis, Domine.

Agnus Dei, qui tollis peccata mundi : Exaudi nos, Domine.

Agnus Dei, qui tollis peccata mundi : Miserere nobis.

Christe, audi nos.

Christe, exaudi nos.

Kyrie, eleison.

Christe, eleison.

Kyrie, eleison.

Pater noster, etc.

Afin que vous daigniez départir la paix et la véritable concorde à tous les rois et princes chrétiens, nous vous prions de nous, etc.

Afin que vous daigniez donner la paix et l'union à tout le peuple chrétien, nous vous, etc.

Afin que vous nous daigniez fortifier et conserver en la sainteté de votre service, nous, etc.

Afin que vous éleviez nos esprits à des desirs célestes, nous vous prions de nous écouter.

Afin que vous donniez des biens éternels pour rétribution à tous nos bienfaiteurs, nous, etc.

Afin que vous préserviez de la damnation éternelle nos ames, et celles de nos frères, de nos proches, et de nos bienfaiteurs, nous, etc.

Afin qu'il vous plaise donner des fruits à la terre et les conserver, nous vous prions de nous écouter.

Afin que vous accordiez le repos éternel à tous les fidèles défunts, nous vous prions de nous écouter.

Afin que vous nous exauciez, nous vous prions de nous écouter.

Fils de Dieu, nous vous prions de nous écouter.

Agneau de Dieu, qui effacez les péchés du monde, pardonnez-nous, Seigneur.

Agneau de Dieu, qui effacez les péchés du monde, exaucez-nous, Seigneur.

Agneau de Dieu, qui effacez les péchés du monde, faites-nous miséricorde.

Jésus-Christ, écoutez-nous.

Jésus-Christ, exaucez-nous.

Seigneur, ayez pitié de nous.

Jésus-Christ, ayez pitié de nous.

Seigneur, ayez pitié de nous.

Notre Père, qui, etc.

PSALMUS 69.

Mon Dieu, venez à mon aide : Seigneur, hâtez-vous de me secourir.

Faites que ceux qui cherchent à m'arracher l'âme soient confus et remplis d'épouvante.

Faites que ceux qui me veulent du mal tournent le dos avec honte.

Que ceux qui jettent des cris de joie sur mon malheur, retournent soudain en arrière, et en rougissent.

Que tous ceux qui vous cherchent se réjouissent en vous, et disent incessamment : Que le Seigneur soit magnifié par ceux qui aiment son salutaire.

Pour moi, je ne suis qu'un pauvre misérable qui manque de tout : Seigneur, assistez-moi.

Vous êtes mon secours et

Deus, in adjutorium meum intende : Domine, ad adjuvandum me festina.

Confundantur, et revereantur, qui quærunt animam meam.

Avertantur retrorsum, et erubescant, qui volunt mihi mala.

Avertantur statim erubescentes, qui dicunt mihi : Euge, euge.

Exultent et lætentur in te omnes qui quærunt te, et dicant semper : Magnificetur Dominus : qui diligunt salutare tuum.

Ego vero egenus, et pauper sum : Deus, adjuva me.

Adjutor meus et libe-

PRIÈRES.

PSAUME 69.

Des méchants, à qui tout succède,
Cherchent à me faire périr :
Seigneur, accourez à mon aide,
Hâtez-vous de me secourir.

Que leur haine contre ma vie
S'épuise en efforts superflus ;
Que leur rage mal assouvie
Les laisse tremblants et confus.

Que leur détestable conduite,
Qui me rend le mal pour le bien,
Cherche leur salut en leur fuite,
Et me voie assuré du mien.

Que sans tarder ils en rougissent,
Pleins d'épouvante et de douleur,
Ces lâches qui se réjouissent
Du noir excès de mon malheur.

Remplissez de tant d'allégresse
Quiconque en vous s'est confié,
Qu'il ait lieu de dire sans cesse :
Le Seigneur soit magnifié.

Moi qui ne suis qu'un misérable
Accablé de maux et d'ennui,
Qui sans votre main secourable
Vais trébucher, faute d'appui ;

Seigneur, je succombe, je cède,

mon libérateur : Seigneur, ne tardez pas davantage.

Gloire soit au Père, et au Fils, et au Saint-Esprit.

Telle qu'elle a été au commencement, etc.

rator meus es tu : Domine, ne moreris.

Gloria Patri, et Filio, et Spiritui Sancto.

Sicut erat, etc.

℣. Salvos fac servos tuos,
℟. Deus meus, sperantes in te.
℣. Esto nobis, Domine, turris fortitudinis.
℟. A facie inimici.
℣. Nihil proficiat inimicus in nobis,
℟. Et filius iniquitatis non apponat nocere nobis.
℣. Domine, non secundum peccata nostra facias nobis,
℟. Neque secundum iniquitates nostras retribuas nobis.
℣. Oremus pro pontifice nostro N.
℟. Dominus conservet eum et vivificet eum, et beatum faciat eum in terra, et non tradat eum in animam inimicorum ejus.
℣. Oremus pro benefactoribus nostris.
℟. Retribuere dignare, Domine, omnibus nobis bona facientibus, propter nomen tuum, vitam æternam. Amen.
℣. Oremus pro fidelibus defunctis.
℟. Requiem æternam dona eis, Domine, et lux perpetua luceat eis.
℣. Requiescant in pace.
℟. Amen.
℣. Pro fratribus nostris absentibus.

Mes ennemis me font périr :
Hâtez, mon Dieu, hâtez votre aide;
Il est temps de me secourir.

Gloire au Père, cause des causes.
Gloire au Fils, à l'Esprit divin ;
Et telle qu'avant toutes choses.
Telle soit-elle encor sans fin.

℣. Mon Dieu, sauvez vos serviteurs,

℟. Qui n'espèrent qu'en vous.

℣. Seigneur, servez-nous de forteresse,

℟. A la face de l'ennemi.

℣. Que l'ennemi n'aie aucun avantage sur nous,

℟. Et que l'enfant d'iniquité ne se puisse vanter de nous nuire.

℣. Seigneur, ne nous traitez point selon nos péchés.

℟. Et ne réglez pas notre rétribution sur nos iniquités.

℣. Prions pour notre pontife, N.

℟. Que Dieu le conserve, qu'il le vivifie, qu'il le rende heureux sur la terre, et qu'il ne le livre point aux desirs de ses ennemis.

℣. Prions pour nos bienfaiteurs.

℟. Seigneur, daignez donner pour rétribution la vie éternelle à tous ceux qui nous font du bien pour l'amour de votre nom. Ainsi soit-il.

℣. Prions pour les fidèles défunts.

℟. Seigneur, donnez-leur le repos éternel, et que la lumière perpétuelle luise sur eux.

℣. Qu'ils reposent en paix.

℟. Ainsi soit-il.

℣. Prions pour nos frères absents.

℟. Salvos fac servos tuos, Deus meus, sperantes in te.

℣. Mitte eis, Domine, auxilium de sancto.

℟. Et de Sion tuere eos.

℣. Domine, exaudi orationem meam.

℟. Et clamor meus ad te veniat.

OREMUS.

Deus, cui proprium est misereri semper et parcere, suscipe deprecationem nostram, ut nos et omnes famulos tuos, quos delictorum catena constringit, miseratio tuæ pietatis clementer absolvat.

Exaudi, quæsumus, Domine, supplicum preces, et confitentium tibi parce peccatis, ut pariter nobis indulgentiam tribuas benignus et pacem.

Ineffabilem nobis, Domine, misericordiam tuam clementer ostende, ut simul nos, et a peccatis omnibus exuas, et a pœnis, quas pro his meremur, eripias.

Deus, qui culpa offenderis, pœnitentia placaris, preces populi tui supplicantis propitius respice, et flagella tuæ iracundiæ, quæ pro peccatis nostris meremur, averte.

Omnipotens sempiterne Deus, miserere famulo tuo pontifici nostro N., et dirige eum secundum tuam clementiam in viam salutis æternæ, ut te donante tibi placita cupiat, et tota virtute perficiat.

PRIÈRES.

℟. Sauvez, mon Dieu, vos serviteurs qui n'espèrent qu'en vous.

℣. Seigneur, envoyez-leur du secours de votre sainte demeure,

℟. Et protégez-les, de Sion.

℣. Seigneur, écoutez ma prière.

℟. Et que mes clameurs aillent jusqu'à vous.

ORAISONS.

Mon Dieu, qui avez cela de propre que vous êtes toujours prêt de faire grace et de pardonner, recevez notre humble prière; et faites que tous ceux qui comme nous sont détenus esclaves dans les chaînes du péché, en soient bénignement détachés avec nous par la commisération de votre pitié.

Exaucez, Seigneur, les prières de vos humbles suppliants, afin que, pardonnant les péchés à ceux qui vous les confessent, nous recevions notre rémission et votre paix.

Montrez-nous, Seigneur, avec bénignité votre ineffable miséricorde, afin que tout ensemble vous nous dépouilliez de nos péchés, et nous garantissiez des peines que nous avons méritées en les commettant.

Dieu, que le péché offense, et que la pénitence apaise, écoutez favorablement les prières de votre peuple, qui se prosterne devant vous; et détournez de nous les fléaux de votre colère, que nos péchés nous ont fait mériter.

Dieu tout-puissant et éternel, ayez pitié de votre serviteur, notre pontife N., et conduisez-le par votre clémence dans la voie du salut éternel; donnez-lui la grace de ne desirer que ce qui vous plaît, et de se porter de toute sa force à l'accomplir.

Deus, a quo sancta desideria, recta consilia et justa sunt opera, da servis tuis illam, quam mundus dare non potest, pacem, ut et corda nostra mandatis tuis dedita, et hostium sublata formidine, tempora sint tua protectione tranquilla.

Ure igne Sancti Spiritus renes nostros, et cor nostrum, Domine, ut tibi casto corpore serviamus, et mundo corde placeamus.

Fidelium, Deus, omnium conditor et Redemptor, animabus famulorum famularumque tuarum remissionem cunctorum tribue peccatorum, ut indulgentiam quam semper optaverunt piis supplicationibus consequantur.

Actiones nostras, quæsumus, Domine, aspirando præveni, et adjuvando prosequere, ut cuncta nostra oratio et operatio a te semper incipiat, et per te cœpta finiatur.

Omnipotens sempiterne Deus, qui vivorum dominaris simul et mortuorum, omniumque misereris, quos tuos fide et opere futuros esse prænoscis, te supplices exoramus, ut pro quibus effundere preces decrevimus, quosque vel præsens sæculum adhuc in carne retinet, vel futurum jam exutos corpore suscepit, intercedentibus omnibus sanctis tuis, pietatis tuæ clementia, omnium delictorum suorum veniam consequantur. Per Dominum nostrum Jesum Christum, Filium tuum, qui tecum vivit et regnat in unitate Spiritus Sancti Deus.

PRIÈRES.

Dieu, de qui partent les saints desirs, les bons desseins, et les œuvres de justice, donnez à vos serviteurs cette paix que le monde ne peut donner, afin qu'appliquant nos cœurs à l'observation de vos commandements, et n'ayant à craindre aucuns ennemis, nous passions nos jours dans une parfaite tranquillité sous votre sainte protection.

Seigneur, brûlez nos reins et nos cœurs avec le feu du Saint-Esprit, afin que nous portions à votre service des corps chastes, et que nous vous devenions agréables par la pureté du dedans.

Dieu, qui êtes l'auteur et le rédempteur de tous les fidèles, accordez aux ames de vos serviteurs et servantes la rémission de tous leurs péchés, et souffrez qu'elles obtiennent par la pieuse ferveur de nos prières le pardon qu'elles ont toujours desiré.

Nous vous supplions, Seigneur, de prévenir toutes nos actions par votre inspiration, et de nous favoriser de votre assistance pour les achever, afin que toutes nos prières et nos œuvres commencent et finissent par vous.

Dieu tout-puissant et éternel, qui êtes le maître absolu des vivants et des morts, et faites miséricorde à tous ceux que vous prévoyez devoir être de vos serviteurs par leur foi et par leurs œuvres ; nous vous supplions humblement que ceux pour qui nous nous sommes proposé de vous offrir des prières, soit que ce monde les retienne encore dans leur chair mortelle, soit qu'ils soient déja passés dans l'autre après avoir quitté la dépouille de leurs corps, obtiennent de votre clémence, par l'intercession de tous vos saints, le pardon de tous leurs péchés. Nous vous en conjurons par notre Seigneur Jésus-Christ, votre Fils, qui, véritable Dieu comme vous, vit et règne avec vous en l'unité du

Saint-Esprit, par tous les siècles des siècles.

℟. Ainsi soit-il.

℣. Que le Seigneur tout-puissant et tout miséricordieux nous veuille exaucer.

℟. Ainsi soit-il.

℣. Que les ames des fidèles reposent en paix par la miséricorde de Dieu.

℟. Ainsi soit-il.

per omnia sæcula sæculorum.

℟. Amen.

℣. Exaudiat nos omnipotens et misericors Dominus.

℟. Amen.

℣. Fidelium animæ per misericordiam Dei requiescant in pace.

℟. Amen.

VÊPRES ET COMPLIES
DES DIMANCHES.

DIEBUS DOMINICIS
AD VESPERAS.

AVE MARIA, ETC.

Mon Dieu, venez à mon aide.	Deus, in adjutorium meum intende.
Seigneur, hâtez-vous de me secourir.	Domine, ad adjuvandum me festina.
Gloire soit au Père, et au Fils, et au Saint-Esprit.	Gloria Patri, et Filio, et Spiritui Sancto.
Telle qu'elle a été au commencement, telle soit-elle maintenant et toujours, et dans les siècles des siècles. Ainsi soit-il.	Sicut erat in principio et nunc et semper, et in sæcula sæculorum. Amen.

Alleluia.

ANTIPHONA. Dixit Dominus.

PSALMUS 109.

Le Seigneur a dit à mon Seigneur : Seyez-vous à ma dextre,	Dixit Dominus Domino meo : Sede a dextris meis,
Jusqu'à ce que j'aie réduit vos ennemis à être l'escabeau de vos pieds.	Donec ponam inimicos tuos, scabellum pedum tuorum.
Le Seigneur fera partir de	Virgam virtutis tuæ

VÊPRES
DES DIMANCHES.

JE VOUS SALUE, MARIE, ETC.

O grand Dieu, de qui tout procède,
Qui faites et vivre et mourir,
Ne me refusez pas votre aide,
Hâtez-vous de me secourir.

Gloire au Père, souverain Maître,
Gloire au Fils, à l'Esprit divin ;
Et telle qu'elle étoit quand tout commença d'être,
Telle soit-elle encor, maintenant, et sans fin.

Louez le Seigneur.

ANTIENNE. Le Seigneur a dit.

PSAUME 109.

Le Seigneur vient de dire à son Verbe ineffable,
Qui n'est pas moins que lui mon souverain Seigneur :
Viens te seoir à ma dextre, et rends-toi redoutable
Par ce dernier comble d'honneur.

Cependant mon courroux aura soin de descendre
Sur ceux qui t'accabloient de leurs inimitiés ;
J'en confondrai l'audace, et je saurai les rendre
Tels qu'un escabeau sous tes pieds.

Je ferai de Sion partir l'éclat suprême

Sion la verge de votre vertu : dominez au milieu de vos ennemis.

Le principe étoit avec vous au jour de votre vertu, dans les splendeurs des saints : je vous ai engendré de mes entrailles avant le point du jour.

Le Seigneur l'a juré, et il ne s'en repentira point : Vous êtes prêtre pour toute l'éternité selon l'ordre de Melchisédech.

Le Seigneur est à votre droite : il a rompu et brisé les rois au jour de sa colère.

Il jugera parmi les nations, il fera des ruines entières ; il écrasera sur la terre les têtes de beaucoup de gens.

Il boira de l'eau du torrent en son chemin, et c'est ce qui lui fera élever sa tête.

Gloire soit au Père, et au Fils, et au Saint-Esprit.

Telle qu'elle a été au commencement, etc.

emittet Dominus ex Sion : dominare in medio inimicorum tuorum.

Tecum principium in die virtutis tuæ in splendoribus sanctorum : ex utero ante Luciferum genui te.

Juravit Dominus, et non pœnitebit eum : Tu es sacerdos in æternum secundum ordinem Melchisedech.

Dominus a dextris tuis, confregit in die iræ suæ reges.

Judicabit in nationibus, implebit ruinas : conquassabit capita in terra multorum.

De torrente in via bibet : propterea exaltabit caput.

Gloria Patri, et Filio, et Spiritui Sancto.

Sicut erat, etc.

Du sceptre universel qu'à tes mains j'ai promis :
Comme je règne au ciel, tu régneras de même
  Au milieu de tes ennemis.

Au jour de ta vertu tu leur feras connoître,
Par les saintes splendeurs de tes droits éclatants,
Que mes regards féconds de mon sein t'ont fait naître
  Avant la naissance des temps.

Je te l'ai trop juré pour m'en vouloir dédire :
Selon Melchisédech tu seras prêtre et roi,
Et je joindrai moi-même un éternel empire
  Au sacrifice offert par toi.

Oui, Seigneur, oui, grand Dieu, ce divin salutaire,
Qui se sied à ta dextre et nous donne tes lois,
Viendra briser lui-même, au jour de sa colère,
  Les plus fermes trônes des rois.

Parmi les nations ces lois autorisées
Feront tant de ruine et de tels châtiments,
Qu'en mille et mille lieux les têtes écrasées
  Feront voir ses ressentiments.

L'eau trouble du torrent lui servit de breuvage,
Tant qu'il lui plut traîner son exil ici-bas ;
Et sa gloire en reçoit d'autant plus d'avantage,
  Que rudes furent ses combats.

Gloire au Père éternel, la première des causes,
Gloire au Verbe incarné, gloire à l'Esprit divin ;
Et telle qu'elle étoit avant toutes les choses,
  Telle soit-elle encor sans fin.

VÊPRES

Ant. Dixit Dominus Domino meo : Sede a dextris meis.

Antiphona. Fidelia omnia mandata ejus.

PSALMUS 110.

Seigneur, je vous louerai de tout mon cœur dans l'assemblée des justes, et dans la congrégation des saints.

Les œuvres du Seigneur sont grandes, et achevées selon toutes ses volontés.

Ses ouvrages sont la gloire et la magnificence même : sa justice demeure immuable à toute éternité.

Le Seigneur, qui est tout miséricordieux et plein de compassion, a rendu toutes ses merveilles dignes de mémoire : et surtout celle d'avoir donné de la nourriture à un peuple qui le craignoit.

Il se souviendra à jamais de son testament : il fera connoître à son peuple quelle est la vertu de ses ouvrages,

Afin de lui donner l'héritage des nations : les ouvrages de ses mains ne sont que vérité et jugement.

Confitebor tibi, Domine, in toto corde meo : in consilio justorum et congregatione.

Magna opera Domini : exquisita in omnes voluntates ejus.

Confessio et magnificentia opus ejus : et justitia ejus manet in sæculum sæculi.

Memoriam fecit mirabilium suorum, misericors et miserator Dominus : escam dedit timentibus se.

Memor erit in sæculum testamenti sui : virtutem operum suorum annuntiabit populo suo :

Ut det illis hereditatem gentium : opera manuum ejus, veritas et judicium.

Ant. Le Seigneur a dit à mon Seigneur : Seyez-vous à ma dextre.
Antienne. Tous ses commandements sont fidèles.

PSAUME 110.

J'aurai, Seigneur, toute ma vie
Votre éloge à la bouche, et votre amour au cœur;
Et les plus gens de bien auront l'ame ravie
D'unir à mes efforts leur plus sainte vigueur.

Dans la grandeur de vos ouvrages
Je vois l'impression de toutes vos bontés;
Et dans ce qu'ont d'éclat leurs plus hauts avantages,
Le prompt et plein effet qu'ont eu vos volontés.

La gloire et la magnificence
Sont des trésors brillants qu'un mot seul a produits,
Et de votre justice on verra l'abondance,
Tant qu'on verra les jours fuir et suivre les nuits.

Le souvenir de vos merveilles
S'affermit à jamais par cet illustre don
Que fit votre pitié, de viandes sans pareilles,
A ce peuple choisi pour craindre votre nom.

Cette mémoire invariable
Du grand pacte qu'ont fait vos bontés avec nous
Vous fera déployer votre bras secourable,
Et pour un si cher peuple en montrer les grands coups.

Par eux vous le rendrez le maître
Des plus riches terroirs de tant de nations;
Et tous vos jugements lui feront reconnoître
Ce qu'ont de sainteté toutes vos actions.

Tous ses commandements sont fidèles, et si affermis qu'ils dureront éternellement, parcequ'ils sont réglés sur la vérité et sur l'équité.

Dieu a envoyé la rédemption à son peuple, et lui a commandé d'observer à l'éternité son testament.

Son nom est saint et terrible : le commencement de la sagesse est la crainte du Seigneur.

L'intelligence de ses préceptes n'est bonne qu'à ceux qui agissent selon cette crainte ; et la louange de celui qui agit de cette sorte dure à jamais.

Gloire soit au Père, et au Fils, et au Saint-Esprit.

Telle qu'elle, etc.

Fidelia omnia mandata ejus : confirmata in sæculum sæculi, facta in veritate et æquitate.

Redemptionem misit populo suo : mandavit in æternum testamentum suum.

Sanctum et terribile nomen ejus : initium sapientiæ timor Domini.

Intellectus bonus omnibus facientibus eum : laudatio ejus manet in sæculum sæculi.

Gloria Patri, et Filio, et Spiritui, etc.

Sicut erat, etc.

Ant. Fidelia omnia mandata ejus : confirmata in sæculum sæculi.

Antiphona. In mandatis ejus.

PSALMUS 111.

Heureux l'homme qui craint le Seigneur : il se portera de tout son cœur à faire ses commandements.

Sa postérité sera puissante

Beatus vir qui timet Dominum : in mandatis ejus volet nimis.

Potens in terra erit

Vous avez des ordres fidèles,
De qui la fermeté jamais ne se dément :
Ils ont tous pour appui des règles éternelles,
Et la vérité même en est le fondement.

Peuple, adore son bras propice,
Qui nous envoie à tous de quoi nous racheter :
Mais sache qu'en revanche il veut que sa justice
A toute éternité se fasse respecter.

Son nom est saint, il est terrible ;
S'il le faut adorer, il le faut craindre aussi ;
Et des routes du ciel la science infaillible
Ne sauroit commencer que par sa crainte ici.

Leur plus parfaite intelligence
N'est utile qu'autant qu'on observe ses lois ;
Et la louange due à sa magnificence
Durant tout l'avenir doit occuper nos voix.

Gloire au Père, cause des causes,
Gloire au Verbe incarné, gloire à l'Esprit divin ;
Et telle qu'elle étoit avant toutes les choses,
Telle soit-elle encor maintenant et sans fin.

ANT. Tous ses commandements sont fidèles, et affermis à l'éternité.
ANTIENNE. En l'observation de ses commandements.

PSAUME 111.

Heureux qui dans son ame a fortement gravée
  La crainte du Seigneur :
  Sa loi, sans chagrin observée,
Tourne en plaisirs pour lui ce qu'elle a de rigueur.

De sa postérité, tant qu'elle suit ses traces,

sur la terre : la race de ceux qui vont droit sera bénie.

La gloire et les richesses abonderont dans sa maison ; et sa justice sera perdurable à jamais.

La lumière s'est levée du milieu des ténèbres pour les droits de cœur : le Seigneur est miséricordieux, plein de commisération et de justice.

La joie règne en celui qui a pitié de son prochain : il réglera ses paroles avec un sain jugement, et ne sera jamais ébranlé.

La mémoire de l'homme juste sera en bénédiction éternelle : il ne craindra point de s'entendre déchirer par de mauvais bruits.

Son cœur se tient toujours prêt d'espérer au Seigneur ; il s'affermit sur cette espérance, et attend sans s'émouvoir qu'il ait lieu de mépriser ses ennemis.

Parcequ'il a distribué et donné son bien aux pauvres, sa justice demeure à l'éternité, et son nom sera élevé en gloire.

semen ejus : generatio rectorum benedicetur.

Gloria et divitiæ in domo ejus : et justitia ejus manet in sæculum sæculi.

Exortum est in tenebris lumen rectis : misericors, et miserator Dominus, et justus.

Jucundus homo qui miseretur et commodat, disponet sermones suos in judicio : quia in æternum non commovebitur.

In memoria æterna erit justus : ab auditione mala non timebit.

Paratum cor ejus sperare in Domino, confirmatum est cor ejus : non commovebitur donec despiciat inimicos suos.

Dispersit, dedit pauperibus : justitia ejus manet in sæculum sæculi, cornu ejus exaltabitur in gloria.

Le nom devient puissant ;
Et tout ce qu'il obtient de graces
Passe de père en fils en son sang innocent.

Il voit en sa maison la gloire et la richesse
Fondre de toutes parts ;
Et sa justice fait sans cesse
Un amas de trésors au-dessus des hasards.

Il voit pour les cœurs droits une vive lumière
Naître en l'obscurité ;
Et de Dieu la faveur entière
A sa miséricorde enchaîner l'équité.

Il prend à son exemple une ame pitoyable,
Prête au pauvre, et s'y plait,
Se prépare au jour effroyable,
Et se juge trop bien pour craindre un dur arrêt.

La mémoire du juste éclatante et bénie
Percera l'avenir,
Sans que jamais la calomnie
Dans sa plus noire audace ait de quoi la ternir.

Son cœur est prêt à tout, en Dieu seul il espère
Dans ses calamités ;
Et se tient ferme en sa misère,
Jusqu'à ce qu'il ait vu ses ennemis domptés.

Aux pauvres cependant il départ, il prodigue
Son bien sans s'émouvoir ;
Et le ciel, que par eux il brigue,
Le comble à tout jamais de gloire et de pouvoir.

Le pécheur le verra en cet état bienheureux, et en forcénera de colère; ses dents en frémiront, il en séchera de douleur, et les souhaits qu'il fera contre lui périront.

Peccator videbit, et irascetur, dentibus suis fremet et tabescet : desiderium peccatorum peribit.

Gloire soit au Père, et au Fils, etc.

Gloria Patri, et Filio, etc.

Ant. In mandatis ejus cupit nimis.
Antiphona. Sit nomen Domini.

PSALMUS 112.

Enfants, louez le Seigneur, louez le nom du Seigneur.

Laudate, pueri, Dominum : laudate nomen Domini.

Que le nom du Seigneur soit béni, de ce moment jusqu'à l'éternité.

Sit nomen Domini benedictum, ex hoc nunc et usque in sæculum.

Du levant au couchant, le nom du Seigneur doit être loué.

A solis ortu usque ad occasum, laudabile nomen Domini.

Le Seigneur est élevé sur toutes les nations, et sa gloire va au-dessus des cieux.

Excelsus super omnes gentes Dominus : et super cœlos gloria ejus.

Qui est comme le Seigneur

Quis sicut Dominus

Le pécheur le verra dans ce haut avantage,
    Et séchera d'ennui ;
  Son cœur en frémira de rage,
Et ses desirs jaloux périront avec lui.

Gloire à ton Fils et toi, Père, cause des causes,
    Gloire à l'Esprit divin :
  Telle qu'avant toutes les choses,
Telle soit-elle encor maintenant, et sans fin.

<small>Ant. En l'observation de ses commandements il prend un souverain plaisir.</small>
<small>Antienne. Que le nom du Seigneur.</small>

PSAUME 112.

Enfants, de qui les voix à peine encor formées
    Ne font que bégayer,
C'est à louer le nom du Seigneur des armées
    Qu'il les faut essayer.

Que ce nom soit béni dans toute l'étendue
    Que les siècles auront !
Que la gloire en soit même au-delà répandue
    De ce qu'ils dureront !

De climat en climat, ainsi que d'âge en âge,
    Il est à respecter ;
Et du nord au midi, de l'Inde jusqu'au Tage,
    Il le faut exalter.

Sa gloire, qui s'élève au-dessus des monarques,
    Est seule sans défaut ;
Et bien qu'on voie au ciel en briller mille marques,
    Elle est encor plus haut.

Quel roi fait sa demeure au-dessus du tonnerre

notre Dieu, qui habite aux lieux les plus hauts, et ne dédaigne pas de jeter l'œil sur les choses les plus basses qui soient au ciel et en la terre.

Il élève de terre le plus chétif, et tire le pauvre de dessus le fumier.

Il les place avec les princes, avec les princes de son peuple.

Il fait habiter la femme stérile avec joie dans sa maison, en la rendant mère de plusieurs enfants.

Gloire soit au Père, et au Fils, et au Saint-Esprit.

Telle qu'elle a été au commencement, etc.

Deus noster, qui in altis habitat, et humilia respicit in cœlo et in terra ?

Suscitans a terra inopem, et de stercore erigens pauperem :

Ut collocet eum cum principibus, cum principibus populi sui.

Qui habitare facit sterilem in domo, matrem filiorum lætantem.

Gloria Patri, et Filio, et Spiritui Sancto.

Sicut erat, etc.

Ant. Sit nomen Domini benedictum in sæcula.

Antiphona. Nos qui vivimus.

PSALMUS 113.

Quand Israël sortit d'Égypte, et la maison de Jacob du milieu d'un peuple barbare,

Dieu fit de la Judée la de-

In exitu Israël de Ægypto, domus Jacob de populo barbaro :

Facta est Judæa sanc-

Comme ce Dieu des dieux,
Qui voit de haut en bas et tout ce qu'a la terre,
Et tout ce qu'ont les cieux ?

Il dégage le pauvre, et la pauvreté même,
　　Du plus épais bourbier ;
Et tire le plus vil, par son pouvoir suprême,
　　Du plus sale fumier.

Il les place lui-même à côté de leurs princes,
　　Parmi les potentats ;
Il leur donne lui-même à régir leurs provinces
　　Et régler leurs états.

Il fait plus, il répand sur la femme stérile
　　La joie et le bonheur ;
Et, faisant de sa couche une terre fertile,
　　Il la met en honneur.

Gloire à ton Fils et toi, Père, cause des causes,
　　Gloire à l'Esprit divin,
Telle encor maintenant qu'avant toutes les choses,
　　Et telle encor sans fin.

<small>ANT. Que le nom du Seigneur soit béni à l'éternité.</small>
<small>ANTIENNE. Nous qui vivons.</small>

PSAUME 113.

Du fidèle Abraham race heureuse et chérie,
Quand de tes premiers fers ton Dieu te garantit,
Que du fond de l'Égypte et de sa barbarie
　　La maison de Jacob sortit :

Il voulut en Judée étaler l'abondance

meure de ses saints, et choisit Israël pour son empire particulier.

La mer vit ce peuple sur ses bords, et s'enfuit : le Jourdain le vit sur son rivage, et rebroussa en arrière.

Les montagnes tressaillirent de joie comme des béliers, et les collines bondirent comme des agneaux autour de leurs mères.

Mer, qui t'obligea à prendre la fuite? et toi, Jourdain, qui te fit rebrousser en arrière?

Montagnes, pourquoi tressailliez-vous de joie comme des béliers? collines, pourquoi bondissiez-vous comme des agneaux autour de leurs mères?

C'étoit que la terre se mouvoit à la face du Seigneur, qui conduisoit son peuple; à la face du Dieu de Jacob.

Ce fut lui qui changea la pierre en étangs d'eaux, et le rocher en fontaines.

tificatio ejus, Israël potestas ejus.

Mare vidit et fugit : Jordanis conversus est retrorsum.

Montes exultaverunt ut arietes : et colles sicut agni ovium.

Quid est tibi, mare, quod fugisti? et tu, Jordanis, quia conversus es retrorsum?

Montes, exultastis sicut arietes, et colles sicut agni ovium.

A facie Domini mota est terra, a facie Dei Jacob.

Qui convertit petram in stagna aquarum, et rupem in fontes aquarum.

De sa miséricorde et de sa sainteté ;
Et choisit Israël pour siége à sa puissance,
  Et pour objet à sa bonté.

De ce peuple fuyant loin d'arrêter la course,
La mer fuit devant lui sitôt qu'elle le vit ;
Et les eaux du Jourdain, rebroussant vers leur source,
  Lui cédèrent leur propre lit.

Soudain les plus hauts monts de joie en tressaillirent,
Comme un troupeau sur l'herbe au son des chalumeaux ;
Soudain tout alentour les collines bondirent,
  Comme bondissent les agneaux.

O mer, qui t'obligeoit à prendre ainsi la fuite ?
Indomptable élément, quel bras t'a déplacé ?
Par quel ordre, Jourdain, et sous quelle conduite
  Tes eaux ont-elles rebroussé ?

Qui vous fit tressailir, orgueilleuses montagnes,
Comme au son du pipeau tressaillent les troupeaux ?
Collines, qui servez de ceinture aux campagnes,
  Qui vous fit bondir comme agneaux ?

Qui l'eût pu que ce Dieu qui fait trembler la terre,
Qui n'a qu'à le vouloir, et tout change de lieu ;
Qui nous gouverne en paix, qui nous couronne en guerre ;
  Qui de Jacob est le seul Dieu ?

C'est lui qui convertit les rochers en fontaines ;
Qui de leurs flancs pierreux tire des torrents d'eaux ;
Qui des vastes déserts en arrose les plaines ;
  Qui les y sépare en ruisseaux.

Ce n'est pas à nous, Seigneur, qu'il en faut donner la gloire, ce n'est pas à nous; mais à votre saint nom.

Il en faut glorifier votre miséricorde et la vérité de vos promesses, que vous avez fait éclater pour ne laisser aux nations aucun lieu de dire : Où est leur Dieu ?

Notre Dieu est dans le ciel, d'où il a fait tout ce qu'il lui a plu de faire.

Mais les simulacres des gentils ne sont que de l'argent et de l'or, purs ouvrages de la main des hommes.

Ils ont une bouche, et ne parleront jamais : ils ont des yeux, et ne verront point.

Ils ont des oreilles, et n'entendront rien : ils ont des narines, sans aucun sentiment des odeurs.

Ils ont des mains dont ils ne sauroient rien toucher, des pieds dont ils ne marchent point, et une gorge qui ne peut former aucun son.

Non nobis, Domine, non nobis; sed nomini tuo da gloriam.

Super misericordia tua et veritate tua : nequando dicant gentes : Ubi est Deus eorum ?

Deus autem noster in cœlo : omnia quæcumque voluit, fecit.

Simulachra gentium, argentum et aurum, opera manuum hominum.

Os habent, et non loquentur : oculos habent, et non videbunt.

Aures habent, et non audient : nares habent, et non odorabunt.

Manus habent, et non palpabunt, pedes habent, et non ambulabunt : non clamabunt in gutture suo.

Ce n'est point aux mortels à prendre aucune gloire;
Le cœur qu'elle surprend la doit désavouer :
C'est ton nom qui fait seul plus qu'on n'eût osé croire;
  C'est lui, Seigneur, qu'il faut louer.

Fais de tes vérités briller si bien l'empire,
Et rends de ta pitié le pouvoir si connu,
Qu'entre les nations on ne puisse nous dire :
  Votre Dieu, qu'est-il devenu?

Aveugles mal guidés qui courez vers la chute,
Sachez que pour séjour c'est le ciel qui lui plaît;
Que son moindre vouloir hautement s'exécute;
  Que tout est par lui ce qu'il est.

Vos dieux n'ont point de bras à lancer le tonnerre,
Gentils; ils ne sont tous que simulacres vains :
C'est de l'or, de l'argent, du bois, et de la pierre,
  Qui tient sa forme de vos mains.

Vous leur faites des yeux, vous leur faites des bouches,
Qui ne savent que c'est de voir, ni de parler;
Et leurs plus vifs regards sont bénins, ou farouches,
  Comme il vous plaît les ciseler.

Les oreilles chez eux sont de si peu d'usage,
Qu'autour d'elles le son frappe inutilement;
Et le nez que votre art plante sur leur visage
  Ne leur y sert que d'ornement.

Enfin ils n'ont des mains que pour faire figure;
Leurs pieds, s'il faut marcher, n'y sauroient consentir;
Et s'ils ont un gosier, il n'a point d'ouverture
  Par où leur voix daigne sortir.

Que ceux qui les font deviennent semblables à eux, avec tous ceux qui s'y confient.

La maison d'Israël n'a espéré qu'au Seigneur; et elle l'a pour aide et pour protecteur.

La maison d'Aaron n'a espéré qu'au Seigneur; et elle l'a pour aide et pour protecteur.

Ceux qui craignent le Seigneur n'ont espéré qu'en lui; et ils l'ont pour aide et pour protecteur.

Le Seigneur s'est souvenu de nous, et nous a bénis;

Il a béni la maison d'Israël, il a béni la maison d'Aaron.

Il a béni tous ceux qui le craignent, les plus petits comme les plus grands.

Similes illis fiant qui faciunt ea : et omnes qui confidunt in eis.

Domus Israël speravit in Domino : adjutor eorum et protector eorum est.

Domus Aaron speravit in Domino : adjutor eorum et protector eorum est.

Qui timent Dominum, speraverunt in Domino : adjutor eorum et protector eorum est.

Dominus memor fuit nostri, et benedixit nobis;

Benedixit domui Israël, benedixit domui Aaron.

Benedixit omnibus qui timent Dominum, pusillis cum majoribus.

Deviennent tout pareils à ces vaines idoles
Ceux qui leur donnent l'être, et les font adorer !
Devienne tout semblable à tous ces dieux frivoles
    Quiconque en eux veut espérer !

La maison d'Israël a mis son espérance
Aux suprêmes bontés du souverain auteur ;
Et son bras tout-puissant l'a mise en assurance,
    Il s'en est fait le protecteur.

La famille d'Aaron y met son espérance,
Elle n'attend secours ni faveur que de lui ;
Et son bras tout-puissant la met en assurance,
    Il lui sert d'invincible appui.

Tous ceux qui craignent Dieu mettent leur espérance
Au suprême pouvoir de son bras souverain ;
Et ce Dieu juste et bon les met en assurance,
    Et pour appui leur tend la main.

Il nous tient à tel point gravés en sa mémoire,
Qu'il ne peut oublier nos bonnes actions ;
Et nous comble ici-bas, en attendant sa gloire,
    De mille bénédictions.

Aux enfants d'Israël il prodigue ses graces,
Il entend leur prière, il bénit leurs ferveurs ;
Et sur les fils d'Aaron qui marchent sur ses traces
    Il verse les mêmes faveurs.

Il en est libéral par toutes nos provinces
A ceux dont l'ame sainte exalte et craint son nom ;
Aux petits comme aux grands, aux bergers comme aux princes,
    Il départ ce précieux don.

Que le Seigneur répande encore plus de graces sur vous ; sur vous et sur vos enfants.

Vous êtes bénis du Seigneur, qui a fait le ciel et la terre.

Il a réservé le ciel pour la demeure du maître du ciel, et a donné la terre aux enfants des hommes.

Seigneur, les morts ne vous loueront point, ni tous ceux qui descendent dans l'enfer.

Mais nous qui vivons, nous bénissons le Seigneur ; et nous nous y emploierons de ce moment à tout jamais.

Gloire soit au Père, et au Fils, et au Saint-Esprit.

Telle qu'elle a été au commencement, telle soit-elle maintenant, etc.

Adjiciat Dominus super vos : super vos, et super filios vestros.

Benedicti vos a Domino, qui fecit cœlum et terram.

Cœlum cœli Domino : terram autem dedit filiis hominum.

Non mortui laudabunt te, Domine : neque omnes qui descendunt in infernum.

Sed nos qui vivimus, benedicimus Domino, ex hoc nunc et usque in sæculum.

Gloria Patri, et Filio, et Spiritui Sancto.

Sicut erat in principio, etc.

Ant. Nos qui vivimus, benedicimus Domino.

CAPITULUM.

II. CORINT. I.

Benedictus Deus, et Pater Domini nostri Jesu Christi,

Puisse de jour en jour sa bonté souveraine,
Qui vous attache à lui par des liens si doux,
Et redoubler ce don, et l'épandre à main pleine
    Sur vos fils ainsi que sur vous !

Entre les nations dont il peuple le monde,
Il lui plut vous bénir comme ses bien-aimés ;
Et quand il a formé le ciel, la terre, et l'onde,
    C'est pour vous qu'il les a formés.

Ce créateur de tout, ce maître du tonnerre,
S'est réservé là-haut le ciel pour habiter :
Mais se le réservant, il vous donne la terre ;
    C'est de là qu'il y faut monter.

Cependant chez les morts il n'est aucune flamme
Qui ranime, Seigneur, ton sacré souvenir ;
Et sous un froid tombeau qui couvre un corps sans ame
    On n'apprend point à te bénir.

C'est à nous qui vivons à te rendre un hommage
De louange et de gloire, aussi bien que d'encens :
C'est à ceux qui vivront à t'offrir d'âge en âge
    Un tribut de vœux innocents.

Gloire au Père éternel, la première des causes,
Gloire au Verbe incarné, gloire à l'Esprit divin ;
Et telle qu'elle étoit avant toutes les choses,
    Telle soit-elle encor sans fin.

    Ant. Nous qui vivons, nous bénissons le Seigneur.

CHAPITRE.

Béni soit Dieu, Père de notre Seigneur Jésus-Christ,

Pater misericordiarum, et Deus totius consolationis, qui consolatur nos in omni tribulatione nostra. ℟. Deo gratias.

HYMNUS.

Lucis Creator optime,
Lucem dierum proferens.
Primordiis lucis novæ
Mundi parans originem;

Qui mane junctum vesperi
Diem vocari præcipis :
Tetrum Chaos illabitur,
Audi preces cum fletibus.

Ne mens gravata crimine
Vitæ sit exul munere,
Dum nil perenne cogitat,
Seseque culpis illigat.

Cœlorum pulset intimum.
Vitale tollat præmium,
Vitemus omne noxium,
Purgemus omne pessimum.

Præsta, Pater piissime,
Patrique compar unice,
Cum Spiritu Paraclito,
Regnans per omne sæculum.

℣. Dirigatur, Domine, oratio mea.
℟. Sicut incensum in conspectu tuo.

Père des miséricordes, et Dieu d'entière consolation, qui nous console dans toutes nos tribulations. ℟. Rendons graces à Dieu.

HYMNE.

Père et maître de la lumière,
Qui de tes seuls trésors tires celle des jours ;
Qui commenças par elle à déployer leur cours,
Et préparer du monde et l'ordre et la matière ;

Qui donnes le nom de journée
Au doux enchaînement du matin et du soir :
Le chaos de la nuit répand son voile noir,
Écoute les soupirs de notre ame étonnée.

Empêche que le poids des crimes
L'exile du vrai jour qui seul fait vivre en toi ;
Empêche que l'oubli de ta divine loi
L'enfonce du péché dans les plus noirs abimes.

Fais monter au ciel sa prière,
Fais qu'après ses combats la vie en soit le prix ;
De tout ce qui t'offense épure nos esprits,
De tout ce qui peut nuire affranchis leur carrière.

Accordez-nous cette victoire,
Père incompréhensible, homme-Dieu Jésus-Christ,
Qui régnez à jamais avec le Saint-Esprit
Au bienheureux séjour de lumière et de gloire.

℣. Seigneur, souffrez que mon oraison monte jusqu'à vous,
℟. Comme fait l'encens en votre présence.

CANTICUM BEATÆ MARIÆ.

LUCÆ 1.

Mon ame magnifie le Seigneur;

Et mon esprit a tressailli de joie en Dieu mon salutaire.

Il a regardé la bassesse de sa servante; et à cause de cela toutes les générations me nommeront bienheureuse.

Parceque le Tout-Puissant a fait en moi de grandes choses, et a montré la vertu de son saint nom.

Et sa miséricorde passe de race en race à ceux qui le craignent.

Il a déployé la puissance de son bras, et mis les superbes bien loin de la pensée de leur cœur.

Il a déposé les plus puis-

Magnificat anima mea Dominum.

Et exultavit spiritus meus in Deo salutari meo.

Quia respexit humilitatem ancillæ suæ: ecce enim ex hoc beatam me dicent omnes generationes.

Quia fecit mihi magna qui potens est, et sanctum nomen ejus.

Et misericordia ejus a progenie in progenies timentibus eum.

Fecit potentiam in brachio suo : dispersit superbos mente cordis sui.

Deposuit potentes de

CANTIQUE DE LA SAINTE VIERGE.

EN SAINT LUC I.

Après un si haut privilége
Dont il plaît au Seigneur de me gratifier,
Je me dois toute entière à le magnifier,
Et mon silence ingrat seroit un sacrilége.

Quand même je voudrois me taire,
Un doux emportement parleroit malgré moi ;
Et cet excès d'honneur m'est une forte loi
D'épanouir mon ame en Dieu mon salutaire.

Il a regardé ma bassesse,
Il a du haut des cieux daigné s'en souvenir ;
Et depuis ce moment tout le siècle à venir
Publiera mon bonheur par des chants d'allégresse.

La merveille tant attendue
De son pouvoir en moi fait voir l'immensité ;
Et je dois de son nom bénir la sainteté,
Dont la vive splendeur sur moi s'est répandue.

De sa miséricorde sainte
L'effort de race en race enfin tombe sur nous ;
Il en fait part à ceux qui craignent son courroux,
Et je porte le prix d'une si digne crainte.

Son bras a montré sa puissance :
Les projets les plus vains, il les a dispersés ;
Les desseins les plus fiers, il les a renversés ;
Et du plus haut orgueil abattu l'insolence.

Les plus invincibles monarques

sants de leur siége, et a exalté
les plus ravalés.

Il a rempli de biens ceux
qui étoient pressés de la faim,
et renvoyé vides les opulents.

Il a pris en sa protection
Israël son serviteur, en rappelant le souvenir de sa miséricorde.

Ainsi qu'il l'avoit promis
à nos pères, à Abraham, et
à sa postérité, pour tout jamais.

Gloire soit au Père, et au
Fils, et au Saint-Esprit.

Telle qu'elle a été au commencement, etc.

sede : et exaltavit humiles.

Esurientes implevit
bonis, et divites dimisit
inanes.

Suscepit Israël puerum suum, recordatus
misericordiæ suæ.

Sicut locutus est ad
patres nostros, Abraham et semini ejus, in
sæcula.

Gloria Patri, et Filio,
et Spiritui Sancto.

Sicut erat, etc.

Deinde dicuntur Antiphona et Oratio propria.

AD COMPLETORIUM.

Convertissez-nous, ô Dieu,
qui êtes notre salutaire.

Et détournez votre colère
de nous.

Converte nos, Deus,
salutaris noster.

Et averte iram tuam
a nobis.

Se sont vus par sa main de leur trône arrachés ;
Et ceux que la poussière avoit tenus cachés
Ont reçu de son choix les glorieuses marques.

   Ce choix de ses faveurs solides
A su remplir de biens ceux que pressoit la faim ;
Et ceux qui puisoient l'or chez eux à pleine main,
Sa juste défaveur les a renvoyés vides.

   C'est ce qui nous donne assurance
Qu'il a pris Israël en sa protection,
Et n'a point oublié la grace dont Sion
Avoit droit de flatter son illustre espérance.

   Il la promit avec tendresse,
Abraham et ses fils en avoient son serment :
Tout ce qu'il leur jura paroît en ce moment,
Et ce miracle enfin dégage sa promesse.

   Gloire au Père, cause des causes,
Gloire au Verbe incarné, gloire à l'Esprit divin,
Telle encor maintenant et telle encor sans fin
Qu'elle étoit en tous trois avant toutes les choses.

On dit ensuite l'Antienne et l'Oraison propre.

A COMPLIES.

Seigneur, de tous les cœurs qui cherchent à vous plaire
      L'unique salutaire,
Convertissez notre ame, et détournez de nous
      Votre juste courroux.

Mon Dieu, venez à mon aide.	Deus, in adjutorium meum intende.
Seigneur, hâtez-vous de me secourir.	Domine, ad adjuvandum me festina.
Gloire soit au Père, et au Fils, et au Saint-Esprit.	Gloria Patri, et Filio, et Spiritui Sancto.
Telle qu'elle a été au commencement telle soit-elle maintenant et toujours, et dans les siècles des siècles. Ainsi soit-il.	Sicut erat in principio et nunc et semper, et in sæcula sæculorum. Amen.

Alleluia.

ANTIPHONA. Miserere.

PSALMUS 4.

Quand j'ai invoqué le Dieu qui me rend justice, il m'a exaucé : mon Dieu, vous m'avez dilaté le cœur dans la tribulation.	Cum invocarem, exaudivit me Deus justitiæ meæ : in tribulatione dilatasti mihi.
Ayez pitié de moi, et exaucez ma prière.	Miserere mei, et exaudi orationem meam.
Fils des hommes, jusques à quand aurez-vous un cœur pesant et dur? à quel sujet aimez-vous la vanité, et cherchez-vous le mensonge?	Filii hominum, usquequo gravi corde? ut quid diligitis vanitatem, et quæritis mendacium.
Sachez que Dieu a fait des merveilles pour le saint qu'il a choisi : apprenez qu'il m'exaucera, dès que j'élèverai ma voix à lui.	Et scitote quoniam mirificavit Dominus sanctum suum : Dominus exaudiet me, cum clamavero ad eum.
Mettez-vous en colère, et	Irascimini, et nolite

A COMPLIES.

O grand Dieu, de qui tout procède,
Qui faites et vivre et mourir,
Ne me refusez pas votre aide,
Hâtez-vous de me secourir.

   Gloire au Père, souverain Maître,
   Gloire au Fils, à l'Esprit divin ;
Et telle qu'elle étoit quand tout commença d'être,
Telle soit-elle encor maintenant et sans fin.

            Louez le Seigneur.
        Antienne. Ayez pitié de moi.

PSAUME 4.

Sitôt que j'invoquai le Dieu de ma justice,
Il exauça mes vœux, il prit pitié de moi ;
Dans mes afflictions sa main me fut propice,
Et dilata mon cœur qu'avoit serré l'effroi.

Montrez pour moi, Seigneur, une pitié nouvelle :
Vous voyez sur mes bras de nouveaux ennemis ;
Dissipez leurs conseils, ramenez mon rebelle,
Exaucez ma prière, et me rendez mon fils.

Lâches, dont le complot en ces ennuis me plonge,
Jusqu'où porterez-vous des cœurs durs et pesants ?
Jusqu'où prendrez-vous soin d'appuyer le mensonge ?
Jusqu'où d'un vain orgueil serez-vous partisans ?

Avez-vous oublié par combien de miracles
Dieu m'a mis dans le trône et soutenu son choix ?
Le croyez-vous moins fort à briser tous obstacles,
Aussitôt que vers lui j'élèverai ma voix ?

Prenez contre le crime une digne colère,

quittez la volonté de pécher : tout ce que vous dites en vos cœurs, repassez-le dans vos lits avec componction.

Sacrifiez un sacrifice de justice, et espérez au Seigneur. Plusieurs disent : Qui nous montre où sont les biens ?

La lumière de votre visage est empreinte sur nous ; vous avez répandu la joie en mon cœur.

Mes sujets se sont multipliés par l'abondance de leur froment, de leur vin, et de leur huile.

Et j'espère encore de dormir quelque jour en paix, et de reposer dans l'union ;

Parceque les faveurs singulières que j'ai reçues de vous m'ont mis en état de tout espérer.

Gloire soit au Père, et au Fils, et au Saint-Esprit.

Telle qu'elle a été au commencement, etc.

peccare : quæ dicitis in cordibus vestris, in cubilibus vestris compungimini.

Sacrificate sacrificium justitiæ, et sperate in Domino. Multi dicunt : Quis ostendit nobis bona ?

Signatum est super nos lumen vultus tui. Domine : dedisti lætitiam in corde meo.

A fructu frumenti, vini et olei sui, multiplicati sunt.

In pace in idipsum dormiam, et requiescam ;

Quoniam tu, Domine, singulariter in spe constituisti me.

Gloria Patri, et Filio, et Spiritui Sancto.

Sicut erat, etc.

A COMPLIES.

Connoissez votre faute, et cessez de faillir;
Et faites dans vos lits un examen sévère
De ce que votre cœur espère en recueillir.

Qu'un juste repentir offre vos sacrifices,
Mettez-vous en état d'espérer au Seigneur;
Venez, et laissez dire aux esclaves des vices :
Qu'on nous offre du bien, on aura notre cœur!

Sa lumière divine a mis sur mon visage
De ses vives clartés la sainte impression;
Et sa parfaite joie a mis dans mon courage
De quoi me soutenir contre l'oppression.

Avant cette fureur de la guerre civile,
A-t-on vu des sujets plus heureux que les miens?
L'abondance du vin, du froment, et de l'huile,
En augmentoit le nombre en augmentant leurs biens.

Je reverrai, Seigneur, encor la même chose,
Dès qu'il vous aura plu me redonner la paix :
C'est sur ce doux espoir que mon cœur se repose,
C'est à ce doux effet qu'il borne ses souhaits.

Ces graces, ô mon Dieu, passeroient les premières :
Mais sur votre bonté j'ose m'en assurer;
Et vous m'avez tant fait de faveurs singulières,
Que j'espère aisément plus qu'on n'ose espérer.

Gloire au Père éternel, la première des causes,
Gloire au Verbe incarné, gloire à l'Esprit divin;
Et telle qu'elle étoit avant toutes les choses,
Telle soit-elle encor maintenant et sans fin.

PSALMUS 30.

Seigneur, c'est en vous que j'ai espéré, je n'en recevrai jamais de confusion : faites-moi justice, et délivrez-moi.

Penchez votre oreille vers moi, hâtez-vous de me tirer de péril.

Soyez pour moi un Dieu protecteur, et une maison de refuge, où je sois en sûreté.

Car vous êtes ma force et mon refuge, et vous me guiderez et nourrirez pour l'amour de votre nom.

Vous me retirerez du piége caché qu'on m'a tendu, parceque vous êtes mon protecteur.

Je vous recommande mon esprit, et le remets entre vos mains : Seigneur, vous êtes le Dieu de vérité, qui m'avez racheté souvent.

Gloire soit au Père, et au Fils, et au Saint-Esprit.

In te, Domine, speravi, non confundar in æternum : in justitia tua libera me.

Inclina ad me aurem tuam, accelera ut eruas me.

Esto mihi in Deum protectorem et in domum refugii, ut salvum me facias.

Quoniam fortitudo mea, et refugium meum es tu ; et propter nomen tuum deduces me, et enutries me.

Educes me de laqueo hoc quem absconderunt mihi : quoniam tu es protector meus.

In manus tuas commendo spiritum meum: redemisti me, Domine, Deus veritatis.

Gloria Patri, et Filio, et Spiritui Sancto.

A COMPLIES.

PSAUME 30.

J'ai mis en vous mon espérance :
Sera-ce à ma confusion,
Seigneur? et votre bras est-il dans l'impuissance
De me faire justice en cette occasion?

Déployez-le, l'ennemi presse;
Prêtez l'oreille à mes clameurs :
Venez, et hâtez-vous d'appuyer ma foiblesse.
Pour peu que vous tardiez, tout me manque, et je meurs.

Je n'ai plus ni vivres, ni places,
Je n'ai ni troupes, ni vigueur;
Et si votre secours n'arrête mes disgraces,
Je succombe à la force, ou tombe de langueur.

Mais vous serez ma citadelle,
Vous suppléerez tous mes besoins;
J'aurai pour ma conduite une grace nouvelle,
J'aurai pour subsistance un effet de vos soins.

C'est en vain qu'on me dresse un piége,
C'est en vain qu'on veut m'assiéger;
Vous romprez les filets, vous confondrez le siége :
Un seul de vos regards saura me protéger.

Souffrez qu'en vos mains je remette
Une ame réduite aux abois :
O Dieu de vérité, servez-moi de retraite,
Vous qui m'avez déja racheté tant de fois!

Gloire au Père, cause des causes,
Gloire au Fils, à l'Esprit divin :

Telle qu'elle a été au commencement, etc.

Sicut erat, etc.

PSALMUS 90.

Celui qui habite en l'aide du Très-Haut, demeurera sous la protection du Dieu du ciel.

Il dira au Seigneur : Vous m'avez reçu en votre sauvegarde, et vous êtes mon refuge : oui, le Seigneur est mon Dieu, j'espérerai en lui,

Car c'est lui qui m'a délivré des piéges des chasseurs, et des outrages de la calomnie.

Il vous couvrira de l'ombre de ses épaules, et vous espérerez sous ses ailes.

Sa vérité vous environnera d'un écu si fort, que les terreurs nocturnes ne vous feront point trembler.

Vous ne craindrez ni la flèche qui vole en plein jour, ni la trahison qui se trame et s'exécute dans les ténèbres, ni les insultes, ni le démon du midi.

Qui habitat in adjutorio Altissimi, in protectione Dei cœli commorabitur.

Dicet Domino : Susceptor meus es tu, et refugium meum : Deus meus, sperabo in eum,

Quoniam ipse liberavit me de laqueo venantium, et a verbo aspero.

Scapulis suis obumbrabit tibi : et sub pennis ejus sperabis.

Scuto circumdabit te veritas ejus : non timebis a timore nocturno.

A sagitta volante in die, a negotio perambulante in tenebris, ab incursu, et dæmonio meridiano.

Et telle qu'elle étoit avant toutes les choses,
Telle soit-elle encor maintenant, et sans fin.

PSAUME 90.

Sous l'appui du Très-Haut quiconque se retire,
    Et de tout se confie en lui,
Sous sa protection jusqu'au bout il respire,
    Et n'a point besoin d'autre appui.

Il dira hautement : Vous êtes mon refuge,
    Seigneur, vous me tendez la main ;
C'est en vous que j'espère, et je n'aurai pour juge
    Que mon protecteur souverain.

Sous un bras si puissant je suis en assurance
    Contre les piéges des chasseurs,
Et le plus noir venin de l'âpre médisance
    Ne m'imprime aucunes noirceurs.

Espérez tous en lui : l'ombre de ses épaules
    Vous tiendra partout à couvert,
Et son vol étendu jusque sous les deux pôles
    Vous servira d'asile ouvert.

En cet heureux état sa vérité suprême
    Vous fait partout un bouclier ;
Et, dans l'obscurité, la frayeur elle-même
    N'a point de quoi vous effrayer.

L'attentat en plein jour, les négoces infames
    Qui ne se traitent que de nuit,
Du démon du midi les pestilentes flammes,
    De tout cela rien ne vous nuit.

Mille traits tomberont à votre côté, et dix mille à votre droite; mais aucun n'approchera de vous.

Cependant vous considérerez tout cela de vos yeux, et verrez la rétribution des pécheurs.

Parceque vous avez dit : Seigneur, vous êtes toute mon espérance, et que vous avez pris le Très-Haut pour votre refuge.

Aucun mal n'arrivera jusqu'à vous, et aucun fléau n'approchera de votre demeure.

D'autant qu'il a commandé à ses anges de vous garder en toutes vos routes.

Ils vous porteront en leurs mains, de peur que par le hasard votre pied ne heurte contre quelque pierre.

Vous marcherez sur l'aspic et sur le basilic, et vous foulerez aux pieds le lion et le dragon.

Cadent a latere tuo mille, et decem millia a dextris tuis : ad te autem non appropinquabit.

Verumtamen oculis tuis considerabis : et retributionem peccatorum videbis.

Quoniam tu es, Domine, spes mea : Altissimum posuisti refugium tuum.

Non accedet ad te malum : et flagellum non appropinquabit tabernaculo tuo.

Quoniam angelis suis mandavit de te, ut custodiant te in omnibus viis tuis.

In manibus portabunt te, ne forte offendas ad lapidem pedem tuum.

Super aspidem et basiliscum ambulabis : et conculcabis leonem et draconem.

Un million de traits, un million de flèches
    Tomberont à vos deux côtés,
Sans que flèches ni traits fassent aucunes brèches
    Sur ce que gardent ses bontés.

Considérez d'ailleurs comme agit sa colère
    Sur qui se plaît à l'offenser :
Vous verrez les pécheurs recevoir leur salaire,
    Et ses foudres les terrasser.

Espérez tous en lui, j'aime à vous le redire,
    Et ne puis vous le dire assez :
C'est prendre un haut refuge, et le plus vaste empire
    N'a point de forts si bien placés.

L'asile que nous font sa grace et sa justice
    Est inaccessible à tous maux ;
Et sous quelque fléau que la terre gémisse,
    Vous n'en craindrez point les assauts.

Ses anges par son ordre auront soin de vos routes,
    Quelque part qu'il vous faille aller ;
Et tout autour de vous ils seront aux écoutes,
    Dès qu'il vous faudra sommeiller.

Dans ces âpres sentiers qu'à peine ouvre la terre,
    Ils vous porteront en leurs mains,
De peur que votre pied heurtant contre la pierre
    Ne fasse avorter vos desseins.

Des plus hideux serpents l'affreuse barbarie
    Vous laissera marcher sur eux :
Vous foulerez aux pieds le lion en furie,
    Le dragon le plus monstrueux.

Dieu dira de vous : Je délivrerai cet homme, parcequ'il a espéré en moi; je le protégerai, parcequ'il a connu mon nom.

Il s'écriera vers moi, et je l'exaucerai ; je suis avec lui dans la tribulation, je l'en tirerai et le glorifierai.

Je lui donnerai de longues années, et je lui montrerai mon salutaire.

Gloire soit au Père, et au Fils, et au Saint-Esprit.

Telle qu'elle, etc.

Quoniam in me speravit, liberabo eum : protegam eum, quoniam cognovit nomen meum.

Clamabit ad me, et ego exaudiam eum; cum ipso sum in tribulatione : eripiam eum, et glorificabo eum.

Longitudine dierum replebo eum, et ostendam illi salutare meum.

Gloria Patri, et Filio, et Spiritui, etc.

Sicut erat, etc.

PSALMUS 133.

Bénissez maintenant le Seigneur, tous tant que vous êtes de serviteurs du Seigneur ;

Vous qui demeurez dans la maison du Seigneur, dans les parvis de la maison de notre Dieu,

Durant les nuits élevez vos mains vers le sanctuaire,

Ecce nunc benedicite Dominum, omnes servi Domini :

Qui statis in domo Domini, in atriis domus Dei nostri,

In noctibus extollite manus vestras in san-

C'est en moi qu'il a mis toute son espérance,
　　Dira de vous ce Dieu tout bon ;
Et je protégerai partout son innocence,
　　Puisqu'il a reconnu mon nom.

Il n'aura qu'à parler, j'entendrai sa prière,
　　Je prendrai part à ses douleurs ;
Je ferai succéder ma gloire à sa misère,
　　Et mon bonheur à ses malheurs.

A la longueur du temps que je veux qu'il me serve
　　Je joindrai mon grand avenir,
Et je lui ferai voir quel bonheur je réserve
　　A ceux qui savent me bénir.

Gloire au Père éternel, la première des causes,
　　Gloire au Fils, à l'Esprit divin ;
Et telle qu'elle étoit avant toutes les choses,
　　Telle soit-elle encor sans fin.

PSAUME 133.

Ministres du Seigneur, bénissez à l'envi
　　　Sa main toute-puissante :
　　　Qu'aucun ne s'en exempte,
Montrez tous le grand cœur dont vous l'avez servi.

C'est vous qui demeurez dans sa sainte maison,
　　　Que ce devoir regarde ;
　　　Vous qui l'avez en garde,
Et qui pour tout le peuple offrez votre oraison.

Quand ce peuple accablé de travaux et d'ennui
　　　Paisiblement sommeille,

et bénissez le Seigneur.

Que le Seigneur vous bénisse de Sion, lui qui a fait le ciel et la terre.

Gloire soit au Père, et au Fils, et au Saint-Esprit.

Telle qu'elle a été au commencement, telle soit-elle maintenant et toujours, et dans les siècles des siècles. Ainsi soit-il.

cta, et benedicite Dominum.

Benedicat te Dominus ex Sion, qui fecit cœlum et terram.

Gloria Patri, et Filio, et Spiritui Sancto.

Sicut erat in principio et nunc et semper, et in sæcula sæculorum. Amen.

ANT. Miserere mei, Domine, et exaudi orationem meam.

HYMNUS.

Te lucis ante terminum,
Rerum Creator, poscimus,
Ut solita clementia
Sis præsul ad custodiam.

Procul recedant somnia,
Et noctium phantasmata,
Hostemque nostrum comprime,
Ne polluantur corpora.

Præsta, Pater omnipotens,
Per Jesum Christum Dominum,
Qui tecum in perpetuum
Regnat cum Sancto Spiritu.

CAPITULUM.

Tu autem in nobis es, Domine, et nomen sanctum

Qu'autre que vous ne veille,
Levant les mains au ciel, bénissez-le pour lui.

Dites sur Israël : Que le grand Dieu des dieux
    Par sa bonté propice
    A jamais vous bénisse,
Lui qui créa d'un mot et la terre et les cieux !

Gloire au Père éternel, à son Verbe incarné,
    A l'Esprit adorable,
    Telle à jamais durable
Qu'elle étoit en tous trois avant que tout fût né.

ANT. Ayez pitié de moi, Seigneur, et exaucez mon oraison.

HYMNE.

En ces derniers moments du jour qui nous éclaire,
Auteur de l'univers, nous l'osons demander
    Qu'avec ta clémence ordinaire
Jusques à son retour tu daignes nous garder.

Repousse loin de nous l'insolence des songes,
Les fantômes impurs que le démon produit :
    Retiens ce père des mensonges ;
Qu'aucune indignité ne souille notre nuit.

Fais-nous, Père éternel, fais à tous cette grace,
Nous t'en prions au nom de ton Fils Jésus-Christ,
    Qui règne en cet immense espace
Où tu règnes toi-même avec le Saint-Esprit.

CHAPITRE.

JÉRÉMIE, XIV.

Quant à vous, Seigneur, vous êtes en nous, et votre

tuum invocatum est super nos : ne derelinquas nos, Domine, Deus noster.

℣. Deo gratias.

℟. Breve. In manus tuas, Domine, commendo spiritum meum.

Et repetitur. In manus tuas, Domine, commendo spiritum meum.

℣. Redemisti nos, Domine, Deus veritatis.

℟. Commendo spiritum meum.

℣. Gloria Patri, et Filio, et Spiritui Sancto.

℟. In manus tuas, Domine, commendo spiritum meum.

℣. Custodi nos, Domine, ut pupillam oculi.

℟. Sub umbra alarum tuarum protege nos.

Antiphona. Salva nos.

CANTICUM SIMEONIS.

Lucæ II.

Seigneur, vous laissez maintenant aller en paix votre serviteur, suivant votre parole.	Nunc dimittis servum tuum, Domine, secundum verbum tuum in pace.
Parceque mes yeux ont vu votre salutaire,	Quia viderunt oculi mei salutare tuum,
Que vous avez préparé devant la face de tous les peuples,	Quod parasti ante faciem omnium populorum ;

saint nom est invoqué sur nous : ne nous délaissez pas, vous qui êtes notre Seigneur et notre Dieu.

℣. Rendons graces à Dieu.

Bref. ℟. Seigneur, je vous recommande mon esprit, et le remets entre vos mains.

Et se répète. Seigneur, je vous recommande mon esprit, et le remets entre vos mains.

℣. Vous nous avez rachetés, Seigneur, vous qui êtes le Dieu de vérité.

℟. Je vous recommande mon esprit.

℣. Gloire soit au Père, et au Fils, et au Saint-Esprit.

℟. Seigneur, je vous recommande mon esprit, et le remets entre vos mains.

℣. Gardez-nous, Seigneur, comme la prunelle de l'œil,

℟. Et protégez-nous sous l'ombre de vos ailes.

Antienne. Conservez-nous.

CANTIQUE DE SIMÉON.

EN SAINT LUC, II.

Enfin, suivant votre parole,
Vous me laissez aller en paix,
Seigneur, et mon ame s'envole
Au sein d'Abraham pour jamais.

Vous avez daigné satisfaire
De mes yeux le plus doux souci :
Ils ont vu votre salutaire,
Et n'ont plus rien à voir ici.

C'est le salutaire suprême
Que vos saintes prénotions
Vous ont fait préparer vous-même
Devant toutes les nations.

Pour servir de lumière à éclairer les nations, et faire la gloire d'Israël, votre peuple.	Lumen ad revelationem gentium, et gloriam plebis tuæ Israël.
Gloire soit au Père, et au Fils, et au Saint-Esprit.	Gloria Patri, et Filio, et Spiritui Sancto.
Telle qu'elle a été au commencement, etc.	Sicut erat, etc.

Ant. Salva nos, Domine, vigilantes, custodi nos dormientes, ut vigilemus cum Christo, et requiescamus in pace.

℣. Domine, exaudi orationem meam.

℟. Et clamor meus ad te veniat.

OREMUS.

Visita, quæsumus, Domine, habitationem istam, et omnes insidias inimici ab ea longe repelle : angeli tui sancti habitent in ea, qui nos in pace custodiant, et benedictio tua sit super nos semper. Per Dominum nostrum Jesum Christum Filium tuum ; qui tecum vivit et regnat in unitate Spiritus Sancti, Deus. Per omnia sæcula sæculorum.

℟. Amen.

℣. Domine, exaudi orationem meam.

℟. Et clamor meus ad te veniat.

℣. Benedicamus Domino.

℟. Deo gratias.

BENEDICTIO.

Benedicat et custodiat nos omnipotens et misericors Dominus, Pater, et Filius, et Spiritus Sanctus.

℟. Amen.

A COMPLIES.

Par cette lumière adorable
Les gentils seront éclairés,
Et d'une gloire incomparable
Vos peuples seront honorés.

Gloire au Père, cause des causes,
Gloire au Fils, à l'Esprit divin;
Et telle qu'avant toutes choses,
Telle soit-elle encor sans fin.

Ant. Conservez-nous, Seigneur, lorsque nous veillons, gardez-nous lorsque nous dormons, afin que nous veillions avec Jésus-Christ, et que nous reposions en paix.

℣. Seigneur, exaucez ma prière.
℟. Et que mes clameurs aillent jusqu'à vous.

ORAISON.

Nous vous prions, Seigneur, de visiter cette demeure, et d'en repousser bien loin les embûches de l'ennemi : que vos saints anges y habitent, qu'ils nous y conservent en paix, et que votre bénédiction soit toujours sur nous. Nous vous en supplions par notre Seigneur Jésus-Christ votre Fils, qui, véritable Dieu comme vous, vit et règne avec vous en l'unité du Saint-Esprit, dans tous les siècles des siècles.

℟. Ainsi soit-il.
℣. Seigneur, exaucez ma prière.
℟. Et que mes clameurs aillent jusqu'à vous.
℣. Bénissons le Seigneur.
℟. Rendons graces à Dieu.

BÉNÉDICTION.

Que le Seigneur tout-puissant et tout miséricordieux, le Père, le Fils et le Saint-Esprit, nous bénisse et nous tienne en sa garde.

℟. Ainsi soit-il.

A COMPLIES.

ANTIPHONA DE B. VIRGINE.

Salve Regina, Mater misericordiæ; vita, dulcedo, et spes nostra, salve. Ad te clamamus, exules filii Evæ, ad te suspiramus, gementes et flentes, in hac lachrymarum valle. Eia ergo, advocata nostra, illos tuos misericordes oculos ad nos converte; et Jesum, benedictum fructum ventris tui, nobis post hoc exilium ostende. O clemens, o pia, o dulcis Virgo Maria!

℣. Ora pro nobis, sancta Dei Genitrix.

℟. Ut digni efficiamur promissionibus Christi.

OREMUS.

Omnipotens sempiterne Deus, qui gloriosæ Virginis, Mariæ corpus et animam, ut dignum Filii tui habitaculum effici mereretur, Spiritu Sancto cooperante præparasti : da ut cujus commemoratione lætamur, ejus pia intercessione ab instantibus malis, et a morte perpetua liberemur. Per eumdem Christum Dominum nostrum.

℟. Amen.

℣. Divinum auxilium maneat semper nobiscum.

℟. Amen.

ANTIENNE DE LA SAINTE VIERGE.

Nous vous saluons, Reine et Mère de miséricorde. Nous vous saluons comme étant notre vie, notre douceur, et notre espérance. Nous élevons nos cris vers vous, malheureux exilés et enfants d'Ève que nous sommes. Nous poussons nos soupirs vers vous dans cette vallée de larmes, où nous ne faisons que gémir et pleurer. Soyez donc notre avocate, tournez vers nous ces yeux qui ne sont que miséricorde, et montrez-nous au sortir de notre bannissement le bienheureux fruit de vos entrailles, Jésus-Christ. Nous vous en conjurons, ô Marie, Vierge pleine de clémence, de compassion, et de douceur!

℣. Sainte Mère de Dieu, priez pour nous.

℟. Afin que nous devenions dignes des promesses de Jésus-Christ.

ORAISON.

Dieu tout-puissant et éternel, qui, par la coopération du Saint-Esprit, avez si bien préparé le corps et l'ame de la bienheureuse Vierge-Mère Marie, qu'elle a mérité que vous en fissiez un logement digne de votre Fils : accordez à nos prières que par la pieuse intercession de cette même Vierge, dont nous célébrons la mémoire avec joie, nous puissions nous voir préservés des malheurs qui sont prêts à fondre sur nous, et de la mort éternelle. Nous vous en supplions par le même Jésus-Christ notre Seigneur.

℟. Ainsi soit-il.

℣. Que le secours de Dieu demeure toujours avec nous. ℟. Ainsi soit-il.

INSTRUCTIONS CHRÉTIENNES,

TIRÉES

DE L'IMITATION DE JÉSUS-CHRIST [1].

DE LA VANITÉ DE LA SCIENCE HUMAINE. (LIV. 1, CH. 2.)

Qui se connoît soi-même en a l'ame peu vaine,
Sa propre connoissance en met bien bas le prix;
Et tout le faux éclat de la science humaine
N'est pour lui que l'objet d'un généreux mépris.

Au grand jour du Seigneur, sera-ce un grand refuge
D'avoir connu de tout et la cause et l'effet?
Et ce qu'on aura su fléchira-t-il un juge
Qui ne regardera que ce qu'on aura fait?

Borne tous tes desirs à ce qu'il te faut faire,
Ne les porte point trop vers l'amas du savoir;
Les soins de l'acquérir ne font que te distraire,
Et quand tu l'as acquis il peut te décevoir.

Car enfin plus tu sais, et plus a de lumière

[1] Ces *Instructions*, ainsi que les *Prières* qui les suivent, sont, en effet, tirées de la traduction par Corneille de *l'Imitation de J. C.*; mais non pas textuellement. En les composant, Corneille a corrigé et changé des vers; il a abrégé de longs passages, et quelquefois il a ajouté des vers à ceux qu'il avait tirés de son *Imitation de J. C.* (LEF....)

Le jour qui se répand sur ton entendement,
Plus tu seras coupable à ton heure dernière,
Si tu n'en as vécu d'autant plus saintement.

La vanité par là ne te doit point surprendre,
Le savoir t'est donné pour guide à moins faillir;
Il te donne lui-même un plus grand compte à rendre,
Et plus lieu de trembler que de t'enorgueillir.

DE LA SIMPLICITÉ DU COEUR. (liv. I, ch. 3.)

Nos sens sont des trompeurs, dont les fausses images
A notre entendement n'offrent rien d'assuré,
Et ne lui font rien voir qu'à travers cent nuages,
    Qui jettent mille ombrages
    Dans l'œil mal éclairé.

Plus l'esprit se fait simple, et plus il se ramène
Dans un intérieur dégagé des objets;
Plus lors sa connaissance est diffuse et certaine,
    Et s'élève sans peine
    Jusqu'aux plus hauts sujets.

Oui, Dieu prodigue alors ses graces plus entières;
Et, portant notre idée au-dessus de nos sens,
Il nous donne d'en haut d'autant plus de lumières,
    Qui percent les matières
    Par des traits plus puissants.

Des folles vanités notre ame est enflammée,
Nous voulons être grands plutôt qu'humbles de cœur;
Et tout ce bruit flatteur de notre renommée,
    Comme il n'est que fumée,
    Se dissipe en vapeur.

Vraiment grand est celui qui dans soi se ravale,
Qui rentre en son néant pour se connoître bien,
Qui de tous les honneurs que l'univers étale
     Craint la pompe fatale,
     Et ne l'estime à rien.

QU'IL NE FAUT PAS CROIRE LÉGÈREMENT. (LIV. 1, CH. 4.)

    Qui cherche la perfection,
    Loin de tout croire en téméraire,
    Pèse avec mûre attention
Tout ce qu'il entend dire et tout ce qu'il voit faire.
La plus claire apparence a peine à l'engager;
Il sait que notre esprit est prompt à mal juger,
    Notre langue prompte à médire;
Et, bien qu'il ait sa part en cette infirmité,
    Sur lui-même il garde un empire
Qui le fait triompher de sa fragilité.

    C'est ainsi que son jugement,
    Quoi qu'il entende, quoi qu'il sache,
    Se porte sans empressement,
Sans qu'en opiniâtre à son sens il s'attache.
Il se défend long-temps du mal qu'on dit d'autrui;
Ou s'il en est enfin convaincu malgré lui,
    Il ne s'en fait point le trompette;
Et cette impression qu'il en prend à regret,
    Qu'il désavoue et qu'il rejette,
Demeure dans son ame un éternel secret.

DE L'ABANDON AUX PROPRES DESIRS. (LIV. 1, CH. 6.)

Quiconque avec ardeur souhaite quelque chose,
    Quand son peu de vertu n'oppose
Ni règle à ses desirs ni modération,

Il tombe dans le trouble et dans l'inquiétude
 Avec la même promptitude
 Qu'il défère à sa passion.

L'avare et le superbe incessamment se gênent,
 Et leurs propres vœux les entraînent
Loin du repos heureux qu'ils ne goûtent jamais :
Mais les pauvres d'esprit, les humbles en jouissent,
 Et leurs ames s'épanouissent
 Dans l'abondance de la paix.

Ces devots à demi, sur qui la chair plus forte
 Domine encore en quelque sorte,
Penchent à tous moments vers ses mortels appas,
Et n'ont jamais une ame assez haute, assez pure,
 Pour faire une entière rupture
 Avec les douceurs d'ici-bas.

Ce n'est qu'en résistant à ces tyrans de l'ame,
 Qu'une sainte et divine flamme
Nous donne cette paix que suit un vrai bonheur;
Et qui sous leur empire asservit son courage,
 Dans quelques délices qu'il nage,
 Jamais ne la trouve en son cœur.

DU MÉPRIS DE SOI-MÊME. (liv. 1, ch. 7.)

Ne fais point fondement sur tes propres mérites,
 Tiens ton espoir en Dieu :
De lui dépend l'effet de quoi que tu médites;
 Et s'il ne te guide en tout lieu,
 En tout lieu tu te précipites.

Ne dors pas toutefois, et fais de ton côté

Tout ce que tu peux faire :
Il ne manquera point d'agir avec bonté,
    Et fournira comme vrai père
    Des forces à ta volonté.

Souviens-toi que du corps la taille avantageuse
    Qui se fait admirer,
Ni de mille beautés l'union merveilleuse
    Pour qui chacun veut soupirer,
    Ne doit rendre une ame orgueilleuse.

Du temps l'inévitable et fière avidité
    En fait un prompt ravage,
Et souvent avant lui la moindre infirmité
    Laisse à peine au plus beau visage
    Les marques de l'avoir été.

Ces bonnes actions sur qui chacun se fonde
    Pour t'élever aux cieux,
Ne partent pas toujours d'une vertu profonde ;
    Et Dieu, qui voit par d'autres yeux,
    En juge autrement que le monde.

Non qu'il nous faille armer contre la vérité
    Pour juger mal des nôtres ;
Voyons-en tout le bien avec sincérité,
    Mais croyons encor mieux des autres,
    Pour conserver l'humilité.

DE L'OBÉISSANCE. (LIV. I, CH. 9.)

Tous ces devoirs forcés où tout le cœur s'oppose
N'acquièrent à l'esprit ni liberté ni paix.
Aime qui te commande, ou n'y prétends jamais :

S'il n'est aimable en soi, c'est Dieu qui te l'impose.
L'obéissance est douce, et son aveuglement
Forme un chemin plus sûr que le commandement
Lorsque l'amour la fait, et non pas la contrainte :
Mais elle n'a qu'aigreur sans cette charité ;
Et c'est un long sujet de murmure et de plainte,
Quand son joug n'est souffert que par nécessité.

DES ENTRETIENS INUTILES. (LIV. I, CH. 10.)

Fuis l'embarras du monde autant qu'il est possible :
Ces entretiens du siècle ont trop d'inanité,
Et la paix y rencontre un obstacle invincible,
Lors même qu'on s'y mêle avec simplicité.

Soudain l'ame est souillée, et tout le cœur esclave
Des vains amusements qu'ils savent nous donner :
Leur force est merveilleuse, et pour un qui les brave,
Mille à leurs faux appas se laissent enchaîner.

Leur amorce flatteuse a l'art de nous surprendre,
Le poison qu'elle glisse est aussitôt coulé ;
Et je voudrois souvent n'avoir pu rien entendre,
Ou n'avoir vu personne, ou n'avoir point parlé.

Le peu de soin qu'on prend de tout ce qui regarde
Les biens spirituels dont l'ame s'enrichit,
Pose sur notre langue une mauvaise garde,
Et fait ce long abus sous qui l'homme blanchit.

Parlons, mais dans une humble et sainte conférence
Qui nous puisse acquérir cette sorte de biens :
Dieu les verse toujours par-delà l'espérance,
Quand on s'unit en lui par de tels entretiens.

DU RECOURS A DIEU DANS LES DÉPLAISIRS. (LIV. I, CH. 12.)

Il est avantageux qu'on blâme, qu'on censure
    Nos plus sincères actions,
Qu'on prête des couleurs à nos intentions,
Pour en faire une fausse et honteuse peinture :
    Le coup de cette indignité
    Rabat en nous la vaine gloire,
Dissipe ses vapeurs, et rend à la mémoire
    Le souci de l'humilité.

Cet injuste mépris dont nous couvrent les hommes
    Réveille un zèle languissant,
Et pousse nos soupirs aux pieds du Tout-Puissant,
Qui voit notre pensée et sait ce que nous sommes :
    La conscience en ce besoin
    Y cherche aussitôt son refuge,
Et sa juste douleur l'appelle pour seul juge,
    Comme il en est le seul témoin.

Lorsque l'ame du juste est vivement pressée
    D'une sensible affliction,
Qu'elle sent les assauts de la tentation,
Ou l'effort insolent d'une indigne pensée,
    Elle voit mieux qu'un tel appui
    A sa foiblesse est nécessaire,
Et que, quoi qu'elle fasse, elle ne peut rien faire
    Ni de grand ni de bon sans lui.

DES TENTATIONS. (LIV. I, CH. 13.)

Dans la retraite la plus sainte
Il n'est si haut détachement
Qui, des tentations affranchi pleinement.

N'en sente quelquefois l'atteinte :
Mais il en demeure ce fruit
Dans une ame bien recueillie,
Que leur attaque l'humilie :
Elle la purge, elle l'instruit ;
Elle en sort glorieuse, elle en sort couronnée,
Et plus humble, et plus nette, et plus illuminée.

La flamme est l'épreuve du fer,
La tentation l'est des hommes :
Par elle seulement on voit ce que nous sommes,
Et si nous pouvons triompher.
Lorsqu'à frapper elle s'apprête,
Fermons-lui la porte du cœur :
On en sort aisément vainqueur,
Quand dès l'abord on lui fait tête.
Qui résiste trop tard a peine à résister,
Et c'est au premier pas qu'il la faut arrêter.

D'une simple et foible pensée
L'image forme un trait puissant ;
Elle flatte, on s'y plaît ; elle émeut, on consent ;
Et l'ame en demeure blessée.
Ainsi notre fier ennemi
Se glisse au-dedans et nous tue,
Quand l'ame soudain abattue
Ne lui résiste qu'à demi ;
Et, dans cette langueur pour peu qu'il l'entretienne,
Des forces qu'elle perd il augmente la sienne.

La patience en Jésus-Christ,
Et le grand courage en nos peines,
Font plus avec le temps que les plus rudes gênes

Dont se tyrannise un esprit.
Supplions Dieu qu'il nous console,
Qu'il nous secoure en notre ennui :
Saint Paul nous l'a promis pour lui;
Il dégagera sa parole,
Et tirera pour nous ce fruit de tant de maux,
Qu'ils rendront notre force égale à nos travaux.

DES BONNES OEUVRES. (LIV. I, CH. 15.)

Le mal n'a point d'excuse; il n'est espoir, surprise,
Intérêt, amitié, faveur, crainte, malheurs,
    Dont le pouvoir nous autorise
A rien faire ou penser qui porte ses couleurs.

Une bonne action a toujours grand mérite;
Mais pour servir un autre il nous la faut quitter :
    C'est sans la perdre qu'on la quitte,
Et cet échange heureux nous fait plus mériter.

La plus haute après tout n'attire aucune grace,
Si par la charité son effet n'est produit :
    Mais la plus foible et la plus basse,
Partant de cette source, est toujours de grand fruit.

Ce grand juge des cœurs perce d'un œil sévère
Les plus secrets motifs de nos intentions,
    Et sa justice considère
Ce qui nous fait agir, plus que nos actions.

Celui-là fait beaucoup en qui l'amour est forte;
Celui-là fait beaucoup, qui fait bien ce qu'il fait;
    Celui-là fait bien, qui se porte
Plus au bien du commun qu'à son propre souhait.

Oh! qui pourroit avoir une foible étincelle
De cette véritable et pure charité,
    Que bientôt sa clarté fidèle
Lui feroit voir qu'ici tout n'est que vanité!

DU DEVOIR ENVERS LE PROCHAIN. (liv. I, ch. 16.)

Quand par tes bons avis une ame assez instruite
    Continue à leur résister,
Entre les mains de Dieu remets-en la conduite,
Et ne t'obstine point à la persécuter.

Sa sainte volonté souvent veut être faite
    Par un autre ordre que le tien.
Il sait trouver sa gloire en tout ce qu'il projette,
Il sait, quand il lui plaît, tourner le mal en bien.

Souffre sans murmurer tous les défauts des autres,
    Pour grands qu'ils se puissent offrir;
Et songe qu'en effet nous avons tous les nôtres,
Dont ils ont à leur tour encor plus à souffrir.

Si ta fragilité met toujours quelque obstacle
    En toi-même à tes propres vœux,
Comment peux-tu d'un autre exiger ce miracle
Qu'il n'agisse partout qu'ainsi que tu le veux?

N'est-ce pas le traiter avec haute injustice,
    De vouloir qu'il soit tout parfait;
Et de ne vouloir pas te corriger d'un vice,
Afin que ton exemple aide à ce grand effet?

Aucun n'est sans défaut, aucun n'est sans foiblesse,
    Aucun n'est sans besoin d'appui,

Aucun n'est sage assez de sa propre sagesse,
Aucun n'est assez fort pour se passer d'autrui.

Il faut donc s'entr'aimer, il faut donc s'entr'instruire,
    Il faut donc s'entre-secourir;
Il faut s'entre-prêter des yeux à se conduire,
Il faut s'entre-donner une aide à se guérir;

DE LA RECOLLECTION. (LIV. I, CH. 19.)

Quelque effort qu'ici-bas l'homme fasse à bien vivre,
Il est souvent trahi par sa fragilité;
Et le meilleur remède à son infirmité,
C'est de choisir toujours un but certain à suivre.
Qu'il regarde surtout quel est l'empêchement
Qui met le plus d'obstacle à son avancement,
Et que tout son pouvoir s'attache à l'en défaire :
Qu'il donne ordre au-dedans, qu'il donne ordre au-dehors;
A cet heureux progrès l'un et l'autre confère,
Et l'ame a plus de force ayant l'aide du corps.

Si ta retraite en toi ne peut être assidue,
Recueille-toi du moins une fois chaque jour;
Soit lorsque le soleil recommence son tour,
Soit lorsque sous les eaux sa lumière est fondue.
Propose le matin, et règle tes projets;
Examine le soir quels en sont les effets;
Revois tes actions, tes discours, tes pensées :
Peut-être y verras-tu, malgré ton bon dessein,
A chaque occasion mille offenses glissées
Contre le grand Monarque, ou contre le prochain.

DU SILENCE ET DE LA SOLITUDE. (LIV. I, CH. 20.)

Se taire entièrement est beaucoup plus facile

Que de se préserver du mélange inutile
Qui dans tous nos discours aisément s'introduit :
    Et c'est chose bien moins pénible
    D'être chez soi comme invisible,
Que de se bien garder alors qu'on se produit.

Personne en sûreté ne sauroit se produire,
Ni parler sans se mettre au hasard de se nuire,
Ni prendre sans péril des ordres à donner,
    Que ceux qui volontiers se cachent,
    Sans peine au silence s'attachent,
Et sans aversion se laissent gouverner.

Souvent ceux que tu vois par leur vertu sublime
Mériter notre amour, emporter notre estime,
Tout parfaits qu'on les croit, sont le plus en danger ;
    Et l'excessive confiance
    Qu'elle jette en leur conscience
Souvent les autorise à se trop négliger.

Souvent il est meilleur que quelque assaut nous presse,
Et que, nous faisant voir quelle est notre foiblesse,
Il réveille par-là nos plus puissants efforts,
    De crainte que l'ame tranquille
    Ne s'enfle d'un orgueil facile
A glisser de son calme aux douceurs du dehors.

Cache-toi, s'il le faut, pour briser ces obstacles :
L'obscurité vaut mieux que l'éclat des miracles,
S'ils étouffent les soins qu'on doit avoir de soi ;
    Et le don de faire un prodige
    Dans une ame qui se néglige,
D'un précieux trésor fait un mauvais emploi.

Le monde et ses plaisirs s'écoulent et nous gênent,
Et quand à divaguer nos desirs nous entraînent,
Ce temps qu'on aime à perdre est aussitôt passé ;
 Et, pour fruit de cette sortie,
 On n'a qu'une ame appesantie,
Et des desirs flottants dans un cœur dispersé.

DÉGOUT DU MONDE. (LIV. I, CH. 21.)

Reconnois-toi, mortel, indigne des tendresses
Que départ aux élus la divine bonté ;
Et des afflictions regarde les rudesses
Comme des traitements dus à ta lâcheté.
L'homme vraiment atteint de la douleur profonde
 Qu'enfante un plein recueillement,
Ne trouve qu'amertume aux voluptés du monde,
 Et voit qu'il ne les fonde
Que sur de longs périls que déguise un moment.

Le moyen donc qu'il puisse y trouver quelques charmes,
Soit qu'il se considère ou qu'il regarde autrui,
S'il n'y peut voir partout que des sujets d'alarmes,
N'y voyant que des croix pour tout autre et pour lui ?
Si ton cœur chaque jour mettoit dans la balance
 Ou le purgatoire ou l'enfer,
Il n'est point de travail, il n'est point de souffrance
 Où soudain ta constance
Ne portât sans effroi l'ardeur d'en triompher.

MISÈRES DE LA VIE. (LIV. I, CH. 22.)

Mortel, ouvre les yeux, et vois que la misère
 Te cherche et te suit en tout lieu,
Et que toute la vie est une source amère,
 A moins qu'elle tourne vers Dieu.

Il n'est emploi ni rang dont la grandeur se pare
    De cette inévitable loi,
Et ceux qu'on voit porter le sceptre ou la tiare
    N'en sont pas plus exempts que toi.

Tant qu'à ce corps fragile un souffle nous attache,
    Tel est à tous notre malheur,
Que le plus innocent ne se peut voir sans tache,
    Ni le plus content sans douleur.

Le plein calme est un bien hors de notre puissance,
    Ici-bas aucun n'en jouit ;
Il descendit du ciel avec notre innocence ;
    Avec elle il s'évanouit.

Comme ces deux trésors étoient inséparables,
    Un moment perdit tous les deux ;
Et le même péché qui nous fit tous coupables
    Nous fit aussi tous malheureux.

C'est donc avec raison que l'ame s'humilie,
    Se mésestime, se déplaît,
Toutes les fois qu'en soi fortement recueillie
    Elle examine ce qu'elle est.

Elle voit clairement que ce que fait la grace
    Par de longs et rudes travaux,
Un peu de négligence en un moment l'efface,
    Et nous rend tous nos premiers maux.

Que sera-ce de nous au bout d'une carrière
    Où s'offrent combats sur combats,
Si notre lâcheté déjà tourne en arrière,
    Et perd haleine au premier pas ?

DE LA MORT. (LIV. 1, CH. 23.)

Qui prend soin de sa conscience
Ne considère dans la mort
Que la porte aimable d'un sort
Digne de son impatience.
Heureux l'homme dont en tous lieux
Son image frappe les yeux,
Que chaque moment y prépare,
Qui la regarde comme un prix,
Et de soi-même se sépare
Pour n'en être jamais surpris !

Qu'un saint penser t'en entretienne
Quand un autre rend les abois,
Tu seras tel que tu le vois,
Et ton heure suivra la sienne.
Aussitôt que le jour te luit,
Doute si jusques à la nuit
Ta vie étendra sa durée ;
Et, la nuit, reçois le sommeil,
Sans la croire plus assurée
D'atteindre au retour du soleil.

Tiens ton ame toujours si prête,
Que ce glaive en l'air suspendu
Jamais sans en être attendu
Ne puisse tomber sur ta tête.
Avec combien de déplaisirs
Voudroit un cœur gros de soupirs
Pouvoir lors haïr ce qu'il aime,
Et combien avoir acheté
Le temps de prendre sur soi-même

Vengeance de sa lâcheté!

Prends peu d'assurance aux prières
Qu'on te promet après ta mort,
Et pour te faire un saint effort
N'attends point les heures dernières.
L'espérance au secours d'autrui
N'est pas toujours un bon appui
Près de la Majesté suprême;
Et si tu veux bien négliger
Toi-même le soin de toi-même,
Peu d'autres s'en voudront charger.

Travaille donc, et sans remise;
Chaque moment est précieux,
Chaque instant peut t'ouvrir les cieux :
Prends un temps qui te favorise.
Quiconque à la mort se résout,
Qui la voit et la craint partout,
A peu de chose à craindre d'elle;
Et le plus assuré secours
Contre les traits d'une infidèle,
C'est de s'en défier toujours.

Tandis que le temps favorable
Te donne loisir d'amasser,
Amasse, mais sans te lasser,
Une richesse perdurable.
Fais tout ce que tu peux de bien,
Donne aux saints devoirs d'un chrétien
Tout ce que Dieu te donne à vivre :
Tu ne sais quand tu dois mourir,
Et moins encor ce qui doit suivre

Les périls qu'il y faut courir.

Fais des amis pour l'autre vie ;
Honore les saints ici-bas,
Et tâche d'affermir tes pas
Dans la route qu'ils ont suivie.
Range-toi sous leur étendard,
Afin qu'à l'heure du départ
Ils fassent pour toi des miracles,
Et qu'ils courent te recevoir
Dans ces lumineux tabernacles
Où la mort n'a point de pouvoir.

Pousse jusqu'au ciel tes prières
Par de sacrés élancements ;
Soins-y mille gémissements,
Joins-y des larmes journalières.
Ainsi ton esprit bienheureux
Puisse d'un séjour dangereux
Passer en celui de la gloire !
Ainsi la mort pour l'y porter
Règne toujours en ta mémoire !
Ainsi Dieu te daigne écouter !

QU'IL FAUT SE PORTER AVEC CHALEUR AUX BONNES ACTIONS
(LIV I, CH. 25.)

Agis, mais fortement, et fais-toi violence
Pour te soustraire au mal où tu te vois pencher ;
Examine quel bien tu dois le plus chercher,
Et porte-s-y soudain toute ta vigilance.
Mais ne crois pas en toi le voir jamais assez ;
Tes sens à te flatter toujours intéressés
T'en pourroient souvent faire une fausse peinture :

Porte les yeux plus loin, et regarde en autrui
Tout ce qui t'y déplaît, tout ce qu'on y censure,
Et déracine en toi ce qui te choque en lui.

Dans ce miroir fidèle, exactement contemple
Ce que sont en effet et ce mal et ce bien ;
Et, les considérant d'un œil vraiment chrétien,
Fais ton profit du bon et du mauvais exemple.
Que l'un allume en toi l'ardeur de l'imiter,
Que l'autre excite en toi les soins de l'éviter ;
Ou, si tu l'as suivi, d'en effacer la tache ;
Sers toi-même d'exemple, et t'en fais une loi,
Puisqu'ainsi que ton œil sur les autres s'attache,
Les autres à leur tour attachent l'œil sur toi.

Conçois, Dieu t'en avoue, une haute espérance
D'emporter la couronne en combattant sous lui ;
Espère un plein triomphe avec un tel appui,
Mais garde-toi d'en prendre une entière assurance.
Les philtres dangereux de cette illusion
Charment si puissamment, que, dans l'occasion,
Nous laissons de nos mains échapper la victoire ;
Et quand le souvenir d'avoir le mieux vécu
Relâche la ferveur à quelque vaine gloire,
Qui s'assure de vaincre est aussitôt vaincu.

Toi donc qui, tout fragile, inconstant, misérable,
Peux avec son secours aisément te sauver,
Souviens-toi de la fin où tu dois arriver,
Et que le temps perdu n'est jamais réparable.
Va, cours, vole sans cesse aux emplois fructueux :
Cette sainte chaleur qui fait les vertueux
Veut des soins assidus et de la diligence ;

Et, du moment fatal que ton manque d'ardeur
T'osera relâcher à quelque négligence,
Mille peines suivront ce moment de tiédeur.

QU'IL FAUT NE S'ASSURER QU'EN DIEU, ET SOUFFRIR A SON EXEMPLE. (LIV. II, CH. 1.)

Ne t'assure qu'en Dieu, mets-y tout ton amour
    Jusqu'à ton dernier jour,
  Tout ton espoir, toute ta crainte :
Il conduira ta langue, il réglera tes yeux,
Et, de quelque malheur que tu sentes l'atteinte,
    Jamais il n'entendra ta plainte,
Qu'il ne fasse pour toi ce qu'il verra de mieux.

Ce monarque du ciel, ce maître du tonnerre,
    Méprisé sur la terre,
  Dans l'opprobre y finit ses jours :
Au milieu de sa peine, au fort de sa misère,
Il vit tous ses amis lâches, muets, et sourds ;
    Tout lui refusa du secours,
Et tout l'abandonna, jusqu'à son propre Père

Cet abandon lui plut, il aima ce mépris,
    Et, pour être ton prix,
  Il voulut être ta victime ;
Innocent qu'il étoit, il voulut endurer.
Et toi, dont la souffrance est moindre que le crime,
    Tu t'oses plaindre qu'on t'opprime,
Et croire que tes maux vaillent en murmurer !

Tu vois ton maître en croix où ton péché le tue,
    Et tu peux à sa vue
  Te rebuter de quelque ennui !

Ah! ce n'est pas ainsi qu'on a part à sa gloire!
Change, pauvre pécheur, change dès aujourd'hui,
 Souffre avec lui, souffre pour lui,
Si tu veux avec lui régner par sa victoire.

DE LA PAIX INTÉRIEURE. (LIV. II, CH. 3.)

Prépare tes efforts à mettre en paix les autres
 Par ceux de l'affermir chez toi ;
Leurs esprits aisément se règlent sur les nôtres :
L'exemple est la plus douce et la plus forte loi.

Qui vit sans cette paix, et suit l'impatience
 De ses bouillants et vains desirs,
N'est jamais sans soupçon, jamais sans défiance,
Et voit partout matière à de prompts déplaisirs.

Comme tout fait ombrage aux soucis qu'il se donne,
 Tout le blesse, tout lui déplaît ;
Il n'a point de repos, et n'en laisse à personne ;
Il ne sait ce qu'il veut, ni même ce qu'il est.

Il tait ce qu'il doit dire, et dit ce qu'il doit taire ;
 Il va quand il doit s'arrêter ;
Et son esprit troublé quitte ce qu'il faut faire,
Pour faire avec chaleur ce qu'il faut éviter.

Sa rigueur importune examine et publie
 Où manque le devoir d'autrui,
Et lui-même du sien pleinement il s'oublie,
Comme si Dieu jamais n'avoit rien dit pour lui.

Tourne les yeux sur toi, malheureux, et regarde
 Quel zèle aveugle te confond ;

Mets sur ton propre cœur une soigneuse garde,
Et considère après ce que les autres font.

Tu sais bien t'excuser, et n'admets point d'excuses
    Pour les foiblesses du prochain :
Il n'est point de couleurs pour toi que tu refuses,
Ni de raisons pour lui qui ne parlent en vain.

Sois-lui plus indulgent, et pour toi plus sévère ;
    Censure ton mauvais emploi ;
Excuse ceux d'un autre, et souffre de ton frère,
Si tu veux que ton frère aime à souffrir de toi.

DE LA BONNE CONSCIENCE. (LIV. II, CH. 6.)

    Droite et sincère conscience,
    Digne gloire des gens de bien,
Oh ! que ton témoignage est un doux entretien,
Et qu'il mêle de joie à notre confiance,
    Quand il ne nous reproche rien !

    Malgré le monde et ses murmures,
    Homme, tu sauras vivre en paix,
Si ton cœur est d'accord de tout ce que tu fais,
Et s'il ne porte point de secrètes censures
    Sur la chaleur de tes souhaits.

    Aime les avis qu'il t'envoie,
    Embrasse leur correction ;
Et, pour te bien tenir en ta possession,
Jamais ne te hasarde à prendre aucune joie
    Qu'après une bonne action.

    Ris cependant des vains mélanges

Qu'ici le monde aime à former;
Il a beau t'applaudir ou te mésestimer,
Tu n'en es pas plus saint pour toutes ses louanges,
Ni moindre pour t'en voir blâmer.

Ce que tu vaux est en toi-même;
Tu fais ton prix par tes vertus;
Tous les encens d'autrui demeurent superflus,
Et ce qu'on est aux yeux du Monarque suprême,
On l'est partout, et rien de plus.

Fais toujours bien, et fuis le crime,
Sans t'en donner de vanité;
Du mépris de toi-même arme ta sainteté.
Bien vivre et ne s'enfler d'aucune propre estime,
C'est la parfaite humilité.

QU'IL FAUT AIMER DIEU PAR-DESSUS TOUT. (LIV. II, CH. 7.)

Vis et meurs en ton Dieu, qui seul peut secourir,
Soit qu'il te faille vivre ou te faille mourir,
Les foiblesses qu'en l'homme imprime la naissance :
Il donnera la main à ton infirmité,
Et la profusion de sa reconnoissance
  Saura réparer l'impuissance
  De ce tout qui t'aura quitté.

Mais j'aime à te le dire, il est amant jaloux,
Il est ambitieux, et s'éloigne de nous,
Sitôt que notre cœur pour un autre soupire :
Et si comme en son trône il n'est seul dans ce cœur,
Un orgueil adorable à ses bontés inspire
  Le dédain d'un honteux empire,
  Que partage un autre vainqueur.

DU DÉTACHEMENT DU MONDE. (LIV. II, CH. 8.)

Tire-toi d'esclavage, et sache te purger
De ces vains embarras que font les créatures;
Sache-s-en effacer jusqu'aux moindres teintures;
Romps jusqu'aux moindres nœuds qui puissent t'engager.
Dans ce détachement tu trouveras des ailes
Qui porteront ton cœur jusqu'aux pieds de ton Dieu,
Pour y voir et goûter ces douceurs immortelles
    Que dans celui de ses fidèles
    Sa bonté répand en tout lieu.

Mais ne crois pas atteindre à cette pureté,
A moins que de là-haut sa grace te prévienne,
A moins qu'elle t'attire, à moins qu'elle soutienne
Les efforts chancelants de ta légèreté :
Alors, par le secours de sa pleine efficace,
Tous autres nœuds brisés, tout autre objet banni,
Seul hôte de toi-même, et maître de la place,
    Tu verras cette même grace
    T'unir à cet être infini.

Aussitôt que du ciel dans l'homme elle descend,
Il n'a plus aucun foible, il peut tout entreprendre;
L'impression du bras qui daigne la répandre,
D'infirme qu'il étoit, l'a rendu tout-puissant :
Mais, sitôt que son bras la retire en arrière,
L'homme dénué, pauvre, accablé de malheurs,
Et livré par lui-même à sa foiblesse entière,
    Semble ne voir plus la lumière
    Que pour être en proie aux douleurs.

Ne perds pas toutefois le courage ou l'espoir,

Pour sentir cette grace ou partie ou moins vive ;
Mais présente un cœur ferme à tout ce qui t'arrive,
Et bénis de ton Dieu le souverain vouloir.
Dans quelque excès d'ennuis qu'un tel départ t'engage,
Souffre tout pour sa gloire attendant le retour,
Et songe qu'au printemps l'hiver sert de passage,
  Qu'un profond calme suit l'orage,
  Et que la nuit fait place au jour.

DE L'HUMILITÉ. (LIV. II, CH. 10.)

  Mets-toi dans le plus bas étage,
  Dieu te donnera le plus haut :
C'est par l'humilité que le plus grand courage
  Montre pleinement ce qu'il vaut.
  La hauteur même dans le monde
  Sur ce bas étage se fonde,
Et le plus haut sans lui n'y sauroit subsister :
Le plus grand devant Dieu c'est le moindre en soi-même,
  Et les vertus que le ciel aime
Par les ravalements trouvent l'art d'y monter.

  La gloire des saints ne s'achève
  Que par le mépris qu'ils en font ;
Leur abaissement croît autant qu'elle s'élève,
  Et devient toujours plus profond.
  La vaine gloire a peu de place
  Dans un cœur où règne la grace,
L'amour de la céleste occupe tout le lieu ;
Et cette propre estime où se plaît la nature
  Ne sauroit trouver d'ouverture
Dans celui qui se fonde et s'affermit en Dieu.

  Aussi sa bonté semble croître

Des louanges que tu lui rends,
Et pour ses moindres dons savoir le reconnoître,
C'est en attirer de plus grands.
Tiens ses moindres graces pour grandes,
N'en reçois point que tu n'en rendes;
Crois plus avoir reçu que tu n'as mérité :
Estime précieux, estime incomparable
Le don le moins considérable,
Et redouble son prix par ton humilité.

QU'IL FAUT QUE CHACUN PORTE SA CROIX. (LIV. II, CH. 12.)

La croix est à toute heure en tous lieux préparée,
Elle t'attend partout, et partout suit tes pas;
Fuis-la de tous côtés, et cours où tu voudras,
Tu n'éviteras point sa rencontre assurée.
Tel est notre destin, telles en sont les lois :
Tout homme pour lui-même est une vive croix,
Pesante d'autant plus que plus lui-même il s'aime;
Et comme il n'est en soi que misère et qu'ennui,
En quelque lieu qu'il aille, il se porte lui-même,
Et rencontre la croix qu'il y porte avec lui.

Si c'est avec dépit, lâche, que tu la portes,
Si par de vains efforts tu l'oses rejeter,
Tu t'en fais un fardeau plus pesant à porter,
Tu l'attaches à toi par des chaînes plus fortes :
Mais dès qu'on peut aussi la porter sans regret,
Dieu nous prête un secours et solide et secret
Qui tourne l'amertume en douce confiance;
Et plus ce triste corps est sous elle abattu,
Plus par la grace unie à tant de patience
L'esprit fortifié s'élève à la vertu.

Te pourrois-tu soustraire à cette loi commune
Dont aucun des mortels n'a pu se dispenser?
Quel monarque par-là n'a-t-on point vu passer?
Qui des saints a vécu sans croix, sans infortune?
Ton maître Jésus-Christ n'eut pas un seul moment
Dégagé des douleurs, et libre du tourment
Que de sa Passion avançoit la mémoire;
Il fallut comme toi qu'il portât son fardeau,
Il lui fallut souffrir pour se rendre à sa gloire,
Et pour monter au ciel descendre en un tombeau.

On recommande assez la patience à d'autres,
Mais il s'en trouve peu qui veuillent endurer;
Et quand à notre tour il nous faut soupirer,
Ce remède à tous maux n'est plus bon pour les nôtres.
Aime, pauvre pécheur, aime à souffrir pour Dieu,
Toi qui peux reconnoître à toute heure, en tout lieu,
Combien plus un mondain endure pour le monde :
Vois ce que sa souffrance espère d'acquérir,
Vois quel but a sa vie en travaux si féconde,
Et fais pour te sauver ce qu'il fait pour périr.

DE L'AMOUR DE DIEU. (liv. III, ch. 5.)

Cet amour est tout noble, il est tout généreux;
Des grandes actions il rend l'homme amoureux,
Et les impressions qu'une fois il a faites
Toujours de plus en plus aspirent aux parfaites.
Il va toujours en haut chercher de vrais appas,
Il traite de mépris tout ce qu'il voit de bas.
Je te dirai bien plus : sa douceur et sa force
Sont des cœurs les plus grands la plus illustre amorce:
La terre ne voit rien qui soit plus achevé,
Le ciel même n'a rien qui soit plus élevé.

En veux-tu la raison ? en Dieu seul est sa source,
En Dieu seul est aussi le repos de sa course;
Il en part, il y rentre, et ce feu tout divin
N'a point d'autre principe, et n'a point d'autre fin.
Pour tous également son ardeur est extrême,
Il donne tout pour tous, et n'a rien à lui-même ;
Mais quoiqu'il soit prodigue, il ne perd jamais rien,
Puisqu'il retrouve tout dans le souverain bien :
Il veut plus que sa force, et, quoi qui se présente,
L'impossibilité jamais ne l'épouvante.

Jamais il ne s'endort non plus que le soleil ;
Il sait l'art de veiller dans les bras du sommeil,
Il sait dans la fatigue être sans lassitude,
Il sait dans la contrainte être sans servitude,
Porter mille fardeaux sans en être accablé,
Voir mille objets d'effroi sans en être troublé.
Il est sobre, il est chaste, il est ferme et tranquille;
A garder tous ses sens il est prompt et docile;
Il est délicieux, il est prudent et fort,
Fidèle, patient, constant jusqu'à la mort;
En Dieu seul il se fie, en Dieu seul il espère,
Même quand Dieu l'expose à la pleine misère,
Qu'il est sans goût pour Dieu dans l'effort du malheur;
Car le parfait amour ne vit point sans douleur :
Et quiconque n'est prêt de souffrir toute chose,
D'attendre que de lui son bien-aimé dispose,
Quiconque peut aimer si mal, si lâchement,
N'est point digne du nom de véritable amant.

ÉPREUVES DE L'AMOUR DE DIEU. (LIV. III, CH. 6.)

Le vrai, le fort amour, en soi-même affermi,
Sait bien et repousser l'effort de l'ennemi,

Et refuser l'oreille à ses ruses perverses :
Il sait du cœur entier lui fermer les accès,
Et de sa digne ardeur le salutaire excès,
  Égal aux fortunes diverses,
  M'adore autant dans les traverses
  Que dans les plus heureux succès.

Ainsi dans tous mes dons il n'a d'yeux que pour moi;
Ainsi de tous mes dons il fait un digne emploi,
A force de les mettre au-dessous de moi-même :
Il se repose en moi comme au bien souverain;
Et tous ces autres biens que sur le genre humain
  Laisse choir ma bonté suprême,
  Il ne les estime et les aime
  Qu'en ce qu'ils tombent de ma main.

Tout ce qui coule au cœur de doux saisissements,
De liquéfactions, d'épanouissements,
Marque bien les effets de ma grace présente ;
C'est bien quelque avant-goût du céleste séjour.
Mais prompte est sa venue, et prompt est son retour;
  Et sa douceur la plus charmante,
  Lorsque tu crois qu'elle s'augmente,
  Soudain échappe à ton amour.

Quelquefois ton esprit, s'élevant jusqu'aux cieux,
De cette haute extase où j'occupe ses yeux,
Retombe tout à coup dans quelque impertinence :
Pour confus que tu sois d'un si prompt changement,
Fais un plein désaveu de cet égarement,
  Et prends une sainte arrogance,
  Qui dédaigne l'extravagance
  De cet indigne amusement.

Ces foiblesses de l'homme agissent malgré toi,
Et, bien que de ton cœur elles brouillent l'emploi,
Elles n'y peuvent rien que ce cœur n'y consente.
Tant que tu te défends d'y rien contribuer,
Tu leur défends aussi d'y rien effectuer;
    Et leur embarras te tourmente;
    Mais ton mérite s'en augmente,
    Au lieu de s'en diminuer.

QU'IL FAUT EXAMINER ET MODÉRER SES DESIRS. (LIV. III, CH. 11.)

Toutes tes volontés doivent être soumises
    Purement à mon bon plaisir,
Jusqu'à ne souhaiter en toutes entreprises
    Que les succès que je voudrai choisir.

Tu ne dois point t'aimer, tu ne dois point te plaire
    Dans tes propres contentements;
Tu dois n'être jaloux que de me satisfaire,
    Et d'obéir à mes commandements.

Quel que soit le desir qui t'échauffe et te pique,
    Considère ce qui t'en plaît,
Et vois si sa chaleur à ma gloire s'applique,
    Ou s'il t'émeut par ton propre intérêt.

Lorsque ce n'est qu'à moi que ce desir se donne,
    Qu'il n'a pour but que mon honneur,
Quelque effet qui le suive, et quoi que j'en ordonne,
    Ta fermeté tient tout à grand bonheur.

Mais lorsque l'amour-propre y garde encor sa place,
    Quoique secret et déguisé,
C'est là ce qui te gêne et ce qui t'embarrasse,

C'est ce qui pèse à ton cœur divisé.

Tout ce qui paroît bon n'est pas toujours à suivre,
    Ni son contraire à rejeter :
L'ardeur impétueuse à mille erreurs te livre,
    Et trop courir c'est te précipiter.

La bride est souvent bonne, et même il en faut une
    A la plus sainte affection :
Son trop d'empressement la peut rendre importune,
    Et te pousser dans la distraction.

Un peu de violence est souvent nécessaire
    Contre les appétits des sens,
Même quand leur effet te paroît salutaire,
    Quand leurs desirs te semblent innocents.

Ne demande jamais à ta chair infidèle
    Ce qu'elle veut ou ne veut pas :
Range-la sous l'esprit, et fais qu'en dépit d'elle
    Son esclavage ait pour toi des appas.

Qu'en maitre, qu'en tyran cet esprit la châtie,
    Qu'il l'enchaîne de rudes nœuds,
Jusqu'à ce que, domptée et bien assujettie,
    Elle soit prête à tout ce que tu veux.

QUE LES DOUCEURS DU MONDE SONT ACCOMPAGNÉES D'AMERTUMES.
(LIV. III, CH. 12.)

Crois-tu les gens du monde exempts d'inquiétude ?
Ne vois-tu rien pour eux ni d'amer, ni de rude ?
Va chez ces délicats qui n'ont soin que d'unir
Le choix des voluptés aux moyens d'y fournir.

Ces riches, que du siècle adore l'imprudence,
Passent comme fumée avec leur abondance ;
Et de leurs voluptés le plus doux souvenir,
S'il ne passe avec eux, ne sert qu'à les punir.
Celles que leur permet une si courte vie
Sont dignes de pitié beaucoup plus que d'envie :
Elles vont rarement sans mélange d'ennuis ;
Leurs jours les plus brillants ont les plus sombres nuits ;
Souvent mille chagrins empoisonnent leurs charmes,
Souvent mille terreurs y jettent mille alarmes,
Et souvent des objets d'où naissent leurs plaisirs
Ma justice en courroux fait naître leurs soupirs.
L'impétuosité qui les porte aux délices
Elle-même à leur joie enchaîne les supplices.
Et joint aux vains appas d'un peu d'illusion
Le repentir, le trouble, et la confusion.

QU'IL FAUT S'HUMILIER, A L'EXEMPLE DE JÉSUS-CHRIST.
(LIV. III, CH. 13.)

Que fais-tu de si grand, toi qui n'es que poussière,
 Ou, pour mieux dire, qui n'es rien,
Quand tu soumets pour moi ton ame un peu moins fière
 A quelque autre vouloir qu'au tien ?
Moi qui suis tout-puissant, moi qui d'une parole
 Ai bâti l'un et l'autre pôle,
Et tiré du néant tout ce qui s'offre aux yeux ;
Moi, dont tout l'univers est l'ouvrage et le temple,
Pour me soumettre à l'homme, et te donner l'exemple,
 Je suis bien descendu des cieux !

De ces palais brillants où ma gloire ineffable
 Remplit tout de mon seul objet,
Je me suis ravalé jusqu'au rang d'un coupable,

Jusqu'à l'ordre le plus abject :
Je me suis fait de tous le plus humble et le moindre,
　　Afin que tu susses mieux joindre
Un digne abaissement à ton indignité,
Et que, malgré le monde et ses vaines amorces,
Pour dompter ton orgueil, tu trouvasses des forces
　　Dans ma parfaite humilité.

Apprends de moi, pécheur, apprends l'obéissance
　　Des sentiments humiliés ;
Poudre, terre, limon, apprends de ta naissance
　　A te faire fouler aux pieds :
Apprends à te ranger sous le plus rude empire ;
　　Apprends à te vaincre, à dédire
De ton propre vouloir les desirs les plus doux ;
Apprends à triompher des assauts qu'il te donne ;
Apprends à t'asservir à tout ce qu'on t'ordonne ;
　　Apprends à te soumettre à tous.

Oses-tu murmurer, chétive créature,
　　As-tu le front de repartir,
Alors qu'on te reproche, à toi qui n'es qu'ordure,
　　Ce que tu ne peux démentir ?
Vois quelle est ma bonté, vois quelle est sa puissance ;
　　Montre par ta reconnoissance
Qu'enfin de mes bienfaits tu sais le digne prix ;
Fais de l'humilité ta plus douce habitude,
De la soumission ta plus ardente étude,
　　Et tes délices du mépris.

DE LA PATIENCE. (LIV. III, CH. 19.)

La patience est délicate
Qui ne veut souffrir qu'à son choix,

Qui borne ses malheurs, et jusque-là se flatte,
Qu'elle en prétend régler et le nombre et le poids.
    La véritable est d'une autre nature ;
    Et, quelques maux qui se puissent offrir,
Elle ne leur prescrit ordre, temps, ni mesure,
Et n'a d'yeux que pour moi, quand il lui faut souffrir.

    Sa vertueuse indifférence
    Reçoit avec remerciements
Ces odieux trésors d'amertume et d'offense,
Qui font partout ailleurs tant de ressentiments.
    Elle connoît que sans inquiétude
    Le vrai repos ne se peut obtenir,
Et que sans un combat opiniâtre et rude
A la pleine victoire on ne peut parvenir.

    Instruite dans ma sainte école,
    Elle met son espoir aux cieux,
Et sait que dans ses maux si je ne la console,
Du moins ce qu'elle souffre est présent à mes yeux ;
    Qu'un jour viendra que ma douce visite
    De ses travaux couronnera la foi,
Et qu'un peu de souffrance amasse un grand mérite,
Quand ce peu qu'on endure est enduré pour moi.

    Tiens donc ton ame toujours prête
    A toute épreuve, à tous combats,
Du moins si tu veux vaincre, et couronner ta tête
De ce qu'un beau triomphe a de gloire et d'appas.
    La patience a sa couronne acquise,
    Mais sans combattre on n'y peut aspirer :
A qui sait bien souffrir ma bouche l'a promise,
Et c'en est un refus qu'un refus d'endurer.

DES MALHEURS DE LA VIE, ET DES TROMPERIES DU MONDE.
(LIV. III, CH. 20.)

Qu'une affliction passe, une autre lui succède ;
Souvent elle renaît de son propre remède,
Et rentre du côté qu'on la vient de bannir :
Un combat dure encor, que mille autres surviennent,
Et cet enchaînement dont ils s'entre-soutiennent
Fait un cercle de maux qui ne sauroit finir.

Peut-on avoir pour toi quelque amour, quelque estime,
O vie! ô d'amertume affreux et vaste abîme,
Cuisant et long supplice et de l'ame et du corps?
Et, parmi les malheurs dont je te vois suivie,
A quel droit gardes-tu l'aimable nom de vie,
Toi, dont le cours funeste engendre tant de morts?

On t'aime cependant, et la foiblesse humaine,
Bien qu'elle voie en toi les sources de sa peine,
Y cherche avidement celle de ses plaisirs :
Le monde est un pipeur, on dit assez qu'il trompe,
On déclame assez haut contre sa vaine pompe,
Mais on ne laisse point d'y porter ses desirs.

Les appétits des sens, la brutale avarice,
L'orgueil qui veut monter au gré de son caprice,
Enfantent cet amour que nous avons pour lui :
Les angoisses d'ailleurs, les peines, les misères,
Qui les suivent partout comme dignes salaires,
En font naître à leur tour le dégoût et l'ennui.

Mais une ame à l'aimer lâchement adonnée,
Par d'infames plaisirs en triomphe menée,

Ne considère point ce qui le fait haïr :
Ce fourbe à ses regards déguise toutes choses,
Lui peint les nuits en jours, les épines en roses,
Et ses yeux subornés aident à la trahir.

Le vrai, le plein mépris des vanités mondaines
Rétablit en nos cœurs ces clartés vraiment saines,
Que son flatteur éclat ne sauroit éblouir :
Nous voyons comme il trompe, et se trompe lui-même ;
Nous le voyons se perdre, et perdre ce qu'il aime,
Au milieu des faux biens dont il pense jouir.

DES BIENFAITS DE DIEU, ET DE LEUR INÉGALITÉ. (LIV. III, CH. 22.)

Nos ames et nos corps, de ta main libérale,
Tiennent toute leur force et tous leurs ornements ;
Ils ne doivent qu'à toi ces embellissements,
Que le dedans recèle, ou le dehors étale.
Tout ce que la nature ose faire de dons,
Tout ce qu'au-dessus d'elle ici nous possédons,
Sont des épanchements de ta pleine richesse ;
Tu nous as seul fait naître, et seul tu nous maintiens,
Et tes bienfaits partout nous font voir ta largesse,
Qui nous prodigue ainsi toute sorte de biens.

Si l'inégalité se trouve en leur partage,
Si l'un en reçoit plus, si l'autre en reçoit moins,
Tout ne laisse pas d'être un effet de tes soins,
Et ce plus et ce moins te doivent même hommage.
Sans toi le moindre don ne se peut obtenir,
Et qui reçoit le plus se doit mieux prémunir
Contre ce doux orgueil où l'abondance invite ;
Et, de quoi que sur tous il soit avantagé,
Il ne doit ni s'enfler de son propre mérite,

Ni traiter de mépris le plus mal partagé.

Ainsi que d'une source en biens inépuisable,
De ta bénignité tout découle sur nous ;
Sans devoir à personne elle départ à tous,
Et quoi qu'elle départe, elle est tout adorable.
Tu sais ce qu'à chacun il est bon de donner,
Et quand il faut l'étendre, ou qu'il la faut borner.
Ton ordre a ses raisons qui règlent toutes choses ;
L'examen de ton choix sied mal à nos esprits,
Et du plus et du moins tu connois seul les causes,
Toi qui connois de tous le mérite et le prix.

Aussi qui de tes dons connoît bien la nature
N'en conçoit point d'égal à celui d'être à toi,
D'avoir ta volonté pour immuable loi,
D'accepter ses décrets sans trouble et sans murmure.
Il te fait sur lui-même un empire absolu ;
Et quand ta providence ainsi l'a résolu,
Il tombe sans tristesse au plus bas de la roue :
Ce qu'il est sur un trône, il l'est sur un fumier,
Humble dans les grandeurs, content parmi la boue,
Et tel au dernier rang qu'un autre est au premier.

ABRÉGÉ DE LA PERFECTION CHRÉTIENNE. (LIV. III, CH. 23.)

Maintenant que je vois ton ame plus capable
  De mettre un ordre à tes souhaits,
Je te veux enseigner comme on obtient la paix,
  Et la liberté véritable.

En premier lieu, mon fils, tâche plutôt à faire
  Le vouloir d'autrui que le tien :
Aime si peu l'éclat, le plaisir et le bien,

Que le moins au plus se préfère.

Cherche le dernier rang, prends la dernière place,
　　Vis avec tous comme sujet,
Et donne à tous tes vœux pour seul et plein objet
　　Qu'en toi ma volonté se fasse.

Qui de ces quatre points embrasse la pratique,
　　Prend le chemin du vrai repos,
Et s'y conservera, pourvu qu'à tous propos
　　A leur saint usage il s'applique.

DE LA VÉRITABLE PAIX. (LIV. III, CH. 25.)

Tiens la bride sévère à tous tes appétits,
Prends garde exactement à tout ce que tu dis,
N'examine pas moins tout ce que tu veux faire,
Et donne à tes desirs pour immuable loi
Que leur unique objet soit le bien de me plaire,
Et leur unique but de t'unir tout à moi.

Garde-toi de te croire ou grand ou bien-aimé,
Pour te sentir un zèle à tel point enflammé,
Qu'à force de tendresse il te baigne de larmes :
Des solides vertus la sainte ambition
Ne fait point consister en tous ces petits charmes
Ni ton avancement, ni ta perfection.

Si tu sens qu'au milieu des tribulations
Je retire de toi mes consolations,
Et te laisse accablé sous ce qui te ravage,
Forme des sentiments d'autant plus résolus,
Et soutiens ton espoir avec tant de courage,
Qu'il prépare ton cœur à souffrir encor plus.

Ne te retranche point sur ton intégrité,
Comme si tu souffrois sans l'avoir mérité,
Et que pour tes vertus ce fût un exercice :
Fuis cette vaine idée, et, comme criminel,
En toutes mes rigueurs adore ma justice,
Et bénis mon courroux, et saint et paternel.

QUE DIEU EST TOUJOURS MAITRE DE SES DONS.
(LIV. III, CH. 30.)

Quelque grace sur toi qu'il m'ait plu de répandre,
Je puis, quand il me plait, te l'ôter et la rendre;
Quelques dons que j'accorde à tes plus doux souhaits,
Ils sont encore à moi quand je te les ai faits :
Je te donne du mien quand ce bonheur t'arrive,
Et ne prends point du tien alors que je t'en prive.
Ces biens, ces mêmes biens, après t'être donnés,
Font part de mes trésors dont ils sont émanés;
Et leur perfection tirant de moi son être,
Quand je t'en fais jouir, j'en suis encor le maître.

Tout est à moi, mon fils, tout vient, tout part de moi:
Reçois tout de ma main sans chagrin, sans effroi.
Si je te fais traîner un destin misérable,
Si je te fais languir sous l'ennui qui t'accable,
Ne perds sous ce fardeau patience, ni cœur :
Je puis en un moment ranimer ta langueur,
Je puis mettre une borne aux maux que je t'envoie,
Et changer tes douleurs en des torrents de joie.
Mais je suis toujours juste en te traitant ainsi,
Toujours digne de gloire, et j'en attends aussi;
Et, soit que je t'élève ou que je te ravale,
Je veux d'un sort divers une louange égale.

DE LA VRAIE LIBERTÉ. (LIV. III, CH. 32.)

Ceux qui pensent ici posséder quelque chose,
La possèdent bien moins qu'ils n'en sont possédés ;
Et ceux dont l'amour-propre en leur faveur dispose
Sont autant de captifs par eux-mêmes gardés.

Les appétits des sens ne font que des esclaves ;
La curiosité comme eux a ses liens ;
Et les plus grands coureurs ne courent qu'aux entraves
Que jettent sous leurs pas les charmes des faux biens.

Ils recherchent partout les douceurs passagères,
Plus que ce qui conduit jusqu'à l'éternité ;
Et souvent pour tout but ils se font des chimères,
Qui n'ont pour fondement que l'instabilité.

Hors ce qui vient de Dieu, tout passe, tout s'envole,
Tout en son vrai néant aussitôt se résout ;
Et, pour te dire tout d'une seule parole,
Quitte tout, mon enfant, et tu trouveras tout.

QU'IL FAUT MÉPRISER LES JUGEMENTS QUE LES HOMMES FONT DE NOUS. (LIV. III, CH. 36.)

Peux-tu te bien connoître, et prendre quelque effroi
De quoi que puisse dire un mortel comme toi,
    Qui comme toi n'est que poussière?
Tu le vois aujourd'hui tout prêt de t'accabler,
    Et dès demain un cimetière
Cachera pour jamais ce qui te fait trembler.

Les injures ne sont que du vent et du bruit ;
Et quiconque t'en charge en a si peu de fruit,

Qu'il te nuit bien moins qu'à soi-même :
Pour grand qu'il soit en terre, un Dieu voit ce qu'il fait,
 Et de son jugement suprême
Il ne peut éviter l'irrévocable effet.

Tiens-le devant tes yeux, à toute heure, en tout lieu,
Ce juge universel, ce redoutable Dieu,
 Et vis sans soin de tout le reste :
Quoi qu'on t'ose imputer, ne daigne y repartir,
 Et dans un silence modeste
Trouve, sans t'indigner, l'art de tout démentir.

Tu paroîtras peut-être en quelque occasion
Couvert d'ignominie et de confusion,
 Malgré ce grand art du silence ;
Mais ne t'en émeus point, n'en sois pas moins content,
 Et crains que ton impatience
Ne retranche du prix du laurier qui t'attend.

Quelque honte à ton front qui semble s'attacher,
Souviens-toi que mon bras peut toujours t'arracher
 A toute cette ignominie ;
Que je sais rendre à tous suivant leurs actions,
 Et sur l'imposture punie
Élever la candeur de tes intentions.

DE L'ANÉANTISSEMENT DEVANT DIEU. (LIV. III, CH. 42.)

 Homme, si tu pouvois apprendre
  L'art de te bien anéantir,
De bien purger ton cœur, d'en bien faire sortir
Ce que l'amour terrestre y peut couler de tendre ;
Si tu savois, mon fils, pratiquer ce grand art,
 Tu verrois bientôt de ma part

Se répandre en ce cœur l'abondance des graces,
　　Et tes actions les plus basses
Sauroient jusqu'à mon trône élever ton regard.

　　Une affection mal conçue
　　Dérobe tout l'aspect des cieux,
Et quand la créature a détourné tes yeux,
Tu perds tout aussitôt le Créateur de vue :
Sache te vaincre en tout, et partout te dompter ;
　　Sache pour lui tout surmonter ;
Bannis tout autre amour, coupe-s-en les racines ;
　　Et les connoissances divines
A leurs plus hauts degrés te laisseront monter.

　　Ne dis point que c'est peu de chose,
　　Ne dis point que c'est moins que rien,
A qui ton ame prête un moment d'entretien,
Sur qui par échappée un coup d'œil se repose :
Ce peu, ce moins que rien, quand son amusement
　　Attire trop d'empressement,
Quand trop de complaisance à ce coup d'œil s'attache,
　　Imprime aux vertus une tache,
Et retarde l'effet du haut avancement.

DU MÉPRIS DE LA CALOMNIE. (liv. III, ch. 46.)

Tu dis qu'il est fâcheux de voir la calomnie
De la vérité même emprunter les couleurs,
Que la plus juste gloire en demeure ternie,
Et peut des plus constants tirer quelques douleurs :
Mais que t'importe enfin, si tu m'as pour refuge ?
N'en suis-je pas au ciel l'inévitable juge,
Qui vois sans me tromper comme tout s'est passé ?
Et pour le châtiment, et pour la récompense,

Ne sais-je pas qui fait l'offense,
Et qui demeure l'offensé?

Rien ne va sans mon ordre, et c'est moi qui t'envoie
Ce trait que contre toi lancent les ennemis :
Je veux qu'ainsi des cœurs le secret se déploie,
Et tout ce qui t'arrive, exprès je l'ai permis.
Tu verras quelque jour mon arrêt équitable
Séparer l'innocent d'avecque le coupable,
Et rendre à tous les deux ce qu'ils ont mérité :
Cependant il me plaît qu'en secret ma justice
 De l'un éprouve la malice,
 Et de l'autre la fermeté.

Il faut donc me remettre à juger chaque chose,
Et sur le propre sens jamais ne s'appuyer :
C'est ainsi que le juste, à quoi que je l'expose,
Ne sent rien qui le trouble, ou le puisse ennuyer.
Il me voit au-dessus de la fausse apparence,
Et reconnoît par-là quelle est la différence
Du jugement de l'homme, et de mon jugement;
Et que souvent mes yeux condamnent pour un crime
 Ce que trouve digne d'estime
 Son injuste discernement.

DE LA GLOIRE ÉTERNELLE. (LIV. III, CH. 49.)

Ne pense jamais tant à l'excès de tes maux,
Que tu ne puisses voir qu'un moment les termine,
Que leur fruit passe enfin la grandeur des travaux,
Et que la récompense en est toute divine.
Au lieu de t'être à charge, au lieu de t'accabler,
Ils sauront faire naître, ils sauront redoubler
La douceur nécessaire à soulager ta peine;

Et ce moment d'effort dessus ta volonté
La rendra dans le ciel à jamais souveraine
Sur l'infini trésor de toute ma bonté.

Dans ces palais brillants que moi seul je remplis,
Tu trouveras sans peine en moi seul toutes choses ;
Tu verras tes souhaits aussitôt accomplis,
Tu tiendras en ta main quoi que tu te proposes ;
Toutes sortes de biens avec profusion
Y naîtront d'une heureuse et claire vision,
Sans crainte que le temps les change ou les enlève ;
Ton vouloir et le mien n'y seront qu'un vouloir,
Et tu n'y voudras rien qui hors de moi s'achève,
Ni dont ton intérêt s'ose seul prévaloir.

Là, personne à tes vœux ne viendra résister,
Personne contre toi ne formera de plainte ;
Tu n'y trouveras point d'obstacle à surmonter,
Tu n'y rencontreras aucun sujet de crainte,
Les objets desirés s'offrant tous à la fois,
N'y balanceront point ton amour ni ton choix
Sur les ébranlements de ton ame incertaine :
Tu posséderas tout sans besoin de choisir,
Et tu t'abîmeras dans l'abondance pleine,
Sans que la plénitude émousse le desir.

Là, ma main libérale épandant le bonheur
De tous maux en tous biens fera d'entiers échanges ;
Pour l'opprobre souffert je rendrai de l'honneur,
Pour le blâme et l'ennui, d'immortelles louanges.
Mets donc toute ta joie à souffrir les mépris,
En mon seul bon plaisir unis tous tes esprits,
Ne prends point d'autre but, n'admets point d'autre envie ;

Et souhaite surtout avec sincérité
Que, soit que je t'envoie ou la mort ou la vie,
En tout ce que tu fais mon nom soit exalté.

DE L'INCOMPATIBILITÉ DE LA GRACE AVEC LE GOUT DES CHOSES DU MONDE. (LIV. III, CH. 53.)

Ma grace est précieuse, et l'impur alliage
Des attraits du dehors et des plaisirs mondains,
Ces douceurs dont la terre empoisonne un courage,
Sont l'éternel objet de ses justes dédains ;
Elle n'en souffre point l'injurieux mélange ;
Et, depuis qu'avec elle on pense les unir,
  Elle prend aussitôt le change,
Et leur cède le cœur qui les veut retenir.

Défais-toi donc, mon fils, de tout le corruptible,
Bannis bien loin de toi tout cet empêchement,
Si tu veux que ton cœur demeure susceptible
De ce qu'a de plus doux son plein épanchement :
Ne compte à rien le monde ; et quand cet infidèle
Par quelques hauts emplois émeut ta vanité,
  Préfère ceux où je t'appelle
A tout l'extérieur dont tu te vois flatté.

Oh! que l'homme à la mort porte de confiance
Quand il n'a sur la terre aucun attachement,
Qu'il s'est dépris de tout, et que sa conscience
A su se faire un fort de ce retranchement !
C'est ainsi qu'on détruit ; c'est ainsi qu'on arrache
L'amour désordonné qu'on se porte en secret,
  Et c'est ainsi qu'on se détache
Et du propre intérêt, et de tout faux attrait.

De ce vice commun, de cet amour trop tendre,
Où par sa propre main on se laisse enchaîner,
Coulent tous les desirs dont il se faut défendre,
S'élèvent tous les maux qu'il faut déraciner.
Qui se dompte à tel point qu'il tient partout soumise
Sa chair à sa raison, et sa raison à moi,
  Ne craint plus aucune surprise,
Et demeure le maître et du monde et de soi.

Mais il en est fort peu dont la vertu sublime
Réduise tous leurs soins à bien mourir en eux,
A bien anéantir toute la propre estime,
Et du propre regard purifier leurs vœux.
Cet embarras charmant les retient, les rappelle;
Enveloppés en eux ils n'en peuvent sortir,
  Et leur ame toujours charnelle
A prendre un vol plus haut ne sauroit consentir.

DES MANIÈRES D'AGIR DE LA GRACE. (LIV. III, CH. 54.)

  La grace a de saints mouvements
  Dont les sacrés épurements
Rapportent tout à Dieu comme à son origine :
Elle ne s'attribue aucun bien qu'elle ait fait,
Et toute sa vertu jamais ne s'imagine
Que son plus grand mérite ait rien que d'imparfait.

  Elle n'est point contentieuse,
  Et ne donne point ses avis
  D'une manière impérieuse
  Qui demande à les voir suivis.
Jamais à ceux d'un autre elle ne les préfère;
Et, de quoi qu'elle juge ou qu'elle délibère,
A l'examen divin elle soumet le tout,

  Et fait la sagesse éternelle
Arbitre souveraine et de ce qu'on croit d'elle,
  Et de tout ce qu'elle résout.

Elle enseigne à tenir tes sens sous la puissance,
  A bannir de tes actions
  L'orgueil des ostentations,
  Et le fard de la complaisance ;
Elle enseigne à cacher dessous l'humilité
Ce que de tes vertus l'effort a mérité,
  Quand même il est tout admirable :
  En toute science, en tout art,
Elle cherche quel fruit en peut être estimable,
Et combien de son Dieu la gloire y tient de part.

Pour t'exprimer enfin ce que la grace vaut,
C'est un don spécial du souverain Monarque,
Un trait surnaturel des lumières d'en-haut,
Le grand sceau des élus et leur céleste marque,
Du salut éternel le gage précieux,
L'arrhe du paradis, et l'avant-goût des cieux.

DE LA CORRUPTION DE LA NATURE, ET DE L'IMPUISSANCE DE LA RAISON. (LIV. III, CH. 55.)

Seigneur, il faut ta grace, il en faut grand secours,
Il en faut grand effort qui croisse tous les jours,
  Pour assujettir la nature ;
Elle qui, du moment qu'elle peut respirer,
  Sans aucun soin de s'épurer,
Penche vers la révolte et glisse vers l'ordure.
Le péché fit sa chute et sa corruption,
  Et, depuis le premier des hommes,
Cette tache a passé dans tous tant que nous sommes

Avec tous les malheurs de sa punition.

Ce chef-d'œuvre si beau, qui sortit de tes mains
Paré des ornements si brillants et si saints
   De la justice originelle,
En a si bien perdu l'éclat et les vertus,
   Que son nom même ne sert plus
Qu'à nommer la nature infirme et criminelle.
Ce qui lui reste encor de propre mouvement
   N'est qu'un triste amas de foiblesses,
Qui, n'ayant pour objet que d'infames bassesses,
Ne fait que l'abîmer dans son déréglement.

Malgré tout ce désordre et sa morne langueur,
Il lui demeure encor quelque peu de vigueur,
   Mais qui ne la sauroit défendre :
Ce n'est du premier feu qu'un rayon égaré,
Une pointe mourante, un trait défiguré,
   Une étincelle sous la cendre;
C'est enfin cette foible et tremblante raison
   Qu'enveloppe un épais nuage,
Qui mêle tant de trouble à son plus clair usage,
Que souvent son remède est un nouveau poison.

Elle peut discerner aux dehors inégaux
Le bien d'avec le mal, le vrai d'avec le faux,
   Ce qu'il faut desirer ou craindre :
Elle a pour en juger quelquefois de bons yeux;
Mais, pour mettre en effet ce qu'elle a vu le mieux,
   Ses forces n'y sauroient atteindre.
La grace n'aidant pas d'un secours assez plein
   Sa foiblesse et notre inconstance,
Ce qui jette au-devant la moindre résistance

Nous fait perdre courage et changer de dessein.

Vacillante clarté qui manques de pouvoir,
Raison, pourquoi faut-il que tu me fasses voir
　　La droite manière de vivre?
Pourquoi m'enseignes-tu le chemin des parfaits,
Si de soi ton idée, impuissante aux effets,
　　Ne peut fournir d'aide à la suivre;
Si cet infame poids de ma corruption
　　Rabat l'effort dont tu m'élèves,
Et si ces grands projets, que jamais tu n'achèves,
Ne peuvent m'affranchir de l'imperfection?

Sainte grace du ciel, sans qui je ne puis rien,
Que tu m'es nécessaire à commencer le bien,
　　A le poursuivre, à le parfaire!
Oui, Seigneur, oui, mon Dieu, je pourrai tout en toi,
Pourvu qu'elle m'assiste à régler mon emploi,
　　Pourvu que son rayon m'éclaire.
Fais qu'elle m'affermisse aux bonnes actions,
　　Père éternel; je t'en conjure
Par ton Fils Jésus-Christ, par cette source pure
D'où part le doux torrent de ses impressions.

EXAMEN DE CONSCIENCE POUR SE PRÉPARER A LA CONFESSION ET COMMUNION. (LIV. IV, CH. 7.)

Sur ton intérieur jette l'œil avec soin,
En juge incorruptible, en fidèle témoin;
Et si de ton salut un vrai souci te touche,
Fais que le cœur contrit et l'humble aveu de bouche
Sachent si bien purger le désordre caché,
Que rien par le remords ne te soit reproché,
Que rien plus ne te pèse, et que rien que tu saches
N'empêche un libre accès par ses honteuses taches.

Porte empreint sur ce cœur un regret général
Pour tout ce que jamais il a commis de mal ;
Joins à ce déplaisir des douleurs singulières
Pour les infirmités qui te sont journalières.
Gémis, soupire, pleure aux pieds de l'Éternel,
D'être encor si mondain, d'être encor si charnel,
D'avoir des passions si peu mortifiées,
Des inclinations si mal purifiées,
Que les mauvais desirs demeurent tout-puissants
Sur qui veille si mal à la garde des sens.

Gémis d'en voir souvent les approches saisies
Par les vains embarras de tant de fantaisies ;
D'avoir pour le dehors tant de soupirs ardents,
Et si peu de retour aux choses du dedans ;
De souffrir que ton ame à toute heure n'aspire
Qu'à ce qui divertit, qu'à ce qui te fait rire :
Tandis que pour les pleurs et la componction
Ton endurcissement a tant d'aversion.

Pleure ton peu de soin à régler tes paroles,
Ton silence rempli d'égarements frivoles,
Le peu d'ordre en tes mœurs, le peu de jugement
Que dans tes actions fait voir chaque moment.
Gémis d'avoir aimé les plaisirs de la table,
Et fait la sourde oreille à ma voix adorable ;
D'avoir pris pour vrai bien la molle oisiveté,
D'avoir pris le travail pour infélicité :
Pleure ta nonchalance à me rendre service ;
Gémis de ta tiédeur pendant le sacrifice,
De tant d'aridité dans tes communions,
De tant de complaisance en tes distractions ;
D'avoir si rarement une ame recueillie ;

De faire hors de toi toujours quelque saillie,
Prompt à te courroucer, prompt à fâcher autrui,
Sévère à le reprendre, et juger mal de lui.
Pleure l'emportement de tes humeurs diverses,
Qu'enflent les bons succès, qu'abattent les traverses :
Pleure enfin ta misère, et l'ouvrage imparfait
De tant de bons desseins que suit si peu d'effet.

Ces défauts déplorés, et tout ce qui t'en reste,
Avec le vif regret d'un cœur qui les déteste,
Avec de ta foiblesse un aveu douloureux,
D'où naisse un repentir cuisant, mais amoureux,
Passe au ferme propos de corriger ta vie,
D'avancer aux vertus où ma voix te convie ;
Offre-toi tout entier toi-même en mon honneur
Pour holocauste pur sur l'autel de ton cœur.
Car, si tu ne le sais, pour plaire au Dieu qui t'aime,
L'offrande la plus digne est celle de toi-même :
C'est elle qu'il faut joindre à celle de mon corps
Par d'amoureux élans, par de sacrés transports :
Et rien n'efface mieux les taches de tes crimes,
Que la sainte union qu'ont lors ces deux victimes.

Quand le pécheur a fait autant qu'il est en lui,
Qu'une douleur sensible, un véritable ennui,
Un profond repentir le prosterne à ma face
Pour obtenir pardon, et demander ma grace ;
Je suis le Dieu vivant qui ne veux point sa mort
Mais qu'à se convertir il fasse un digne effort,
Qu'il vive en mon amour pour revivre en ma gloire,
Et de tous ses péchés je perdrai la mémoire :
Tous lui seront par moi si pleinement remis,
Qu'il aura place au rang de mes plus chers amis.

QU'IL FAUT NOUS OFFRIR TOUT ENTIERS A DIEU EN LA COMMUNION. (LIV. IV, CH. 8.)

Tu vois que je me suis offert
    Pour toi tout entier à mon Père;
Tu vois que je te donne, après avoir souffert,
Tout mon corps et mon sang en ce divin mystère :
Ce don que je te fais pour être tout à toi
Te sert d'un grand exemple, et t'apprend pour me plaire
    Qu'il faut te donner tout à moi.

    Si dans toi ton propre intérêt
    Se peut réserver quelque chose,
Si tu ne t'offres pas à tout ce qu'il me plait,
Si tu n'es point d'accord que moi seul j'en dispose,
Tu ne me feras point d'entière oblation,
Et l'art de nous unir qu'ici je te propose
    N'aura point sa perfection.

    Cette oblation de ton cœur,
    Quelques actions que tu fasses,
Doit précéder entière avec pleine vigueur,
Doit se faire à toute heure, et sans que tu t'en lasses.
Aime ce digne joug de ma captivité,
Et n'attends que de lui l'abondance des graces,
    Et la parfaite liberté.

    D'où crois-tu qu'on voit ici-bas
    Si peu d'ames illuminées,
Si peu dont le dehors soit purgé d'embarras,
Si peu dont les ferveurs ne se trouvent bornées?
C'est qu'à se dépouiller peu savent consentir,
Que par le propre amour vers elles ramenées

Ne penchent à se revêtir.

Souviens-toi que j'ai prononcé
Cette irrévocable parole :
« Quiconque pour me suivre à tout n'a renoncé,
N'est point un vrai disciple instruit en mon école. »
Si tu le veux donc être en ce mortel séjour,
Donne-toi tout à moi, sans souffrir qu'on me vole
La moindre part en ton amour.

QU'IL NE FAUT PAS AISÉMENT S'ÉLOIGNER DES SACREMENTS.
(LIV. IV, CH. 10.)

Le fier ennemi des mortels
De la communion sait quel bonheur procède,
Et combien on reçoit au pied de mes autels,
En ce festin sacré, de fruit et de remède.
    Il ne perd point d'occasions
    De semer ses illusions
    Pour en détourner les fidèles :
Il en fait son grand œuvre, et met tout son pouvoir
A ne laisser en l'ame aucunes étincelles,
Qui puissent rallumer l'ardeur de ce devoir.

    Plus il te voit t'y préparer
Avec une ferveur d'un saint espoir guidée,
Plus les fantômes noirs qu'il te vient figurer
Font un épais nuage à brouiller ton idée.
    Il ne néglige aucun secret
    A t'éloigner de ce banquet,
    Ou t'en faire approcher plus tiède ;
Mais il est en ta main de le rendre impuissant :
Ce qu'il livre d'assauts n'abat que qui lui cède,
Et ne peut t'ébranler, si ton cœur n'y consent.

Faut-il pour un trouble léger,
Pour un amusement qu'un vain objet excite,
Pour une pesanteur qui te vient assiéger,
Que ta communion se diffère, ou se quitte?
  Porte tout à ce tribunal
  Où, par un bonheur sans égal,
  Qui s'accuse aussitôt s'épure;
Pardonne à qui t'offense, et cours aux pieds d'autrui
Lui demander pardon, si tu lui fis injure.
Tu l'obtiendras de moi, si tu le veux de lui.

  Que peut avoir d'utilité
De la confession cette folle remise?
De quoi te peut servir cette facilité
A reculer un bien que t'offre mon Église?
  Romps le plus tôt que tu pourras
  Les chaînes de ces embarras,
  Dont ta propre lenteur t'accable.
Nourrir l'inquiétude apporte peu de fruit,
Et l'on s'avance mal quand on refuit ma table
Pour des empêchements que chaque jour produit.

  Sais-tu que l'assoupissement
Où te laisse plonger ta langueur insensible
T'achemine à grands pas à l'endurcissement,
Et qu'à force de temps il devient invincible?
  Qu'il est de lâches, qu'il en est,
  Dont la tépidité s'y plaît
  Jusqu'à le rendre volontaire,
Et dont la nonchalance aime à prendre aux cheveux
La moindre occasion d'éloigner un mystère
Qui les obligeroit d'avoir mieux l'œil sur eux!

Qui ne daigne s'y préparer
Qu'alors qu'il est pressé par quelque grande fête,
Et que le jour pour lui semble le desirer,
Y portera souvent une ame assez mal prête.
 Heureux qui du plus digne apprêt
  Sans attache au propre intérêt
  Fait son ordinaire exercice,
Et s'offre en holocauste à son Père immortel,
Quand, pour le sacrement ou pour le sacrifice,
Il se met à ma table, ou monte à mon autel.

CE QU'IL FAUT FAIRE DEVANT ET APRÈS LA COMMUNION.
(LIV. IV, CH. 12.)

J'aime la pureté par-dessus toute chose.
Si tu veux que chez toi je vienne et m'y repose,
Par les austérités d'une sainte rigueur
Sache purifier le séjour de ton cœur :
Des vanités du monde exclus-en les tumultes,
Des folles passions bannis-en les insultes ;
Mais ne présume pas qu'il soit en ton pouvoir
Par ta propre vertu de me bien recevoir,
Ni que ton plus grand soin ait de soi le mérite
De m'apprêter un lieu digne que je l'habite.

Quand durant tout le temps qu'à tes jours j'ai prescrit,
Il ne te passeroit autre chose en l'esprit,
Tu verrois que l'esprit qu'une vie y dispose,
Si je n'y mets la main, ne fait que peu de chose.
Ma bonté qui t'invite à ce divin repas
T'y permet un accès qu'elle ne te doit pas.
Viens-y, non par coutume ou par quelque contrainte,
Mais avec de l'amour, mais avec de la crainte,
Mais avec du respect, mais avec de la foi ;

Fais avec diligence autant qu'il est en toi,
Viens, un Dieu te convie à ce banquet céleste,
Lui-même il te l'ordonne, et suppléera le reste :
Si tes défauts sont grands, plus grand est son pouvoir ;
Approche en confiance, et viens le recevoir.

Si tu sens que ton zèle impuissant ou languide
De moment en moment te laisse plus aride,
Redouble ta prière et tes gémissements,
Pour obtenir de lui de meilleurs sentiments ;
Persévère, importune, obstine-toi de sorte
A pleurer à ses pieds, à frapper à sa porte,
Qu'il t'ouvre, ou que du moins de ce bien souverain
Il laisse distiller quelque goutte en ton sein.

Cette importunité n'est jamais incivile :
Je te suis nécessaire, et tu m'es inutile ;
Tu ne viens pas à moi pour me sanctifier,
Mais je m'abaisse à toi pour te justifier.
Garde de négliger une faveur si grande,
Ouvre-lui tout ton cœur, fais-m'en entière offrande ;
Et, m'ayant dignement préparé ce séjour,
Introduis-y l'objet de ton céleste amour.

Mais ce n'est pas assez d'y préparer ton ame
Avec toute l'ardeur d'une céleste flamme :
Si pour t'y disposer il faut beaucoup de soins,
Le sacrement reçu n'en demande pas moins,
Et le recueillement après ce grand remède
Doit égaler du moins l'ardeur qui le précède.
Oui, la retraite sainte après le sacrement
Est un sublime apprêt pour le redoublement,
Et la communion où la ferveur abonde

A de plus grands effets prépare la seconde.

Qui trop tôt s'y relâche en perd soudain le fruit,
Et se dispose mal à celle qui la suit.
Tiens-toi dans le silence, et rentre dans toi-même,
Pour jouir en secret de ce bonheur suprême.
Si tu sais une fois l'art de le conserver,
Le monde tout entier ne t'en sauroit priver;
Mais il faut qu'à moi seul ton cœur entier se donne,
Pour vivre plus en moi qu'en ta propre personne,
Sans que tout l'univers sous aucunes couleurs
T'inquiète l'esprit pour ce qui vient d'ailleurs.

DE L'ARIDITÉ DU COEUR EN COMMUNIANT, ET DE SON REMÈDE.
(LIV. IV, CH. 15.)

Quand le zèle te manque, ou qu'il n'a que foiblesse,
Trouve à t'humilier dans ton peu de vertu;
Mais garde que ce cœur n'en soit trop abattu,
Et ne t'en laisse pas accabler de tristesse.
Dieu souvent est prodigue après de longs refus;
Le bonheur qu'il diffère en devient plus diffus;
Les faveurs qu'il recule en sont plus singulières :
Il se plaît à surprendre, il choisit son moment;
Et souvent il accorde à la fin des prières
La grace qu'il dénie à leur commencement.

Peu de chose souvent à mes faveurs s'oppose,
Peu de chose repousse ou restreint leur pouvoir :
Si l'on peut toutefois ou dire ou concevoir
Que ce qui le restreint ne soit que peu de chose.
L'obstacle est toujours grand, de qui l'amusement
A de pareils bonheurs forme un empêchement;
Mais, soit grand, soit léger, apprends à t'en défaire :

Triomphe pleinement de ce qui le produit,
Et, sans plus craindre alors qu'un tel bien se diffère,
De tes plus doux souhaits tu recevras le fruit.

Quiconque, le cœur simple et l'intention pure,
Me donne tous ses soins avec sincérité;
Quiconque sait porter cette simplicité
Au-dessus de soi-même et de la créature,
Au moment qu'il bannit ses folles passions,
Et le déréglement de ces aversions
Que souvent l'amour-propre inspire aux ames basses;
Il mérite aussitôt de recevoir des cieux
Les pleins écoulements du torrent de mes graces,
Et l'ardeur qui rend l'homme agréable à mes yeux.

Ma libéralité, féconde en biens solides,
Ne peut voir de mélange où je viens m'établir :
Je veux remplir moi seul ce que je veux remplir,
Et ne verse mes dons que dans des vaisseaux vides.
Plus un homme renonce aux choses de là-bas,
Plus un parfait mépris de tous leurs vains appas
L'avance en l'art sacré de mourir à soi-même,
D'autant plus tôt ma grace anime sa langueur,
D'autant plus de mes dons l'abondance est extrème,
Et porte haut en lui la liberté du cœur.

En cet heureux état avec pleine tendresse
Il saura s'abîmer dans mes doux entretiens,
Et lui-même, admirant ces abîmes de biens,
Il verra tout son cœur dilaté d'allégresse;
Il n'approchera point de la communion
Sans remporter en soi l'amoureuse union
Qui doit être le fruit de ce divin mystère;

Et j'épandrai sur lui cet excès de bonheur,
Pour avoir moins cherché par où se satisfaire,
Que par où soutenir ma gloire et mon honneur.

QU'IL FAUT APPROCHER DU SACREMENT AVEC FOI, ET N'Y RIEN APPROFONDIR AVEC CURIOSITÉ. (LIV. IV, CH. 18.)

Toi qui suis de tes sens les dangereuses routes,
Et veux tout pénétrer par ton raisonnement,
Sache qu'approfondir un si grand sacrement,
C'est te plonger toi-même en l'abîme des doutes.
Quiconque ose d'un Dieu sonder la majesté,
Dans ce vaste océan de son immensité,
Opprimé de sa gloire, aisément fait naufrage;
Et tu voudrois en vain comprendre son pouvoir,
Puisqu'un mot de sa bouche opère davantage
Que tout l'esprit humain ne sauroit concevoir.

Je ne te défends pas la recherche pieuse
Des saintes vérités dont tu dois être instruit;
Leur pleine connoissance est toujours de grand fruit,
Pourvu qu'elle soit humble, et non pas curieuse.
Mais rabats de l'esprit l'essor tumultueux;
A la rébellion des sens présomptueux
Oppose de la foi l'aimable tyrannie;
Soumets-toi tout entier, remets-moi tout le soin
De répandre sur toi ma science infinie,
Et j'en mesurerai le don à ton besoin.

Viens, et n'apporte point une foi chancelante
Que la raison conseille et qui tient tout suspect :
Je la veux simple et ferme, avec l'humble respect
Qu'à ce grand sacrement doit ta sainte épouvante.
La curiosité qu'un vain orgueil conduit

Se fait de ses faux jours une plus sombre nuit,
Qui cache d'autant plus mes clartés à sa vue.
Plus la raison s'efforce, et moins elle comprend ;
Comme elle est toujours foible, elle est souvent déçue :
Mais la solide foi jamais ne se méprend.

Tous ces discernements que la nature inspire,
Toute cette recherche où le sens peut guider,
Doivent suivre la foi qu'ils veulent précéder,
Doivent la soutenir, et non pas la détruire.
Plus l'esprit s'y travaille, et plus il s'y confond ;
Plus il les sonde avant, moins il en voit le fond :
Ils sont toujours obscurs et toujours adorables.
Et si par la raison ils étoient entendus,
Le nom de merveilleux et celui d'ineffables,
Quelque hauts qu'on les vît, ne leur seroient pas dus.

PRIÈRES CHRÉTIENNES,

TIRÉES DU MÊME LIVRE

DE L'IMITATION DE JÉSUS-CHRIST.

POUR SE METTRE EN LA PRÉSENCE DE DIEU. (LIV. III, CH. 2.)

Parle, parle, Seigneur, ton serviteur écoute :
Je dis ton serviteur, car enfin je le suis ;
Je le suis, je veux l'être, et marcher dans ta route
    Et les jours et les nuits.

Remplis-moi d'un esprit qui me fasse comprendre
Ce qu'ordonnent de moi tes saintes volontés,
Et réduis mes desirs au seul desir d'entendre
    Tes hautes vérités.

Je ne veux ni Moïse à m'enseigner tes voies,
Ni quelque autre prophète à m'expliquer tes lois :
C'est toi, qui les instruis, c'est toi, qui les envoies,
    Dont je cherche la voix.

Parle pour consoler mon ame inquiétée,
Parle pour la conduire à quelque amendement ;
Parle, afin que ta gloire ainsi plus exaltée
    Croisse éternellement.

ACTION DE GRACES A DIEU. (LIV. III, CH. 5.)

Je te bénis, Père céleste,

Père de mon divin Sauveur,
Qui rends en tous lieux ta faveur
Pour tes enfants si manifeste.

J'en suis le plus pauvre et le moindre,
Et tu daignes t'en souvenir :
Combien donc te dois-je bénir,
Et combien de graces y joindre !

Tu répands des douceurs soudaines
Sur l'amertume des ennuis ;
Et, tout indigne que j'en suis,
Tu consoles toutes mes peines.

J'en bénis ta main paternelle,
J'en bénis ton Fils Jésus-Christ,
J'en rends graces au Saint-Esprit :
A tous les trois gloire éternelle !

Redouble tes faveurs divines,
Visite mon cœur plus souvent ;
Et, pour le rendre plus fervent,
Instruis-le dans tes disciplines.

Affranchis-le de tous ses vices,
Déracine ses passions ;
Efface les impressions
Qu'y forment les molles délices.

Qu'ainsi purgé par ta présence,
A tes pieds je le puisse offrir,
Net pour t'aimer, fort pour souffrir,
Stable pour la persévérance.

ACTE D'AMOUR. (liv. III, ch. 5.)

O mon Dieu, mon amour unique,
Regarde mon cœur et ma foi!
Reçois-les, et sois tout à moi,
Comme tout à toi je m'applique.

Dilate mon cœur et mon ame,
Pour les remplir de plus d'amour;
Et fais-leur goûter nuit et jour
Ce que c'est qu'une sainte flamme.

Qu'ils trouvent partout des supplices.
Hormis aux douceurs de t'aimer;
Qu'ils se baignent dans cette mer;
Qu'ils s'abîment dans ces délices.

Que je t'aime plus que moi-même;
Que je m'aime en toi seulement,
Et qu'en toi seul pareillement
Je puisse aimer quiconque t'aime.

Que ton ame enfin toute entière,
Et toute à toi jusqu'aux abois,
Suive les amoureuses lois
Que lui montrera ta lumière.

ACTE D'HUMILITÉ. (liv. III, ch. 8.)

Seigneur, t'oserai-je parler,
Moi qui ne suis que cendre et que poussière,
Qu'un vil extrait d'une impure matière,
Qu'au seul néant on a droit d'égaler?

Ta clarté m'expose à mes yeux,
Je me vois tout entier, et j'en vois d'autant mieux
Quels défauts ont suivi ma honteuse naissance ;
Je vois ce que je suis, je vois ce que je fus,
    Je vois d'où je viens ; et, confus
    De ne voir que de l'impuissance,
Je m'écrie : « O mon Dieu, que je m'étois déçu !
« Je ne suis rien, et n'en avois rien su. »

    Cependant, Monarque suprême,
    Ton immense bénignité
Sur l'indigne et sur l'ingrat même
    Répand sa libéralité.

    De ces sources inépuisables
    Fais sur nous déborder les flots ;
    Rends-nous humbles, rends-nous dévots,
Rends-nous reconnoissants, rends-nous inébranlables :
Relève-nous le cœur sous nos maux abattu,
Attire-nous à toi par une sainte amorce,
    Toi qui seul es notre vertu,
    Notre salut, et notre force.

ACTE DE CRAINTE HUMBLE ET RESPECTUEUSE. (LIV. III, CH. 14.)

Seigneur, tu fais sur moi tonner tes jugements,
Tous mes os ébranlés tremblent sous leur menace,
Ma langue en est muette, et mon cœur tout de glace
N'a plus pour s'expliquer que des frémissements.

Tes anges devant toi n'ont point été sans tache,
Et tu n'as rien permis à ta pitié pour eux :
Étant plus criminel, serois-je plus heureux,
Moi qu'à ton bras vengeur aucune ombre ne cache ?

Seigneur, si nous n'avons ton aide et ton soutien,
Si tu ne nous défends, si tu ne nous regardes,
Tout l'effort qu'on se fait pour être sur ses gardes
N'est qu'un effort qui gêne, et qui ne sert de rien.

Qu'un plein ravalement ainsi m'est nécessaire!
Que je me dois pour moi des sentiments abjects!
Et quand je fais du bien, si quelquefois j'en fais,
Le peu d'état, Seigneur, qu'il m'est permis d'en faire!

Que je dois m'abaisser, que je dois m'avilir
Sous tes saints jugements, sous leurs profonds abîmes,
Moi qui ne vois en moi qu'un néant plein de crimes,
Qui, tout néant qu'il est, tâche à s'enorgueillir!

O néant, ô vrai rien! mais pesanteur extrême,
Mais charge insupportable à qui veut s'élever;
Mer sans rive, où partout chacun se peut trouver,
Mais sans trouver partout qu'un néant en soi-même!

Nos plus zélés flatteurs eux-mêmes ne sont rien,
Ce qu'ils donnent d'encens comme eux est périssable :
Ta vérité, Seigneur, est seule invariable,
Et seule nous conduit jusqu'au souverain bien.

RÉSIGNATION EN DIEU. (LIV. III, CH. 15.)

O mon Dieu, si ton bon plaisir
S'accorde à ce que je souhaite,
Donne-m'en le succès conforme à mon desir :
Sinon, ta volonté soit faite!

Si ta gloire peut s'exalter
Par l'effet où j'ose prétendre,

Permets qu'en ton saint nom je puisse exécuter
   Ce que tu me vois entreprendre.

   S'il doit servir à mon salut,
   Si mon ame en tire avantage,
Ainsi que ton honneur en est l'unique but,
   Que te servir en soit l'usage !

   Mais s'il est nuisible à mon cœur,
   S'il est inutile à mon ame,
Daigne éteindre, ô mon Dieu, cette frivole ardeur,
   Et remplis-moi d'une autre flamme !

   Tu vois ce qui m'est le meilleur,
   De mes maux tu sais le remède :
Regarde mon desir, et règle-le, Seigneur,
   Ainsi que tu veux qu'il succède.

   Donne-moi ce que tu voudras,
   Choisis le temps et la mesure ;
Et, comme il te plaira, daigne étendre le bras
   Sur ta chétive créature.

   Vois-moi gémir et travailler,
   Et pour tout fruit ne me destine
Que ce qui te plaît mieux, et qui fait mieux briller
   L'éclat de ta gloire divine.

   Ordonne de tout mon emploi
   Par ta providence suprême ;
Agis partout en maître, et dispose de moi
   Sans considérer que toi-même.

Tel qu'un esclave prêt à tout,
Pour toi, non pour moi, je veux vivre;
C'est là mon seul desir : puissé-je jusqu'au bout,
O mon Dieu, dignement le suivre!

POUR FAIRE LA VOLONTÉ DE DIEU. (liv. III, ch. 15.)

Doux arbitre de mon sort,
Daigne m'accorder ta grace!
Qu'elle aide mon foible effort,
Et que sa pleine efficace
Dure en moi jusqu'à la mort!

Fais, Seigneur, que mon desir
N'ait pour but invariable
Que ce que ton bon plaisir
Aura le plus agréable,
Que ce qu'il voudra choisir.

Que ton vouloir soit le mien;
Que le mien partout le suive,
Et s'y conforme si bien,
Qu'ici-bas, quoi qu'il m'arrive,
Sans toi je ne veuille rien.

Fais-le toujours prévaloir
Sur quoi que je me propose,
Et mets hors de mon pouvoir
De vouloir aucune chose
Que ce qu'il te plait vouloir.

En cette union, Seigneur,
A ta volonté suprême,
En cet unique bonheur,

CHRÉTIENNES.

Ou, pour mieux dire, en toi-même,
Fais le repos de mon cœur.

ACTE DE CONFIANCE. (LIV. III, CH. 16.)

Bénin sauveur de la nature,
Prends soin partout de m'assister,
Et daigne sans cesse prêter
Ton secours à ta créature.

Qu'au milieu de toutes mes peines
Ce me soit un soulagement
D'être abandonné pleinement
Des consolations humaines.

Qu'au défaut même de la tienne,
J'en trouve dans ta volonté,
Dont l'aimable sévérité
Fait cette épreuve de la mienne.

Car enfin, Seigneur, ta colère
Fera place à des temps plus doux,
Et les fureurs d'un Dieu jaloux
Céderont aux bontés d'un père.

ABANDON DE SOI-MÊME ENTRE LES MAINS DE DIEU. (LIV. III, CH. 17.)

Ta parole, Seigneur, n'est que trop véritable :
    Les soucis que tu prends de moi
Surpassent de bien loin tous ceux dont est capable
    L'amour-propre et son fol emploi.

Aussi faut-il sur toi pleinement s'en démettre,
    Sans se croire, sans se chercher ;
Et qui n'en use ainsi ne sauroit se promettre

De faire un pas sans trébucher.

Tiens donc ma volonté sous ton ordre céleste
 Droite en tout temps, ferme en tous lieux ;
Laisse-moi cette grace, et dispose du reste
 Comme tu jugeras le mieux.

Sois béni, si tu veux que tes lumières saintes
 Éclairent mon entendement ;
Et ne le sois pas moins, si leurs clartés éteintes
 Me rendent mon aveuglement.

Sois béni, si tu veux que tes saintes tendresses
 Consolent mes plus durs travaux ;
Et ne le sois pas moins, si tes justes rudesses
 Se plaisent à croître mes maux.

Le succès le plus triste et le plus favorable,
 Le plus doux et le plus amer,
Me seront tous des choix de ta main adorable,
 Qu'également il faut aimer.

Je les recevrai tous, sans mettre différence
 Entre les bons et les mauvais ;
Je les aimerai tous, et ma persévérance
 T'en rendra graces à jamais.

ACCEPTATION DES SOUFFRANCES A L'EXEMPLE DE JÉSUS-CHRIST.
(LIV. III, CH. 18.)

Seigneur, puisqu'en souffrant il vous plut satisfaire
Aux ordres que donna votre Père éternel,
Avec quelle raison voudrois-je m'y soustraire ?
L'innocent lui doit-il plus que le criminel ?

Il faut bien qu'à son tour le pécheur misérable
Accepte de ses maux toute la dureté,
Et soumette une vie infirme et périssable
Aux souverains décrets de votre volonté.

Il est juste, ô mon Dieu, que sans impatience
J'en porte le fardeau pour mon propre salut,
Et que de ses ennuis la triste expérience
Ne produise en mon cœur ni dégoût ni rebut.

Votre exemple nous aide à souffrir avec joie;
Celui de tous vos saints nous rehausse le cœur :
L'un et l'autre du ciel nous aplanit la voie,
L'un et l'autre y soutient notre peu de vigueur.

Que je vous dois d'encens, que je vous dois de graces
De m'avoir enseigné cet âpre et doux chemin;
Et de m'avoir frayé ces douloureuses traces
Qui mènent sur vos pas à des plaisirs sans fin !

Si vous n'aviez vous-même enseigné cette voie,
Si vous n'y faisiez voir l'empreinte de vos pas,
Vous offririez en vain votre couronne en proie :
Prendroit-on un chemin qu'on ne connoîtroit pas ?

Hélas ! si l'on s'égare avec tant de lumière
Qu'épandent votre vie et vos enseignements,
Qui pourroit arriver au bout de la carrière,
Si nous étions réduits à nos aveuglements ?

SAINTE IMPATIENCE. (LIV. III, CH. 21.)

Combien dois-je encore attendre ?
Jusques à quand tardes-tu,

O Dieu tout bon, à descendre
Dans mon courage abattu?

Mon besoin t'en sollicite,
Toi qui, de tous biens auteur,
Peux d'une seule visite
Enrichir ton serviteur.

Viens donc, Seigneur, et déploie
Tous tes trésors en ces lieux;
Remplis-moi de cette joie
Que tu fais régner aux cieux.

De l'angoisse qui m'accable
Daigne être le médecin,
Et d'une main pitoyable
Dissipe-s-en le chagrin.

Viens, mon Dieu, viens sans demeure!
Tant que je ne te vois pas,
Il n'est point de jour ni d'heure
Où je goûte aucun appas.

POUR OBTENIR L'ILLUMINATION DE L'AME. (LIV. III, CH. 23.)

Éclaire-moi, mon cher Sauveur,
Mais de cette clarté qui, cachant sa splendeur,
Chasse mieux du dedans tous les objets funèbres,
Et qui purge le fond du cœur
De toute sorte de ténèbres.

Étouffe ces distractions
Qui, pour troubler l'effet de mes intentions,
A ma plus digne ardeur mêlent leur insolence;

Et dompte les tentations
Qui me font tant de violence.

Répands tes plus vives clartés ;
Fais briller jusqu'ici tes saintes vérités ;
Fais que toute la terre en soit illuminée,
En dépit des obscurités
Où ses crimes l'ont condamnée.

Je suis cette terre sans fruit,
Dont la stérilité sous une épaisse nuit
N'enfante que chardons, que ronces, et qu'épines :
Vois, Seigneur, où j'en suis réduit
Jusqu'à ce que tu m'illumines !

Verse tes graces dans mon cœur ;
Fais-en pleuvoir du ciel l'adorable liqueur ;
A mon aridité prête leurs eaux fécondes ;
Prête à ma traînante langueur
La vivacité de leurs ondes !

Qu'ainsi, par un doux changement,
Ce désert arrosé devienne en un moment
Un champ délicieux où règne l'affluence,
Et paré de tout l'ornement
Que des bons fruits a l'abondance !

DÉTACHEMENT DU MONDE. (LIV. III, CH. 26.)

Ineffable et pleine douceur,
Daigne, ô mon Dieu, pour moi tourner en amertume
Tout ce que le monde présume
Couler de plus doux dans mon cœur !

Bannis ces consolations
Qui peuvent amortir le goût des éternelles,
Et livrer mes sens infidèles
A leurs folles impressions !

Fais que cet éclat d'un moment
Dont le monde éblouit quiconque aime à le croire,
Cette brillante et fausse gloire,
Ne me déçoive aucunement !

Quoi que le diable ose inventer
Pour ouvrir sous mes pas un mortel précipice,
Fais que son plus noir artifice
N'ait point de quoi me supplanter.

Pour combattre et pour souffrir tout,
Donne-moi de la force et de la patience ;
Donne à mon cœur une constance
Qui persévère jusqu'au bout.

Fais que j'en puisse voir proscrit
Le goût de ces douceurs où le monde préside !
Fais qu'il laisse la place vide
A l'onction de ton Esprit !

Enfin, pour cet amour charnel
Dont l'impure chaleur souille ce qu'elle enflamme,
Seigneur, allume dans mon ame
Celui de ton nom éternel !

POUR OBTENIR LA PATIENCE DANS L'AFFLICTION. (LIV. III, CH. 29.)

Tu le veux, ô mon Dieu, que cette inquiétude,
Ce profond déplaisir vienne troubler ma paix :

Après tant de douceurs ta main veut m'être rude,
Et moi j'en veux bénir ton saint nom à jamais.

Père doux et bénin, qui connois ma foiblesse,
Que faut-il que je die en cet accablement?
Tu vois de toutes parts quelle rigueur me presse :
Sauve-moi, mon Sauveur, d'un si cruel tourment!

Encor pour cette fois donne-moi patience,
Aide-moi par ta grace à n'en point murmurer;
Et je ne craindrai point sur cette confiance,
Pour grands que soient les maux qu'il me faille endurer.

Cependant derechef que faut-il que je die?
Ton saint vouloir soit fait, ton ordre exécuté!
Perte de biens, disgrace, opprobre, maladie,
Tout est juste, Seigneur, et j'ai tout mérité.

C'est à moi de souffrir; et plaise à ta clémence
Que ce soit sans chagrin, sans bruit, sans m'échapper,
Jusqu'à ce que l'orage ait moins de véhémence,
Jusqu'à ce que ta main daigne le dissiper.

Car enfin ta pitié soutenant mon courage
Peut le rendre vainqueur du plus puissant assaut;
Et plus ce changement m'est un pénible ouvrage,
Plus je le vois facile à la main du Très-Haut.

ASPIRATION A DIEU. (LIV. III, CH. 34.)

Voici mon Dieu, voici mon tout :
   Que puis-je vouloir davantage?
Qu'a de plus l'univers de l'un à l'autre bout?
Et quel plus grand bonheur peut m'échoir en partage?

O mot délicieux sur tous !
O parole en douceurs féconde !
Qu'elle en a, mon Sauveur, pour qui n'aime que vous !
Qu'elle en a peu pour ceux qui n'aiment que le monde !

Voici mon tout, voici mon Dieu :
A qui l'entend c'est assez dire ;
Et la redite est douce en tout temps, en tout lieu,
A quiconque pour vous de tout son cœur soupire.

Oui, tout est doux, tout est charmant,
Tout ravit en votre présence ;
Mais quand votre bonté se retire un moment,
Tout fâche, tout ennuie en ce moment d'absence.

Vous faites la tranquillité
Et le calme de notre course ;
Et ce que notre joie a de stabilité
N'est qu'un écoulement dont vous êtes la source.

Quel dégoût peut jamais trouver
Celui qui goûte vos délices ?
Et qui les goûte mal, que peut-il éprouver
Où son juste dégoût ne trouve des supplices ?

Éternelle et vive splendeur,
Qui surpassez toutes lumières,
Lancez du haut du ciel votre éclat dans mon cœur.
Percez-en jusqu'au fond les ténèbres grossières.

Daignez, Seigneur, purifier
Mon ame et toutes ses puissances,
La combler d'allégresse, et la vivifier ;

Remplir de vos clartés toutes ses connoissances.

Quand viendra pour moi cet instant
Où tant de douceurs sont encloses,
Où de votre présence on est plein et content,
Où vous serez enfin mon tout en toutes choses?

Jusqu'à ce qu'il soit arrivé,
Quoi que votre faveur m'envoie,
Je ne jouirai point d'un bonheur achevé,
Je ne goûterai point une parfaite joie.

Vous êtes mon unique espoir;
Je mets en vous tout mon refuge;
Je dédaigne l'appui de tout autre pouvoir :
Soyez mon défenseur avant qu'être mon juge.

ACTE D'ANÉANTISSEMENT DEVANT DIEU. (LIV. III, CH. 40.)

Seigneur, qu'est-ce que l'homme? et, dans ton souvenir,
Qui lui donne le rang que tu l'y fais tenir?
Que sont les fils d'Adam, que sont tous leurs mérites,
Pour attirer chez eux l'effet de tes visites?
Que t'a fait l'homme enfin, que ta grace pour lui
Aime à se prodiguer, et lui servir d'appui?
Ses défauts sont si grands, son impuissance est telle,
Qu'il a vers le néant une pente éternelle.
A moins que ton secours lui relève le cœur,
A moins que ta bonté ranime sa langueur,
Qu'elle daigne au-dedans le former et l'instruire,
Ses plus ardents efforts ne peuvent rien produire;
Et son infirmité retrouve en un moment
La tiédeur, le désordre, et le relâchement.

Tous ses maux toutefois rencontrent leur remède
Aussitôt qu'il t'a plu d'accourir à son aide ;
Et, pour faire à son ame un bonheur souverain,
Tu n'as qu'à lui prêter, qu'à lui tendre la main.

C'est de toi, mon Sauveur, c'est de toi, source vive,
Que se répand sur moi tout le bien qui m'arrive ;
Je ne suis qu'un néant rempli de vanité,
Je ne suis qu'inconstance et qu'imbécillité ;
Et quand je me demande un titre légitime
D'où prendre quelque gloire et chercher quelque estime,
Je vois, pour tout appui de mes plus hauts efforts,
Le néant que je suis, et le rien d'où je sors.

O fausse et vaine gloire ! ô dangereuse peste,
Qui n'es rien qu'un néant, mais un néant funeste,
Tes decevants attraits retirent tous nos pas
Du chemin où la vraie étale ses appas ;
Et l'ame, par ton souffle indignement souillée,
Des graces de son maître est par toi dépouillée.
Oui, notre ame, Seigneur, tout ton portrait qu'elle est,
Commence à te déplaire alors qu'elle se plaît ;
Et son avidité pour de vaines louanges
La prive des vertus qui l'égaloient aux anges.

Puisse tout l'univers, puisse tout l'avenir,
Toute l'éternité te louer et bénir !
Ce sont là tous mes vœux, c'est là tout l'avantage
Que mes foibles travaux demandent en partage :
Trop heureux si l'éclat de mon plus digne emploi
Laisse mon nom obscur pour rejaillir sur toi !

MÉPRIS DE SOI-MÊME. (LIV. III, CH. 41.)

Je l'avouerai, Seigneur, que cette chair fragile

De ses aveuglements aime l'épaisse nuit ;
Et de la vanité l'amorce est si subtile,
  Qu'en un moment elle séduit.

A bien considérer la chose en sa nature,
Je ne mérite amour, ni pitié, ni support ;
Et, quoi qu'on m'ait pu faire, aucune créature
  Ne m'a jamais fait aucun tort.

Mes plaintes auroient donc une insolence extrême
Si j'osois t'accuser de trop de dureté,
Et qu'ainsi j'imputasse à la justice même
  Une injuste sévérité.

Mon crime a dû forcer toutes les créatures
A me persécuter, à s'armer contre moi ;
Et quiconque m'accable ou d'opprobre ou d'injures
  N'en fait qu'un légitime emploi.

A moi la honte est due, à moi l'ignominie :
Leur plus durable excès ne peut trop me punir ;
A toi seul la louange et la gloire infinie
  Dans tous les siècles à venir.

Prépare-toi, mon ame, à souffrir sans tristesse
Les mépris des méchants, et ceux des gens de bien ;
A me voir ravalé jusqu'à cette bassesse
  Que même on ne me compte à rien.

Enfin de ton orgueil éteins les moindres restes,
Ou n'espère autrement la paix en aucun lieu,
Ni de stabilité, ni de clartés célestes,
  Ni d'union avec ton Dieu.

RECOURS A DIEU. (LIV. III, CH. 45.)

Envoie à mon secours tes bontés souveraines,
Seigneur, contre les maux qui m'ont choisi pour but,
Puisqu'en vain je mettrois aux amitiés humaines
    L'espoir de mon salut.

O mon Dieu ! qu'ici-bas j'ai trouvé d'infidèles
Dont je m'imaginois occuper tous les soins !
Et que j'ai rencontré de véritables zèles
    Où j'en croyois le moins !

Il est rare après tout qu'un ami persévère
Dans nos afflictions jusqu'à l'extrémité,
Et nous aide à porter toute notre misère
    Sans être rebuté.

Toi seul es cet ami fidèle, infatigable,
Que de nos intérêts rien ne peut détacher ;
Et toute autre amitié n'a rien de si durable,
    Qu'il en puisse approcher.

Daigne mettre en ma bouche une parole vraie,
Qui soit pleine de force et de stabilité ;
Et ne souffre jamais que ma bouche s'essaie
    A la duplicité.

Accorde à ma foiblesse assez de prévoyance
Pour aller au-devant de ce qui peut s'offrir,
Et détourner les maux que sans impatience
    Je ne pourrois souffrir.

Qu'heureux est, ô mon Dieu, qu'heureux est qui souhaite

Que ton seul bon plaisir soit partout accompli ;
Qu'au-dedans, qu'au-dehors ta volonté soit faite,
  Et ton ordre rempli !

Que ta grace en un cœur se trouve en assurance
Alors qu'à fuir l'éclat il met tous ses efforts !
Et qu'il sait dédaigner cette vaine apparence
  Qu'on admire au-dehors !

Une ame en ton vouloir saintement affermie
Ménage tous les dons que lui fait ta faveur,
Et les applique tous à corriger sa vie,
  Ou croître sa ferveur.

AVEU DE LA PROPRE FOIBLESSE. (LIV. III, CH. 46.)

Seigneur, qui par de vifs rayons
Pénètres chaque conscience ;
Juste juge, en qui nous voyons
Et la force et la patience ;
Tu sais quelle fragilité,
Quelle pente à l'impureté
Suit partout la foiblesse humaine :
Daigne me servir de soutien,
Et sois la confiance pleine
Qui me guide au souverain bien !

Pour ne voir point de tache en moi,
Mon innocence n'est pas sûre :
Tu vois bien plus que je ne vois ;
Tu fais bien une autre censure.
Aussi devrois-je avec douceur
M'humilier sous la noirceur
De tous les crimes qu'on m'impute,

Et souffrir d'un esprit remis,
Lors même qu'on me persécute
Pour ce que je n'ai point commis.

Pardon, mon cher Sauveur, pardon,
Quand j'en use d'une autre sorte!
Ne ne me refuse pas le don
D'une patience plus forte!
Ta miséricorde vaut mieux,
Pour rencontrer grace à tes yeux
Dans l'excès de ton indulgence,
Qu'une apparente probité
Ne peut servir à la défense
De la secrète infirmité.

EMPRESSEMENT DE S'UNIR A DIEU. (LIV. III, CH. 48.)

Quand verrai-je, Seigneur, finir tant de supplices?
Quand cesserai-je d'être un esclave des vices?
Quand occuperas-tu toi seul mon souvenir?
Quand mettrai-je ma joie entière à te bénir?
Quand verrai-je en mon cœur une liberté sainte,
Sans aucun embarras, sans aucune contrainte?
Et quand ne sentirai-je en mes ardents transports
Rien qui pèse à l'esprit, rien qui gêne le corps?

Doux Sauveur de mon ame, hélas! quand te verrai-je?
Quand m'accorderas-tu ce dernier privilége?
Quand te pourront mes yeux contempler à loisir,
Te voir en tout, par-tout, être mon seul desir?
Tu sais que c'est pour toi que tout mon cœur soupire,
Tu sais que c'est à toi que tout mon cœur aspire;
Le monde m'est à charge, et ne fait que grossir
Ce fardeau de mes maux qu'il tâche d'adoucir :

Ni de lui, ni de moi, je ne dois rien attendre ;
Je veux te posséder, et ne te puis comprendre ;
Je forme à peine un vol pour m'attacher aux cieux,
Qu'un souci temporel me ravale en ces lieux ;
Et de mes passions les forces mal domptées
Me rendent aux douceurs qu'elles m'avoient prêtées :
La chair rappelle en bas quand l'esprit tire en haut,
Et la foible partie est celle qui prévaut.

Que je souffre, Seigneur, quand mon ame élevée
Jusqu'aux pieds de son Dieu qui l'a faite et sauvée,
Un damnable escadron de sentiments honteux
Vient troubler sa prière et distraire ses vœux !

Viens, céleste douceur, viens occuper la place,
Et toute impureté fuira devant ta face !
Dissipe-s-en le trouble, et rétablis ma paix ;
Fais qu'à te voir sans cesse élevant mes souhaits,
Je t'offre une oraison, je t'offre des louanges
Dignes de se mêler à celles de tes anges ;
Et qu'en moi ton amour par ses divins transports
Étouffe le terrestre, et dedans, et dehors !

POUR SE CONFORMER A LA VOLONTÉ DE DIEU. (LIV. III, CH. 50.)

Qu'à présent, qu'à jamais soit béni ton saint nom !
La chose arrive ainsi que tu l'as résolue :
Tu l'as faite, ô mon Dieu ! puisque tu l'as voulue ;
    Et tout ce que tu fais est bon.

Que vois-je en moi, Seigneur, qu'y puis-je voir paroître,
Que ce que tu dépars sans qu'on l'ait mérité ?
Et ce que donne et fait ta libéralité,
    N'en es-tu pas toujours le maître ?

De toute éternité tu prévis ce moment
Qui m'abat au-dehors durant un temps qui passe,
Pour me faire au-dedans revivre dans ta grace,
    Et t'aimer éternellement.

Il faut qu'un peu de temps je traîne dans la honte
Cet objet de mépris et de confusion ;
Que je semble tomber à chaque occasion
    Sous la langueur qui me surmonte.

Père saint, tu le veux : mais ce n'est qu'à dessein
Que mon cœur avec toi de nouveau se relève,
Et que du haut du ciel un nouveau jour achève
    De s'épandre au fond de mon sein.

Ton ordre est accompli, ta volonté suivie :
Je souffre, je languis, je vis dans le rebut,
Et je prends tous ces maux dont tu me fais le but
    Pour arrhes d'une heureuse vie.

Ce sont traits de ta grace, et c'est ton amitié
Qui donne à tes amis à souffrir pour ta gloire ;
Et ce qu'ose contre eux la fureur la plus noire
    Marque un effet de ta pitié.

Toutes les fois qu'ainsi ta bonté se déploie,
Ils nomment ces malheurs un bienheureux hasard,
Et n'examinent point quelle main les départ,
    Lorsque la tienne les envoie.

Il m'est avantageux que mon front soit couvert
D'une confusion qui vers toi me rappelle,
Pour chercher mon refuge en ta main paternelle,

Plutôt qu'en l'homme qui me perd.

J'en apprends à trembler sous l'abîme incrustable
Que présente à mes yeux ton profond jugement,
Lorsque je vois ton bras frapper également
    Sur le juste et sur le coupable.

Bien que d'abord cet ordre ait de quoi m'étonner,
Il est l'équité même et la même justice,
Puisqu'il afflige l'un pour hâter son supplice,
    Et l'autre pour le couronner.

Quelles graces, Seigneur, ne te dois-je point rendre,
De ne m'épargner point les graces des travaux,
Et de me prodiguer l'amertume des maux
    Dont le vrai bien se doit attendre!

Céleste médecin de ceux que tu chéris,
Ainsi jusqu'aux enfers tu mènes et ramènes;
Tu nous ouvres le ciel par l'essai de leurs gênes,
    Tu fais la plaie, et la guéris.

Frappe, Sauveur bénin, frappe, je t'en convie;
Je me remets entier sous ta correction;
Elle est ici l'effet de ta dilection,
    Et de ta haine en l'autre vie.

Tu sais, et mieux que moi, quelles impressions
Me peuvent avancer en ton divin service,
Et combien est puissante à dissiper le vice
    L'aigreur des tribulations.

Fais-moi n'estimer rien en toute la nature

Que ce qui devant toi conserve quelque prix :
Fais-moi ne rien blâmer que ce qu'à tes mépris
    Expose sa propre souillure.

Fais-moi fuir qui m'encense, ou ne le regarder
Que comme un abuseur qui séduit ce qu'il loue,
Un infirme insolent qui d'un foible se joue,
    Un aveugle qui veut guider.

La louange mal due aussi bien n'est qu'un conte
Que le peu de mérite en soi-même dédit,
Et qui donne au-dehors beaucoup moins de crédit
    Qu'au-dedans il ne fait de honte.

AVEU DE LA PROPRE INDIGNITÉ. (LIV. III, CH. 52.)

Seigneur, si je m'arrête au peu que je mérite,
Je ne puis espérer tes consolations,
Ni que du haut du ciel ta secrète visite
Daigne adoucir l'aigreur de mes afflictions.

Je n'en fus jamais digne; et lorsque tu me laisses
Dénué, pauvre, infirme, impuissant, éperdu,
Tu ne fais que justice à mes lâches foiblesses,
Et ce plein abandon n'est que ce qui m'est dû.

Je force ma mémoire à retracer ma vie,
Et n'y vois que désordre et que déréglement,
Qu'une pente au péché honteusement suivie,
Qu'une morne langueur pour mon amendement.

Tout confus que je suis de me voir si coupable,
Que dirai-je, sinon : J'ai péché, mon Sauveur,
J'ai péché; mais pardonne, et d'un œil pitoyable

Regarde un criminel qui demande faveur.

Car enfin tu ne veux d'une ame ensevelie
Dans cette juste horreur que lui fait son péché,
Sinon qu'elle s'accuse, et qu'elle s'humilie
Sous le saint repentir dont le cœur est touché.

ACTE DE CONFIANCE EN DIEU. (LIV. III, CH. 59.)

Seigneur, c'est à toi que j'aspire,
En toi seul est ce que je veux :
Souffre donc qu'après toi je pleure, je soupire,
Et que, jusqu'à ce que j'expire,
J'envoie après toi tous mes vœux.

C'est en toi seul que je me fie,
A toi seul j'élève mes yeux :
Dieu de miséricorde, éclaire, fortifie,
Épure, bénis, sanctifie
Mon ame du plus haut des cieux !

Chacun cherche ses avantages,
Tu ne regardes que le mien :
C'est pour mon salut seul qu'à m'aimer tu t'engages,
Que tu calmes tous mes orages,
Que tu me tournes tout en bien.

La rigueur même des traverses
A pour but mon utilité :
C'est la part des élus; par-là tu les exerces,
Et leurs tentations diverses
Sont des marques de ta bonté.

Ton nom n'est pas moins adorable

Parmi les tribulations ;
Et dans leur dureté tu n'es pas moins aimable,
Que quand ta douceur ineffable
Répand ses consolations.

Aussi ne mets-je mon refuge
Qu'en toi, mon souverain auteur ;
Et, de tous mes ennuis quel que soit le déluge,
Hors du sein de mon propre juge
Je ne veux point de protecteur.

Tout ce qui semble ici produire
La paix dont on pense jouir
N'est sans toi qu'un éclair si prompt à se détruire,
Que le moment qui le fait luire
Le fait aussi s'évanouir.

Joins à ta clémence ineffable
De ta pitié l'immense effort,
Et ne rejette pas les vœux d'un misérable
Qui traîne un exil déplorable
Parmi les ombres de la mort.

Rassure mon ame alarmée :
Et contre la corruption,
Contre tous les périls dont la vie est semée,
Toi qui pour le ciel l'as formée,
Prends-la sous ta protection !

PRÉPARATION A LA COMMUNION. (liv. IV, ch. 2.)

Je m'approche, Seigneur, plein de la confiance
Que tu veux que je prenne en ta haute bonté ;
Je m'approche en malade, avec impatience

De recevoir de toi la parfaite santé.

Je cherche en altéré la fontaine de vie,
Je cherche en affamé le pain vivifiant ;
Et c'est sur cet espoir que mon ame ravie
Au Monarque du ciel présente un mendiant.

Mais que dois-je penser à cette table sainte ?
M'approchant de mon Dieu, de quoi m'entretenir ?
J'y porte du respect, du zèle, et de la crainte,
Et ne le puis assez respecter, ni bénir.

Je n'ai rien de meilleur, ni de plus salutaire,
Que de m'humilier devant ta majesté,
Et tenir les yeux bas sur toute ma misère,
Pour élever d'autant l'excès de ta bonté.

Tu viens jusques à moi pour loger en moi-même ;
Tu m'invites toi-même à ces divins banquets,
Où la profusion de ton amour extrême
Sert un pain angélique et de célestes mets.

Ce pain, ce mets sacré que tu nous y fais prendre,
C'est toi, c'est ton vrai corps, arbitre de mon sort ;
Pain vivant, qui du ciel as bien voulu descendre
Pour redonner la vie aux enfants de la mort.

Qu'en cet effort d'amour tes œuvres admirables
Montrent de ta vertu le pouvoir éclatant !
Et que ces vérités sont pour nous ineffables,
Que ta voix exécute aussitôt qu'on l'entend !

Ta parole jadis fit sitôt toutes choses,

Que rien n'en sépara le son d'avec l'effet ;
Et ta vertu passant dans les secondes causes,
A peine l'homme parle, et ton vouloir est fait.

Par des transports de joie et de reconnoissance
Bénis ton Dieu, mon ame, en ce val de malheurs,
Où tu reçois ainsi de sa toute-puissance
Un don si favorable à calmer tes douleurs.

Sais-tu qu'autant de fois que ton zèle s'élève
A prendre du Sauveur le véritable corps,
L'œuvre de son salut autant de fois s'achève,
Et de tous ses tourments t'applique les trésors?

Il n'a rien mérité qu'il ne t'y communique ;
Et, comme son amour ne peut rien refuser,
Sa bonté toujours pleine et toujours magnifique
Est un vaste océan qu'on ne peut épuiser.

PRIÈRE AVANT LA COMMUNION. (LIV. IV, CH. 3.)

Je viens à toi, Seigneur, afin de m'enrichir
Des dons surnaturels qu'il te plaît de nous faire ;
J'en viens chercher la joie, afin de m'affranchir
Des longs et noirs chagrins qui suivent ma misère.
Comble donc aujourd'hui de solides plaisirs
  Ce cœur, ces amoureux desirs
Que pousse jusqu'à toi ton serviteur fidèle ;
Vois les empressements de son humble devoir,
Et ne rejette pas les ardeurs de son zèle,
Qu'un vrai respect prépare à te bien recevoir !

Quiconque en ces bas lieux te reçoit dignement,
Pain vivant, doux repas de l'ame du fidèle,

S'établit un partage au haut du firmament,
Et s'assure un plein droit à la gloire éternelle.
Mais, las! que je suis loin d'un état si parfait,
 Moi que souvent le moindre attrait
Jusque dans le péché traîne sans répugnance,
Et qu'une lenteur morne, un sommeil croupissant,
Tiennent enveloppé de tant de nonchalance,
Qu'à tous les bons desseins je demeure impuissant!

Heureuse mille fois l'ame qui te reçoit,
Toi, son espoir unique et son unique maître,
Avec tout le respect et l'amour qu'elle doit
A l'excès des bontés que tu lui fais paroître!
Est-il bouche éloquente, est-il esprit humain
 Qui ne se consumât en vain,
S'il vouloit exprimer toute son allégresse?
Et peut-on concevoir ces hauts ravissements,
Ces avant-goûts du ciel, que ta pleine tendresse
Aime à lui prodiguer en ces heureux moments?

AUTRE PRIÈRE AVANT LA COMMUNION. (LIV. IV, CH. 4.)

Préviens ton serviteur par cette douce amorce
Que versent dans les cœurs les bénédictions;
Joins à la pureté de leurs impressions
Tout ce que le respect a de zèle et de force :
Donne-moi les moyens d'approcher dignement
 De ton auguste sacrement;
Remplis mon sein pour toi d'une céleste flamme,
Et daigne m'arracher à la morne lenteur
 De l'assoupissement infame
Sous qui m'ensevelit ma propre pesanteur.

Viens, avec tout l'effet de ce don salutaire,

D'une sainte visite aujourd'hui m'honorer :
Que je puisse en esprit pleinement savourer
Les douceurs qu'enveloppe un si profond mystère !
Détache en ma faveur un vif rayon des cieux,
　　　Qui fasse pénétrer mes yeux
Au fond de cet abîme où tout mon bien s'enferme !
Et si pour y descendre ils ont trop peu de jour,
　　　Fais qu'une foi solide et ferme
En croie aveuglément l'excès de ton amour !

Je vais te recevoir, tu le veux, tu commandes
Que mon cœur à ton cœur s'unisse en charité :
Porte donc jusqu'à toi son imbécillité
Par un don spécial et des graces plus grandes.
Je crois, et suis tout prêt de signer de mon sang
　　　Que sous ce rond, que sous ce blanc,
Véritable Homme-Dieu, tu caches ta présence,
Et que ce que les yeux jugent encor du pain
　　　N'en conserve que l'apparence,
Qui voile à tous nos sens ton être souverain.

Quels souhaits dans nos maux peut former la pensée,
Que ne puisse remplir un si grand sacrement ?
D'où pouvons-nous attendre un tel soulagement,
Ou pour le corps malade, ou pour l'ame blessée ?
C'est par lui que la grace avance à gros torrents,
　　　Et que sur les vices mourants
S'affermit la vertu que lui-même il fait naître ;
C'est par lui que la foi plus fortement agit,
　　　Que l'espérance a de quoi croître,
Et que la charité s'enflamme et s'élargit.

Tu vois ce qui me manque, ô Sauveur adorable,

Doux Jésus, bonté seule en qui j'ose espérer!
Supplée à mes défauts, et daigne réparer
Ce que détruit en moi la langueur qui m'accable!
Tu t'en es fait toi-même une amoureuse loi,
  Quand, nous appelant tous à toi,
Ta bouche toute sainte a bien voulu nous dire :
« Accourez tous à moi, vous dont sous les travaux
  « Le cœur incessamment soupire,
« Et je soulagerai la grandeur de vos maux. »

OBLATION DE SOI-MÊME A DIEU EN LA COMMUNION. (LIV. IV, CH. 9.)

Et le ciel, et la terre, et tout ce qu'ils contiennent,
Leurs effets, leurs vertus, à jamais t'appartiennent;
Tout est à toi, Seigneur, tout marche sous ta loi;
Et je m'y viens offrir en volontaire hostie,
Moi qui de ce grand tout suis la moindre partie,
Pour être par cette offre encor mieux tout à toi.

Dans la simplicité d'un cœur qui te réclame,
Je t'offre tout entiers et mon corps et mon ame;
J'en fais un saint hommage à tes commandements;
J'offre à tes volontés un serviteur fidèle
En sacrifice pur de louange immortelle,
Et réunis en toi tous mes attachements.

Après tant de péchés, que ferois-je autre chose?
Je vois que leur excès à ta rigueur m'expose,
Qu'il arme contre moi ta juste inimitié :
Que puis-je donc, mon Dieu, pour t'arracher les armes,
Que t'avouer ma faute, et, fondant tout en larmes,
Implorer à genoux l'excès de ta pitié?

Je sais, Seigneur, je sais, pour grand que soit mon crime,

Que ta miséricorde est un profond abîme ;
Je me résigne entier à son immensité.
N'agis que suivant elle, et lorsque ta justice
Pressera ton courroux de hâter mon supplice,
Laisse-lui fermer l'œil sur mon iniquité.

Souffre que je te fasse en ce divin mystère
L'offre de tout le bien que jamais j'ai pu faire,
Quoique tout imparfait et de peu de valeur,
Quoique ces actions soient en si petit nombre,
Qu'à peine du vrai bien elles font voir une ombre
Dont les informes traits n'ont aucune couleur.

Donne-leur ce qui manque à leur foible teinture ;
Corrige, sanctifie, agrée, achève, épure ;
Fais-les de jour en jour aller de mieux en mieux :
Comble-les d'une grace en vertus si fertile,
Que cet homme chétif, paresseux, inutile,
Trouve une heureuse fin qui le conduise aux cieux.

Arrache de nos cœurs cette indigne semence
D'envie et de soupçon, de colère et d'offense ;
Tout ce qui peut nourrir la contestation,
Tout ce qui peut blesser l'amitié fraternelle,
Et, par une chaleur à tes ordres rebelle,
Éteindre le beau feu de la dilection.

Prends, Seigneur, prends pitié de ceux qui la demandent ;
Fais un don de ta grace aux pécheurs qui l'attendent ;
Dans nos pressants besoins laisse-nous l'obtenir ;
Et rends-nous tels enfin que notre ame ravie
En puisse dignement jouir durant la vie,
Et dans le ciel un jour à jamais t'en bénir.

CHRÉTIENNES.

UNION A DIEU EN LA COMMUNION. (LIV. IV, CH. 13.)

Qui me la donnera, Seigneur,
　Cette joie où mon ame aspire,
De pouvoir seul à seul te montrer tout mon cœur,
Et de jouir de toi comme je le desire?

　Je te dirai tout mon secret,
　Tu me diras le tien de même,
Tel qu'un ami s'explique avec l'ami discret,
Tel qu'un amant fidèle entretient ce qu'il aime.

　Quand viendra-t-il, cet heureux jour,
　Ce moment tout beau, tout céleste,
Qu'absorbé tout en toi par un parfait amour,
Je m'oublierai moi-même, et fuirai tout le reste?

　Viens en moi, tiens-toi tout en moi;
　Souffre à tes bontés adorables
De nous faire à jamais cette amoureuse loi,
Qu'à jamais cet amour nous rende inséparables.

　Seigneur, que ton esprit est doux!
　Que pour tes enfants il est tendre!
Et que c'est les aimer que de les nourrir tous
De ce pain que du ciel tu fais pour eux descendre!

　Un Dieu venir jusqu'en nos cœurs!
　De sa chair propre nous repaître!
　O grace inexplicable! ô célestes faveurs!
Par quels dignes présents puis-je le reconnoître?

　Que te rendrai-je, ô Dieu tout bon,

Après ce trait d'amour immense?
Que pourrai-je trouver de quoi te faire un don
Qui puisse tenir lieu de quelque récompense?

Je l'ai, mon Dieu, j'ai ce de quoi
 Te faire une agréable offrande;
Je n'ai qu'à me donner de tout mon cœur à toi,
Et je te rendrai tout ce qu'il faut qu'on te rende.

Oui, c'est là tout ce que tu veux
 Pour cette faveur infinie.
Seigneur, que d'allégresse animera mes vœux,
Quand je verrai mon ame avec toi bien unie!

D'un ton amoureux et divin
 Tu me diras lors à toute heure :
« Si tu veux avec moi vivre jusqu'à la fin,
« Avec toi jusqu'au bout je ferai ma demeure. »

Et je te répondrai soudain,
 Si tu m'en veux faire la grace :
« Seigneur, c'est de ma part mon unique dessein;
« Fais que d'un nœud si beau jamais je ne me lasse. »

POUR REPRÉSENTER A DIEU TOUS NOS BESOINS EN LA COMMUNION.
(LIV. IV, CH. 16.)

Source de tous les biens où nous devons prétendre,
 Aimable et doux Sauveur,
Qu'en cet heureux moment je souhaite de prendre
 Avec pleine ferveur;

De toutes mes langueurs, de toutes mes foiblesses
 Tes yeux sont les témoins,

Et, du plus haut du ciel d'où tu fais tes largesses,
      Tu vois tous mes besoins.

Dissipe mes glaçons par cette heureuse flamme
      Qu'allume ton amour,
Et sur l'aveuglement qui règne dans mon ame
      Répands un nouveau jour.

De la terre pour moi rends les douceurs amères,
      Quoi qu'on m'y puisse offrir;
Mêle aux sujets d'ennuis, mêle aux succès contraires
      Les plaisirs de souffrir.

Élève tout mon cœur au-dessus du tonnerre,
      Fixe-le dans les cieux,
Et ne le laisse plus divaguer sur la terre
      Vers ce qui brille aux yeux.

Sois l'unique douceur, sois l'unique avantage
      Qui le puisse arrêter;
Sois seul toute la viande, et seul tout le breuvage,
      Qu'il se plaise à goûter.

Deviens tout son amour, toute son allégresse,
      Tout son bien, tout son but;
Deviens toute sa gloire et toute sa tendresse,
      Comme tout son salut.

Daigne enfin, ô mon Dieu, par ta bonté suprême
      A tel point l'enflammer,
Qu'il s'embrase, consume et transforme en toi-même,
      A force de t'aimer!

SOUHAITS AMOUREUX AVANT LA COMMUNION. (liv. IV, ch. 17.)

Avec tous les transports dont est capable une ame,
Avec toute l'ardeur d'une céleste flamme,
Avec tous les élans d'un zèle affectueux
Et les humbles devoirs d'un cœur respectueux,
Je souhaite approcher de ta divine table ;
J'y souhaite porter cet amour véritable,
Cette ferveur sincère et ces fermes propos
Qu'y portèrent jadis tant d'illustres dévots,
Tant d'élus, tant de saints, dont la vie exemplaire
Sut le mieux pratiquer le grand art de te plaire.

Oui, mon Dieu, mon seul bien, mon amour éternel,
Tout chétif que je suis, tout lâche et criminel,
Je veux te recevoir avec autant de zèle
Que jamais de tes saints ait eu le plus fidèle ;
Et je souhaiterois qu'il fût en mon pouvoir
D'en avoir encor plus qu'il n'en put concevoir.

Je sais qu'à ces desirs en vain mon cœur s'excite ;
Ils passent trop sa force et son peu de mérite.
Mais tu vois sa portée, il va jusques au bout ;
Il t'offre ce qu'il a, comme s'il avoit tout,
Comme s'il avoit seul en sa pleine puissance
Ces grands efforts d'amour et de reconnoissance,
Comme s'il avoit seul tous les pieux desirs
Qui d'une ame épurée enflamment les soupirs,
Comme s'il avoit seul toute l'ardeur secrète,
Tous les profonds respects d'une vertu parfaite.

Si ce qu'il t'offre est peu, du moins c'est tout son bien ;
C'est te donner beaucoup, que ne réserver rien :

Qui de tout ce qu'il a te fait un plein hommage,
T'offriroit beaucoup plus, s'il pouvoit davantage.

J'ajoute donc au peu qu'il m'est permis d'avoir
Tout ce que tes dévots en peuvent concevoir,
Ces entretiens secrets, ces ferveurs extatiques
Où seul à seul toi-même avec eux tu t'expliques;
Ces lumières d'en-haut qui leur ouvrent les cieux,
Ces claires visions pour qui l'ame a des yeux,
Ces amas de vertus, ces concerts de louanges
Que les hommes sur terre et dans le ciel les anges,
Que toute créature enfin, pour tes bienfaits,
Et te rend chaque jour, et te rendra jamais.

Reçois de moi ces vœux d'allégresse infinie,
Ces desirs que partout ta bonté soit bénie;
Ces vœux justement dus à ton infinité,
Ces desirs que tout doit à ton immensité.
Je te les rends, Seigneur, et je te les veux rendre,
Tant que de mon exil le cours pourra s'étendre,
Chaque jour, chaque instant, devant tous, en tous lieux.
Puisse tout ce qu'il est d'esprits saints dans les cieux,
Puisse tout ce qu'il est en terre de fidèles,
Te rendre ainsi que moi des graces éternelles,
Te bénir avec moi de l'excès de tes biens,
Et joindre avec ferveur tous leurs desirs aux miens!

FIN.

LES HYMNES

DU

BRÉVIAIRE ROMAIN.

PREMIÈRE PARTIE.

HYMNES

POUR

CHAQUE JOUR DE LA SEMAINE.

POUR LES DIMANCHES.

Depuis l'Octave de l'Épiphanie jusqu'au Carême, et depuis le mois d'octobre jusqu'à l'Avent.

A MATINES.

En ce jour, le premier qu'ait vu briller la terre,
Ce jour où du néant Dieu tira l'univers,
Ce grand jour que choisit ce maître du tonnerre
Pour terrasser la mort et briser tous nos fers;

Aux langueurs du sommeil dérobons nos paupières,
Développons du lit nos membres engourdis,
Et, cherchant dans la nuit la source des lumières,
Suivons ce qu'un prophète a pratiqué jadis.

Prions ce Créateur de toute la nature
Qu'il écoute nos vœux, qu'il nous tende la main;
Et qu'ayant épuré nos cœurs de toute ordure,
Cette main nous élève au bonheur souverain.

Que quiconque amoureux de sa gloire divine
L'exalte en ces moments les plus sacrés du jour,
Quiconque y donne un temps qu'au repos on destine,
En ait pour digne prix les dons de son amour.

Nous t'en conjurons tous, vive clarté du Père,
Écarte de nos cœurs ce qui les peut blesser ;
Bannis de nos desirs ce qui peut te déplaire,
Et de nos actions ce qui peut t'offenser.

Que jamais rien d'impur, que jamais rien de sale
Ne tache le dehors, ne souille le dedans ;
Et que jamais l'ardeur d'une flamme brutale
N'ait de quoi nous livrer à des feux plus ardents !

Daigne, Sauveur bénin, effacer de nos ames
Tout ce qui fait rougir le front des vrais chrétiens ;
Et sur les traits biffés de ces marques infames
Grave tout ce qui mène au séjour des vrais biens !

Que, dégagés ainsi des passions charnelles,
Reçus de ton empire au sacré célibat,
Comme osent l'espérer tes serviteurs fidèles,
De ta gloire à jamais nous bénissions l'éclat.

Accordez cette grace à nos humbles prières,
Père incompréhensible, Homme-Dieu Jésus-Christ,
Qui régnez l'un et l'autre au séjour des lumières,
Où sans fin avec vous règne le Saint-Esprit.

A LAUDES.

De ce vaste univers créateur immuable,
Qui gouvernez la course et des jours et des nuits,

Et variez leurs temps par l'ordre invariable
Dont la diversité soulage nos ennuis ;

Le messager du jour commence votre éloge :
Ce vigilant oiseau par ses chants nous instruit,
Sa voix aux voyageurs dans l'ombre sert d'horloge,
Et sépare à grands cris la nuit d'avec la nuit.

Il prend un soin exact d'éveiller le phosphore,
Il l'invite à chasser les ténèbres des cieux,
Menace le voleur du retour de l'aurore,
Lui fait cacher sa proie et redouter nos yeux.

Du nocher à ses cris la vigueur se rappelle ;
Les vagues de la mer roulent moins fièrement ;
Pierre se reconnoît pour disciple infidèle,
Et par des pleurs amers lave son reniement.

Levons-nous sans tarder, entendons sans remise
Ce qu'il nous dit si haut dès son premier réveil ;
Sa voix a convaincu le prince de l'Église,
Sa voix aux paresseux reproche le sommeil.

Nous sentons à ses chants renaître l'espérance ;
Le malade en reçoit un rayon de santé,
Le glaive du brigand nous laisse en assurance,
La foi vive succède à l'infidélité.

Que par toi de nos cœurs la guérison s'achève !
De tes yeux, doux Sauveur, il n'y faut qu'un seul trait.
Regarde le pécheur, sa chute le relève :
Fais-lui verser des pleurs, il n'a plus de forfait.

Éclaire tous nos sens de ta propre lumière,

Dissipe le sommeil dont ils sont accablés;
Qu'en nos concerts ta gloire à jamais la première
Puisse acquitter des vœux tant de fois redoublés!

Gloire au Père éternel, gloire au Fils ineffable,
Gloire toute pareille à l'Esprit tout divin!
Gloire à leur unité, dont l'essence adorable
Règne sans borne aucune, et régnera sans fin!

POUR LES DIMANCHES.

Depuis l'Octave du S. Sacrement jusqu'au mois d'octobre.

A MATINES.

Levons-nous dans la nuit, coupons-la par nos veilles,
Faisons-la résonner de nos plus doux accords;
Et, pour chanter d'un Dieu les plus hautes merveilles,
  Unissons nos efforts.

Joignons aux voix des saints une sainte harmonie
Qui mérite une entrée en ces brillants palais,
Où l'on goûte avec eux le bonheur d'une vie
  Qui ne finit jamais.

Daigne nous l'accorder la sagesse profonde
De cette essence unique en trois divins suppôts,
Dont la gloire remplit de l'un et l'autre monde
  Les plus vastes enclos!

A LAUDES.

Des ombres de la nuit l'épaisseur affoiblie
Va céder de l'aurore à l'éclat renaissant :

Il est temps que des corps la vigueur rétablie
 Se voue au Tout-Puissant.

Supplions sa pitié d'accepter notre hommage,
D'écarter la langueur, d'affermir la santé;
Et qu'un Dieu, pour nous rendre au céleste héritage,
 D'un père ait la bonté.

Daigne nous l'accorder la sagesse profonde
De cette essence unique en trois divins suppôts,
Dont la gloire remplit de l'un et l'autre monde
 Les plus vastes enclos!

A PRIME.

Les astres et la nuit à l'aurore ont fait place :
 Supplions un Dieu tout-puissant
Que, durant tout le cours du soleil qui les chasse,
Nous ne portions nos mains à rien que d'innocent.

Qu'il tienne à notre langue une bride sévère,
 Qu'il lui fasse horreur des débats;
Qu'il daigne ouvrir nos yeux à sa sainte lumière,
Qu'il daigne les fermer à tous les vains appas.

Que le fond de nos cœurs, sans tache et sans ordure,
 Repousse tous les faux plaisirs;
Que la sobriété dompte de la nature
Le plus rebelle orgueil et les plus fiers desirs.

Qu'il nous mette en état qu'au bout de la journée,
 Quand la nuit reprendra son tour,
Dans cette pureté qu'il nous aura donnée,
Nous chantions à sa gloire un cantique d'amour.

Gloire au Père éternel, gloire au Fils ineffable,
    Gloire à l'Esprit saint et divin !
Gloire à leur unité, dont l'essence immuable
Règne sans borne aucune, et régnera sans fin !

A TIERCE.

Pur amour, Esprit saint, qui n'êtes qu'une essence
    Avecque le Père et le Fils,
Daignez par une prompte et bénigne influence
Verser du haut du ciel vos dons dans nos esprits.

Que nos bouches, nos cœurs, et nos sens, et nos forces,
    Rendent gloire à leur Souverain ;
Que de la charité les brillantes amorces
Par un ardent exemple embrasent le prochain.

Que le Père et le Fils accordent cette grace
    A l'humble ferveur de nos vœux,
Eux qui règnent sans fin dans cet immense espace
Que remplit l'Esprit-Saint, qui n'est qu'un avec eux.

A SEXTE.

Gouverneur tout-puissant de cette masse entière,
    Dieu, par qui chaque heure a son tour ;
Qui dépars au matin l'éclat de la lumière,
Et gardes la chaleur pour le plus haut du jour ;

Éteins ces feux trop vifs d'où naissent les querelles ;
    Chasse toute nuisible ardeur ;
Donne au corps la santé, l'effet aux vœux fidèles,
La sainte joie à l'ame, et le vrai calme au cœur.

Que le Père et le Fils accordent cette grace

A l'humble ferveur de nos vœux,
Eux qui règnent sans fin dans cet immense espace
Que remplit l'Esprit-Saint, qui n'est qu'un avec eux.

A NONE.

Immuable vigueur qui soutiens toutes choses,
    Qu'à toutes on voit présider ;
Qui de tous les moments absolument disposes,
Les fais s'entre-produire et s'entre-succéder ;

Donne un soir éclairé qui, fermant notre vie,
    Nous ouvre un tranquille avenir,
Où, pour prix d'une course heureusement finie,
Nous trouvions une gloire à ne jamais finir.

Que le Père et le Fils accordent cette grace
    A l'humble ferveur de nos vœux,
Eux qui règnent sans fin dans cet immense espace
Que remplit l'Esprit-Saint, qui n'est qu'un avec eux.

A VÊPRES.

    Père et maître de la lumière,
Qui de tes seuls trésors tires celle des jours,
Qui commenças par elle à déployer leur cours,
Et préparer du monde et l'ordre et la matière ;

    Qui donnes le nom de journée
Au doux enchaînement du matin et du soir :
Le chaos de la nuit répand son voile noir,
Écoute les soupirs de notre ame étonnée.

    Empêche que le poids des crimes
L'exile du vrai jour qui seul fait vivre en toi ;

Empêche que l'oubli de ta divine loi
L'enfonce du péché dans les plus noirs abîmes.

    Fais monter au ciel sa prière,
Fais qu'après ses combats la vie en soit le prix :
De tout ce qui t'offense épure nos esprits,
De tout ce qui peut nuire affranchis leur carrière.

    Accordez-nous cette victoire,
Père incompréhensible, Homme-Dieu Jésus-Christ,
Qui régnez à jamais avec le Saint-Esprit
Au bienheureux séjour de lumière et de gloire!

A COMPLIES.

En ces derniers moments du jour qui nous éclaire,
Auteur de l'univers, nous t'osons demander
    Qu'avec ta clémence ordinaire
Jusques à son retour tu daignes nous garder.

Repousse loin de nous l'insolence des songes,
Les fantômes impurs que le démon produit ;
    Retiens ce père des mensonges,
Et ne lui permets point de souiller notre nuit.

Fais-nous, Père éternel, fais à tous cette grace !
Nous t'en prions au nom de ton Fils Jésus-Christ,
    Qui règne en cet immense espace
Où tu règnes toi-même avec le Saint-Esprit.

Ces Hymnes à Prime, Tierce, Sexte, None, et Complies, se disent tous les jours de l'année.

POUR LE LUNDI.

A MATINES.

Seigneur, par le sommeil nos forces réparées
    Du lit dédaignent les douceurs :
    Entends, des voûtes azurées,
Et le concert des voix, et le zèle des cœurs!

Que ton nom le premier sorte de notre bouche ;
    Que notre ardeur n'aille qu'à toi ;
    Qu'aucun autre objet ne la touche :
Sois son premier souci, sois son dernier emploi.

Qu'aux naissantes clartés l'ombre s'évanouisse ;
    Que la nuit se cache à son tour ;
    Que les désordres qu'elle glisse
Se dissipent comme elle aux approches du jour.

Épure nos esprits, efface tous nos crimes ;
    Que, dégagés de tous forfaits,
    Nous chantions tes bontés sublimes,
Ici durant la vie, au ciel à tout jamais.

Daignez, Père éternel, nous faire cette grace ;
    Et vous, Homme-Dieu Jésus-Christ,
    Qui régnez dans l'immense espace
Où comme vous et lui règne le Saint-Esprit.

A LAUDES.

    Splendeur de la gloire du Père,
Dont tu tires l'éclat que tu rends à ton tour ;
Clarté de la clarté, source de la lumière,

Jour de qui les rayons illuminent le jour;

Vrai soleil, répands dans nos ames
De cet éclat divin les rayons tout-puissants;
Verse du Saint-Esprit les plus brillantes flammes
Sur les gouffres obscurs où s'abîment nos sens.

Nous réclamons aussi ton aide,
Père de qui la gloire est sans borne et sans fin;
Père de qui la grace est le puissant remède
Qui seul de tous nos maux dissipe le venin.

Père éternel, Père ineffable,
Affermis nos vertus, confonds nos envieux;
Change en prospérité tout ce qui nous accable,
Guide nos actions dans la route des cieux.

Préside à toutes nos pensées,
Forme en nous un corps chaste et fidèle à son Dieu;
Fais que de notre foi les ardeurs empressées
A la fraude jamais ne laissent aucun lieu.

Que la foi soit notre breuvage,
Que pour viande en tous lieux nous ayons Jésus-Christ;
Qu'une sincère joie y goûte l'avantage
De cette sobre ivresse où s'épure l'esprit.

Que ce jour ne soit qu'allégresse;
Qu'il ait pour son matin une sainte pudeur,
Pour midi cette foi qui t'adore sans cesse,
Et dont aucun couchant n'ensevelit l'ardeur.

L'aurore déja nous éclaire :

Puissent avec l'aurore éclairer nos esprits,
Et le Fils qui se voit tout entier en son Père,
Et le Père qui vit tout entier en son Fils !

   Gloire à ce Père inconcevable,
Gloire au Verbe incarné, gloire à l'Esprit divin ;
Gloire à leur unité, dont l'essence immuable
Règne sans borne aucune, et régnera sans fin.

A VÊPRES.

Immense auteur du ciel, qui pour te mieux répondre
Des êtres où tu fis entrer chaque élément,
En divisant les eaux qui pouvoient les confondre,
Entre elles pour barrière as mis le firmament ;

Qui là-haut affermis un fond aux mers célestes,
Et rangeas par ruisseaux les nôtres au-dessous,
De crainte que du feu les ravages funestes
Ne pussent dissiper un séjour fait pour nous ;

Verse dans tous nos cœurs une grace fidèle,
Dont le secours propice ait toujours à durer ;
Empêche que l'effet d'une fraude nouvelle
Sous une vieille erreur ne nous puisse atterrer.

Fais que la foi nous donne une lumière sainte,
Et nous imprime en l'ame à tel point sa clarté,
Que jamais vain appas n'y porte aucune atteinte,
Jamais ne l'embarrasse aucune fausseté.

Accordez cette grace à nos humbles prières,
Père incompréhensible, Homme-Dieu Jésus-Christ,

Qui régnez l'un et l'autre au séjour des lumières,
Où sans fin avec vous règne le Saint-Esprit.

POUR LE MARDI.

A MATINES.

Lumière qui n'es qu'une avec celle du Père,
　　Jour du jour, clarté des clartés,
Nos chants rompent la nuit par une humble prière :
　　Assiste-nous par tes bontés.

Écarte loin de nous les ténèbres coupables,
　　Chasse les troupes de l'enfer,
Et ce que le sommeil a de langueurs capables
　　D'abattre un cœur, d'en triompher.

Prends, Seigneur, prends pour nous une telle indulgence,
　　Rends-toi si propice aux croyants,
Qu'ils puissent obtenir de ta magnificence
　　Les dons que demandent leurs chants.

Que le Père et le Fils accordent cette grace
　　A l'humble ferveur de nos vœux,
Eux qui règnent sans fin dans cet immense espace
　　Où l'Esprit-Saint règne avec eux.

A LAUDES.

Le messager du jour au réveil nous convie ;
Sur notre ame Jésus fait un pareil effort,
Et, l'arrachant lui-même au frère de la mort,
　　La rappelle à la vie.

POUR LE MARDI.

« Quittez, quittez ces lits où règne la paresse ; »
(C'est ce qu'au fond des cœurs il crie à haute voix)
« Veillez, tenez ces cœurs chastes, sobres, et droits :
    « J'approche, et le temps presse. »

Répondons à sa voix avec une foi vive,
Avec des pleurs, des vœux, de la sobriété ;
Faisons que le sommeil cède à la pureté
    D'une ardeur attentive.

Dissipe-s-en, Seigneur, les vapeurs infidèles ;
Romps ces honteux liens dont nous charge la nuit,
Et répands sur l'horreur du vieux péché détruit
    Des lumières nouvelles.

Gloire au Père éternel, tout bon, tout saint, tout sage ;
Gloire au Verbe incarné, gloire à l'Esprit divin,
Qui procédant des deux règne avec eux sans fin,
    Et veut pareil hommage.

A VÊPRES.

Toi qui créas la terre, et qui l'as enrichie
    Par l'ordre fécond de ta voix,
Des eaux qui la couvroient toi qui l'as affranchie,
Pour la rendre immobile et ferme sur son poids ;

Toi qui lui fis tirer du sein de la nature
    Le germe des fleurs et des fruits,
Et nous daignas ensuite offrir pour nourriture
Les herbes et les grains de ce germe produits ;

Daigne guérir, Seigneur, ce qu'une indigne flamme
    Forme d'ulcères en nos cœurs,

Fais renaître ta grace au milieu de notre ame,
Pour noyer nos péchés dans un torrent de pleurs.

Que cette ame avec joie à tes lois obéisse,
  Sans s'échapper vers rien de mal ;
Qu'elle-même par toi de tous biens se remplisse,
Et n'y mêle jamais aucun poison fatal.

Que le Père et le Fils accordent cette grace
  A l'humble ferveur de nos vœux,
Eux qui règnent sans fin en cet immense espace
Où règne l'Esprit-Saint, qui n'est qu'un avec eux.

POUR LE MERCREDI.

A MATINES.

Dieu tout bon, Créateur sublime,
Sur ceux que tu régis jette un œil paternel ;
Vois dans quelles langueurs le sommeil les abîme,
Et ne les abandonne à rien de criminel.

  Nous t'en conjurons, roi des anges,
Bannis ce qui peut nuire, et lave ce qui nuit.
Nous nous levons exprès pour chanter tes louanges,
Et rompons en ton nom les chaines de la nuit.

  Nous élevons les mains et l'ame,
Suivant qu'un roi prophète a su nous l'ordonner :
C'est ce que chaque nuit doit une sainte flamme.
C'est l'exemple que Paul a pris soin de donner.

Tu vois ce qui fait nos alarmes,
Nous t'ouvrons de nos cœurs les plus secrets replis :
Ils poussent des sanglots, nos yeux fondent en larmes.
Grace, grace au péché dont tu nous vois remplis !

    Daignez exaucer nos prières,
Père incompréhensible, Homme-Dieu Jésus-Christ,
Qui régnez l'un et l'autre au séjour des lumières,
Où sans fin avec vous règne le Saint-Esprit.

A LAUDES.

Nuit, ténèbres, vapeurs, noir et trouble nuage,
    Faites place à des temps plus doux :
L'aurore à l'univers fait changer de visage,
    Jésus-Christ vient ; retirez-vous.

L'ombre dont l'épaisseur enveloppoit le monde
    Cède aux premiers traits du soleil,
Et la couleur revient sur cette masse ronde
    Qu'il dore et peint à son réveil.

Qu'il commence et finisse à son gré sa carrière :
    Notre unique soleil, c'est toi,
Seigneur ; toute notre ame adore ta lumière,
    Nos pleurs et nos chants en font foi.

Le monde sous le fard nous déguise cent choses,
    Dont tes clartés percent l'abus ;
Astre toujours naissant, dévoile-s-en les causes,
    Et détrompe nos sens confus.

Louange à tout jamais au Père inconcevable,
    Louange à son Verbe en tout lieu.

Louange au Saint-Esprit ainsi qu'eux ineffable,
Qui n'est avec eux qu'un seul Dieu.

A VÊPRES.

Dieu tout bon, tout saint, et tout sage,
Qui d'un feu blanchissant peignis le tour des cieux,
Et par un plus parfait ouvrage
Les ornas d'un éclat à briller encor mieux;

Qui dans leurs plaines azurées
Fis rouler le soleil au quatrième jour,
Et par des courses mesurées
Fis avancer la lune, et divaguer sa cour;

Qui par ces clartés différentes,
Du jour et de la nuit séparant les emplois,
Donnas à leurs splendeurs errantes
Le droit de commencer et de finir les mois;

Illumine le cœur des hommes,
Bannis-en de la chair les criminels appas,
Brise les liens où nous sommes,
Et détruis du péché le plus horrible amas.

Daignez nous faire cette grace,
Père incompréhensible, Homme-Dieu Jésus-Christ,
Qui régnez dans l'immense espace
Où sans fin avec vous règne le Saint-Esprit.

POUR LE JEUDI.

A MATINES.

L'épaisseur de la nuit dessous un voile sombre
De toute la nature a caché les couleurs :
Pour exalter ton nom, nos voix en percent l'ombre,
    Juste juge des cœurs.

Bannis de nos desirs ce vain charme qui passe,
Lave-s-en la souillure, et nous départs à tous
La force d'écarter par l'effet de ta grace
    Le péché loin de nous.

Notre ame, qui languit dans la noirceur du crime,
Voudroit jusqu'à tes pieds en porter le remords,
Et, pour monter à toi de cet obscur abîme,
    Réunit ses efforts.

Que peuvent-ils, Seigneur, si ta bonté n'efface
L'épaisse et triste nuit qui lui couvre les yeux ?
Et comment sans ton aide espérer une place
    A te voir dans les cieux ?

Ne la refusez pas à nos humbles prières,
Père et Fils que jamais le monde ne comprit,
Et qui régnez sans fin au séjour des lumières
    Avec le Saint-Esprit.

A LAUDES.

Le soleil renaissant redore la nature :
Laissons évanouir l'indigne aveuglement

Qui nous précipita dans l'erreur et l'ordure
    D'un long et sale égarement.

D'un visage serein recevons sa lumière ;
Que son éclat nous rende un esprit net et pur ;
Que la fraude aux discours n'offre plus de matière,
    Ni la malice rien d'obscur.

Que jamais de la bouche un mensonge ne sorte ;
Que la main fuie et l'air et l'ombre du péché ;
Qu'à rien de criminel le regard ne se porte ;
    Qu'en rien le corps ne soit taché.

Songeons qu'il est là-haut un arbitre sévère
Qui voit tout ce qu'on fait, entend tout ce qu'on dit :
Du matin jusqu'au soir que sa justice opère ;
    Que jusque dans l'ame elle lit.

Gloire soit à jamais au Père inconcevable,
Gloire au Verbe incarné, gloire à l'Esprit divin ;
Gloire à leur unité, dont l'essence immuable
    Règne sans bornes et sans fin.

A VÊPRES.

Seigneur, dont la puissance au vouloir assortie,
De ce qu'elle tira du vaste sein des mers,
A leurs gouffres profonds rendit une partie,
Et destina le reste à sillonner les airs ;

Tu laissas aux poissons leurs ondes pour demeure ;
Les escadrons ailés s'élevèrent aux cieux ;
Et, d'une même source engendrés à même heure,
Ils surent par ton ordre occuper divers lieux.

Donne à tes serviteurs, que tes bontés sublimes
De ton sang adorable ont lavés dans les flots,
Que leurs ames jamais ne tombent par leurs crimes
En l'éternel ennui d'une mort sans repos.

Qu'aucun pour ses péchés abattu de foiblesse,
Ou fier de ses vertus jusques à s'en vanter,
Ne demeure écrasé sous le joug qui le presse.
Ou tombe au précipice en voulant s'exalter.

Accordez cette grace à nos humbles prières,
Père incompréhensible, Homme-Dieu Jésus-Christ,
Qui régnez l'un et l'autre au séjour des lumières,
Où sans fin avec vous règne le Saint-Esprit.

POUR LE VENDREDI.

A MATINES.

Sainte unité de trois, dont la toute-puissance
    Régit tout l'univers,
Des nuits pour te louer nous rompons le silence :
    Écoute nos concerts.

Aux heures du repos, pour réclamer ton aide,
    Nous sortons de nos lits :
Accorde à nos clameurs un souverain remède
    Dont nos maux soient guéris.

Tout ce que du démon a coulé l'artifice
    Dans nos cœurs de plus noir.

Qu'il demeure effacé par le secours propice
　　De ton divin pouvoir.

Qu'aucune ordure aux corps, aucune glace en l'ame
　　N'imprime sa froideur ;
Qu'aucun honteux commerce à notre sainte flamme
　　N'attache de tiédeur.

Remplis, Sauveur bénin, remplis-nous, et sans cesse,
　　De ton plus vif éclat ;
Et tout le long du jour sauve notre foiblesse
　　De tout ce qui l'abat.

Faites-nous ces faveurs, Père incompréhensible,
　　Et vous, ô Jésus-Christ,
Qui remplissez ensemble un trône indivisible
　　Avec le Saint-Esprit.

A LAUDES.

Éternelle gloire des cieux,
Doux espoir des mortels qui soutiens leur misère,
Seul Fils du Tout-Puissant, qui naquis en ces lieux
　　Le seul fils d'une Vierge-Mère ;

Donne-nous la main au réveil,
Jusqu'à toi de notre ame élève l'impuissance ;
Que sa ferveur te rende au sortir du sommeil
　　Une juste reconnoissance.

Du jour la naissante splendeur
Répand sur la nature une admirable teinte ;
La nuit tombe : répands sur notre vive ardeur
　　Les rais de ta lumière sainte !

POUR LE VENDREDI.

Éclaire-s-en tous nos projets,
Chasse la nuit du siècle à renaître obstinée,
Et nous conserve à tous des esprits purs et nets
    Jusqu'au bout de chaque journée!

    Fais en premier lieu que la foi
S'enracine en nos sens par un don de ta grace;
Qu'ensuite l'espérance avec joie aille à toi,
    Et que la charité les passe!

    Gloire sans bornes et sans fin
A la bonté du Père, à son Verbe ineffable;
Gloire toute pareille à l'Esprit tout divin,
    Gloire à leur essence adorable.

A VÊPRES.

Seigneur, qui de ta main fis l'homme à ton image,
Et voulus que la terre, à ton dernier « Je veux, »
    Répondît par le prompt ouvrage
De la bête farouche et du reptile affreux;

Qui soumis d'un seul mot les masses les plus fières,
Les plus énormes corps qu'eût animés ta voix,
    Leurs fureurs les plus carnassières,
A vivre sous notre ordre, et recevoir nos lois;

Délivre-nous, ô Dieu, par ta bonté céleste
De tout ce qu'ici-bas l'impureté des cœurs,
    Par un épanchement funeste,
Ou mêle aux actions, ou coule dans les mœurs.

Fais un don de ta joie aux ames des fidèles;
Par celui de ta grace affermis tes bienfaits;

Romps l'attachement aux querelles,
Et redouble les nœuds d'une éternelle paix.

Accordez ces faveurs à nos humbles prières,
Père incompréhensible, Homme-Dieu Jésus-Christ,
  Qui dans le séjour des lumières
Régnez tous deux sans fin avec le Saint-Esprit.

POUR LE SAMEDI.

A MATINES.

Dieu de souveraine clémence,
Qui tiras du néant ce tout par ta bonté,
Unique en ton pouvoir, unique en ta substance,
  Et trine en personnalité;

Reçois nos pleurs avec tendresse,
Accepte de nos voix l'heureux et saint emploi,
Et nous purge si bien d'ordure et de foiblesse,
  Que nous jouissions mieux de toi.

Brûle au-dedans notre poitrine
Avec le feu du zèle et de la charité;
Ceins au-dehors nos reins de cette ardeur divine
  Qui repousse l'impureté.

Que tous ceux à qui tes louanges
Font rompre en ces bas lieux le repos de la nuit,
Là-haut dans la patrie unis aux chœurs des anges,
  A jamais en goûtent le fruit.

POUR LE SAMEDI.

Daignent accorder cette grace
Et le Père et le Fils à l'ardeur de nos vœux,
Eux qui règnent sans fin dans cet immense espace
Où l'Esprit-Saint règne avec eux.

A LAUDES.

La splendeur de l'aurore éparse dans les cieux
Laisse choir le jour sur la terre;
Sa pointe avec éclat rejaillit de ces lieux :
Loin, fantômes impurs qui nous faisiez la guerre !

Cédez à la clarté, noirs enfants de la nuit,
Qui cherchez à souiller notre ame;
Que tout ce que d'horreurs votre insulte a produit
Se dissipe aux rayons d'une céleste flamme.

Que ce dernier matin, qu'en ce triste séjour
Aucun sans frémir n'envisage,
Serve à nous introduire à l'immuable jour,
Où nous puissions sans cesse entonner cet hommage :

Gloire à l'inconcevable et sainte Trinité;
Gloire au Père, au Verbe ineffable,
A l'Esprit tout divin, à leur immensité,
Qui ne fait de tous trois qu'une essence adorable.

A VÊPRES.

O Trinité, sainte lumière,
De trois divins suppôts adorable unité,
Le soleil finit sa carrière :
Dans le fond de nos cœurs verse une autre clarté.

Que la plus longue matinée,

Que le soir le plus lent s'emploie à te louer ;
Que la gloire de la journée
Soit à faire des vœux qu'il te plaise avouer.

Gloire au Père, au Verbe ineffable ;
Gloire toute pareille à l'Esprit tout divin ;
Gloire à leur essence adorable,
Qui règne et régnera sans bornes et sans fin.

SECONDE PARTIE.

HYMNES
PROPRES DU TEMPS.

POUR L'AVENT.

A VÊPRES.

De tous les feux du ciel seul auteur et seul maître,
    Vive lumière des croyants,
Rédempteur, qui pour tous sur terre as voulu naître,
    Daigne exaucer tes suppliants!

Ta pitié, qui voyoit périr tes créatures
    Après d'inutiles travaux,
Ranime nos langueurs, et ferme nos blessures
    Par un remède à tous nos maux.

Sur le couchant du monde, et vers l'heure fatale
    Dont le menaçoit ton courroux,
Tu sors d'une clôture et sainte, et virginale,
    Avec tout l'amour d'un époux.

Tous les êtres du ciel, tout ce qu'en a la terre,
    Courbent le genou devant toi,

Et, sans avoir besoin d'éclairs ni de tonnerre,
Un coup d'œil les tient sous ta loi.

Saint des saints, qu'on verra du trône de ton Père
Descendre encor pour nous juger,
Contre un fier ennemi, durant cette misère,
Prends le soin de nous protéger.

Louange à tout jamais au Père inconcevable,
Louange à son Verbe en tout lieu;
Louange à l'Esprit-Saint ainsi qu'eux ineffable,
Qui n'est avec eux qu'un seul Dieu.

A MATINES.

Verbe du Tout-Puissant, qui du sein de ton Père
Viens descendre au secours du monde infortuné,
Et naître d'une Vierge-Mère,
Pour mourir dans le temps par toi-même ordonné;

Illumine nos cœurs pour chanter tes louanges;
Embrase-les si bien de tes saintes ardeurs,
Qu'instruits par le concert des anges,
Ces cœurs purs et sans tache exaltent tes grandeurs.

Qu'alors que tu viendras en ton lit de justice
Dévoiler le secret de nos intentions,
Séparer la vertu du vice,
Et donner la couronne aux bonnes actions;

Au lieu d'être livrés aux carreaux que foudroie
Suivant l'excès du crime un juge rigoureux,
Nous goûtions l'éternelle joie
Du sacré célibat avec tes bienheureux.

Gloire soit à jamais au Père inconcevable,
Gloire au Verbe incarné, gloire à l'Esprit divin ;
    Gloire à leur essence immuable,
Qui règne dans les cieux, et sans borne, et sans fin.

A LAUDES.

Un saint éclat de voix à nos oreilles tonne,
Il dissipe la nuit qui nous couvroit les yeux.
    Va, sommeil, et nous abandonne :
Jésus prêt à partir brille du haut des cieux.

Apprends, ame endormie, apprends à te soustraire
Aux fantômes impurs dont tu te sens blesser :
    Le nouvel astre qui t'éclaire
Ne lance aucun rayon que pour les terrasser.

L'incomparable agneau que du ciel on envoie
Vient payer de son sang ce que chacun lui doit :
    Que les pleurs et les cris de joie
S'efforcent de répondre aux biens qu'on en reçoit.

Afin que quand son bras choisira ses victimes,
Qu'on verra l'univers environné d'horreur,
    Loin de nous punir de nos crimes,
Ce même bras nous cache à sa juste fureur.

Gloire soit à jamais au Père inconcevable,
Gloire au Verbe incarné, gloire à l'Esprit divin ;
    Gloire à leur essence ineffable,
Qui règne dans les cieux, et sans borne, et sans fin.

POUR LE JOUR DE NOËL.

A VÊPRES ET A MATINES.

Christ, Rédempteur de tous, Fils unique du Père,
    Seul qu'avant tout commencement,
Engendrant en soi-même et produisant sans mère,
    Il fit naître ineffablement;

Adorable splendeur des clartés paternelles,
    Espoir immuable de tous,
Daigne écouter, Seigneur, les vœux que tes fidèles
    En tous lieux t'offrent comme nous.

Souviens-toi qu'autrefois, pour réparer l'injure
    Que te fit l'homme criminel,
Tu pris chair dans les flancs d'une Vierge très pure,
    Et voulus naître homme et mortel.

Vois comme tous les ans ce grand jour fait entendre,
    Par l'hommage de nos concerts,
Que du sein paternel il te plut de descendre
    Pour le salut de l'univers.

C'est ce jour que le ciel, que la terre, que l'onde,
    Que tout ce qui respire en eux,
Bénit cent et cent fois d'avoir sauvé le monde
    Par ton avénement heureux.

Nous y joignons nos voix, nous que par ta clémence
    Ton sang retira du tombeau;
Et, pour renouveler le jour de ta naissance,
    Nous chantons un hymne nouveau.

Gloire à toi, sacré Verbe, et Merveille suprême,
    Dieu par une Vierge enfanté;
Même gloire à ton Père, au Saint-Esprit la même,
    Durant toute l'éternité.

A LAUDES.

Du point où le soleil prend le dessus des airs,
Jusqu'aux bouts de la terre où languit la nature,
Qu'on chante Jésus-Christ, ce roi de l'univers,
Ce Dieu, ce Créateur né d'une créature.

Esclave dans un corps que la misère suit,
Lui qui du monde entier est l'arbitre suprême,
Pour ne détruire point ce qu'il avoit produit,
En faveur de la chair il se fait chair lui-même.

La grace à gros torrents tombe du haut des cieux
Dans les flancs d'une Vierge où s'enferme leur maître;
Ces flancs purs et féconds enflent devant nos yeux,
Et portent des secrets qu'elle n'a pu connoître.

L'immaculé palais de son pudique sein
Devient du Dieu vivant l'inviolable temple,
Et conçoit sans exemple et sans commerce humain,
Par la force d'un mot, un enfant sans exemple.

Elle accouche d'un fils que prédit Gabriel
Quand il la salua par les ordres du Père,
Et qu'avoit reconnu pour le maître du ciel
Un prophète captif au ventre de sa mère.

Il ne dédaigne point la crèche pour berceau;
On l'y met sur la paille, avec joie il l'endure;

Et ce Dieu, dont le soin nourrit le moindre oiseau,
De deux gouttes de lait tire sa nourriture.

L'allégresse remplit tous les célestes chœurs,
Les anges à l'envi répandent leur musique,
Et leurs sacrés accords font connoître aux pasteurs
Le Créateur de tous, et le pasteur unique.

Gloire au Verbe incarné, qui d'un sein virginal
Pour vivre parmi nous daigna prendre origine;
Gloire au Père éternel, à l'Esprit leur égal;
Gloire à l'immensité de leur gloire divine.

POUR LES SAINTS INNOCENTS.

A VÊPRES ET A LAUDES.

Du troupeau des martyrs prémices innocentes,
Qui payez pour un Dieu qui vient payer pour tous;
A peine vous vivez, qu'un tyran fond sur vous,
Ainsi qu'un tourbillon sur des roses naissantes.

De ce Dieu nouveau-né victimes les plus prêtes,
Tendre escadron mourant aussitôt que mortel,
Vous vous jouez ensemble, aux marches de l'autel,
De ces mêmes lauriers qui couronnent vos têtes.

Chantez ainsi que nous. Gloire à cette naissance
Que le Verbe incarné prit d'un sein virginal;
Gloire au Père éternel, à l'Esprit leur égal;
Gloire à l'immensité de leur divine essence.

A MATINES.

Un tyran inquiet et fier
Apprend d'un bruit confus la naissance d'un prince
Qui, de David juste héritier,
Doit régir toute sa province.

A ces nouvelles, forcené,
« On nous chasse, dit-il; mais prévenons ce maître,
« Et, pour perdre ce nouveau-né,
« Perdons tout ce qui vient de naître. »

Que te sert d'avoir tout proscrit?
Hérode, que te sert qu'on déchire, qu'on frappe?
Tu n'en veux qu'au seul Jésus-Christ,
Et Jésus-Christ lui seul t'échappe.

Gloire à toi, Rédempteur bénin,
Qui du sein d'une Vierge as tiré ta naissance;
Gloire au Père, à l'Esprit divin;
Gloire à leur immortelle essence.

POUR L'ÉPIPHANIE.

A VÊPRES ET A MATINES.

Lâche Hérode, à quoi bon l'effroi que tu te donnes?
Qui te fait de Jésus craindre l'avénement?
Lui qui donne là-haut d'éternelles couronnes,
Envieroit-il ici des règnes d'un moment?

D'un astre fait exprès la nouvelle carrière

Sert de guide à trois rois, et leur montre le lieu :
La lumière leur fait connoître la lumière,
Et par divers présents reconnoître leur Dieu.

L'Agneau saint et céleste entre dans une eau pure,
Reçoit la pénitence en un corps sans péché ;
Cette onde en le lavant emporte notre ordure,
Et blanchit des noirceurs dont il n'est point taché.

O surprenant effet de puissance divine !
Une autre eau dans la cruche à sa voix obéit,
Pour se tourner en vin dément son origine,
Et change de nature aussitôt qu'il l'a dit.

Gloire au divin auteur d'une telle merveille,
Qui choisit ce grand jour pour se montrer aux yeux ;
Au Père, au Saint-Esprit gloire toute pareille ;
Gloire à tous trois ensemble, en tout temps, en tous lieux.

A LAUDES.

O Bethléem, illustre entre toutes les villes,
Vante-toi, tu le peux, d'avoir donné le jour
A ce roi qui du ciel rend les chemins faciles,
Et qui prend notre chair par un excès d'amour.

C'est lui que nous annonce une étoile inconnue
Qui passe du soleil l'éclat et la beauté,
Et fait voir en ces lieux un Dieu dont la venue
Unit notre foiblesse à sa divinité.

Cet astre jusqu'à lui guide à peine les mages,
Qu'aucun des trois pour lui n'épargne son trésor ;
Chacun d'eux prosterné lui rend d'humbles hommages,

Chacun lui fait présent d'encens, de myrrhe, ou d'or.

Un haut mystère éclate en tout ce qu'on lui donne :
L'encens dit qu'il est Dieu, qu'il lui faut un autel;
L'or montre qu'il est roi, qu'il veut une couronne;
Et la myrrhe avertit qu'il est homme et mortel.

Gloire au divin auteur d'une telle merveille,
Qui choisit ce grand jour pour se montrer aux yeux;
Au Père, au Saint-Esprit, gloire toute pareille;
Gloire à tous trois ensemble, en tout temps, en tous lieux.

POUR LE CARÊME.

A VÊPRES.

Toi, dont le seul vouloir règle nos destinées,
Seigneur, reçois nos vœux, écoute nos soupirs;
Jusqu'à toi par le jeûne élève nos desirs,
    Durant ces quarante journées.

Tu lis au fond des cœurs, tu vois ce qui s'y passe;
Tu connois notre foible, et nos manques de foi :
Pardonne à des pécheurs qui recourent à toi;
    Ne leur refuse pas ta grace.

A force de pécher notre ame est toute noire;
Mais laisse à ta bonté désarmer ses rigueurs.
Si nous te demandons remède à nos langueurs,
    Ce n'est que pour chanter ta gloire.

Si du jeûne au-dehors la sévère abstinence

Abat notre vigueur, défigure nos traits,
Fais qu'au-dedans de l'ame un jeûne de forfaits
    Ramène la convalescence.

Immense Trinité qu'aucun ne peut comprendre,
Glorieuse Unité par qui tout est produit,
A tes adorateurs daigne accorder le fruit
    Que des jeûnes on doit attendre.

A MATINES.

Instruits par un usage aussi saint que mystique,
Si nous voulons du ciel attirer le secours,
Exerçons-nous au jeûne, et que chacun s'applique
A lui faire un tribut de quatre fois dix jours.

La loi mit en avant ce digne et saint usage,
Les prophètes depuis s'en sont fait une loi;
Jésus-Christ à la suivre après eux nous engage,
Lui qui de tous les temps est l'auteur et le roi.

Servons-nous donc en tout de plus de retenue;
Ne mangeons, ne buvons, que pour le seul besoin;
Que le jeu, le dormir, le parler diminue;
Et que de se garder on prenne plus de soin.

Retranchons nos plaisirs, traitons d'ignominie
Ceux qui troublent l'esprit, qui le font s'égarer :
Que du rusé démon la fière tyrannie
D'aucune entrée au cœur ne se puisse emparer.

Apaisons le courroux de ce juge sévère,
Pleurons devant les yeux de ce maître des rois;
Montrons-lui tous à part quelle est notre misère,

Et crions tous ensemble, en élevant la voix :

Bien que notre injustice épuise ta clémence,
Bien que son noir excès malgré toi t'ait lassé ;
Pour peu que tes bontés conservent d'indulgence,
D'un seul de tes regards tout peut être effacé.

Le plus parfait de nous n'est qu'un vaisseau fragile,
Mais de ta propre main tu daignas nous former :
Ne souffre pas qu'un autre ait droit sur cette argile
Que pour ta seule gloire il t'a plu d'animer.

Oublie et nos péchés, et ta juste colère ;
Mets par de nouveaux dons un comble à tes bienfaits ;
Et verse dans nos cœurs les secrets de te plaire,
Ici durant la vie, au ciel à tout jamais.

Immense Trinité qu'aucun ne peut comprendre,
Glorieuse Unité par qui tout est produit,
Des jeûnes qu'en ton nom tu nous vois entreprendre,
A tes adorateurs daigne accorder le fruit.

A LAUDES.

Jésus, vrai soleil de justice,
De l'ame ténébreuse éclaire enfin les yeux,
Et fais que des vertus la lumière propice
Y rentre en même temps que le jour en ces lieux.

Nous donnant ces jours favorables,
Imprime au fond des cœurs un sacré repentir :
Ta pitié trop long-temps les a soufferts coupables ;
Par ta bénignité daigne les convertir.

Fais-nous par quelque pénitence
Obtenir le pardon des plus affreux péchés :
Plus elle sera rude, et plus de ta clémence
Nous bénirons la force et les trésors cachés.

Ce jour vient, ce jour salutaire,
Où par tout l'univers tu fais tout refleurir :
Ramène en ce grand jour au chemin de te plaire
Ceux qu'à toi ce grand jour oblige à recourir.

Qu'en tous lieux t'adore un vrai zèle,
Grand Dieu, dont la bonté nous tire du tombeau ;
Tandis que, renaissants par ta grace nouvelle,
Nous chantons à ta gloire un cantique nouveau.

POUR LE TEMPS DE LA PASSION.

A VÊPRES.

L'étendard du grand Roi des rois,
La croix, fait éclater son mystère suprême,
Où l'auteur de la chair, s'étant fait chair lui-même,
Daigne mourir pour nous sur un infame bois.

Le fer d'une lance enfoncé
Dans le flanc amoureux de la sainte victime
En fait sortir une eau qui lave notre crime,
Et ruisseler un sang dont il est effacé.

David, ton oracle est rempli ;
Et quand tu prédisois du maître du tonnerre
Que d'un trône de bois il régneroit sur terre,

Ta voix étoit fidèle, et l'ordre est accompli.

Arbre noble et resplendissant,
Que pare d'un tel roi la pourpre glorieuse,
Qu'on te prit d'une tige et digne, et précieuse,
Pour toucher de si près à ce corps innocent!

Arbre heureux, dont les bras ouverts
Ont porté le rachat, le prix de tout le monde;
Balance, où s'est pesé plus que la terre et l'onde,
Que tu ravis de proie au tyran des enfers!

Unique espoir des nations,
En ce temps qui d'un Dieu retrace le supplice;
Croix sainte, aux gens de bien augmente leur justice,
Et pardonne aux méchants leurs noires actions.

Inconcevable Trinité,
Que tout esprit te rende une gloire parfaite;
Sauve par tes bontés ceux que la croix rachète,
Et guide-les toi-même à ton éternité.

A MATINES.

Sers de pinceau, ma langue, et peins avec éclat
　　Ce noble et glorieux combat
Par qui la croix s'élève un trophée adorable :
Peins comme le Sauveur de ce vaste univers,
　　Par un amour incomparable
Se laissant immoler, triompha des enfers.

Peins comme la bonté de son Père éternel,
　　Dès que l'homme devint mortel,
Eut pitié de le voir perdu par une pomme :

Fais voir comme dès lors son amoureux décret
  Voulut que par un nouvel homme
Un arbre réparât ce qu'un arbre avoit fait.

Il cacha son dessein, et, pour rusé que fût
  L'ennemi de notre salut,
Ce trompeur fut trompé par la ruse céleste;
Et, quelques yeux qu'ouvrit ce lion infernal,
  Sans que rien lui fût manifeste,
Le remède partit d'où procédoit le mal.

A peine est arrivé par le retour des ans
  L'heureux moment du sacré temps,
Qu'un Créateur de tout lui-même est créature,
Et que Dieu fait sortir ce Fils, ce bien-aimé,
  De la virginale clôture
Où pour se faire chair il s'étoit enfermé.

Sur une vile crèche il pleure comme enfant,
  Et son corps déja triomphant
Se laisse envelopper à cette Vierge-Mère :
Sous des langes chétifs on lui serre les bras,
  Et, pour finir notre misère,
De la misère même il se fait des appas.

Gloire, puissance, honneur, et louange au Très-Haut,
  Au Fils comme lui sans défaut,
A l'Esprit tout divin ainsi qu'eux ineffable;
Gloire, honneur, et louange à leur sainte unité,
  A leur essence incomparable,
Et durant tous les temps, et dans l'éternité.

A LAUDES.

De la terre et du ciel ce monarque absolu,

POUR LE TEMPS DE LA PASSION.

Né, parce qu'il l'avoit voulu,
Pour mourir en souffrant et payer notre crime,
Après qu'il eut laissé six lustres s'écouler,
Innocente et pure victime,
Permit qu'à sa justice on l'osât immoler.

Le vinaigre, le fiel, le roseau, les crachats,
Joignirent l'insulte au trépas;
Un fer fit dans son flanc une large ouverture ;
Il en sortit du sang, il en sortit de l'eau,
Et l'air, le ciel, et la nature,
Se trouvèrent lavés par ce fleuve nouveau.

Arbre noble entre tous, quelle forêt produit
Pareilles feuilles, fleurs, ou fruit?
Croix fidèle, à jamais digne de nos hommages,
Qu'a de charmes ton bois, que bénis sont les clous,
Que de douceurs ont les branchages
Qui pour notre salut portent un poids si doux !

Arbre heureux, arbre saint, abaisse tes rameaux,
Relâche en dépit des bourreaux
L'inflexibilité qui t'est si naturelle,
Et souffre que les bras du Roi du firmament,
Qui souffre et meurt pour un rebelle,
Demeurent étendus un peu plus doucement.

Tu portes par le choix des ordres éternels
Le rachat de tous les mortels,
Et prépares un port à leur commun naufrage :
Ils t'en firent seul digne, et le sang de l'Agneau
Laisse à ton bois un sacré gage
D'un triomphe aussi grand que ton destin est beau.

Gloire, puissance, honneur, et louange au Très-Haut,
    Au Fils comme lui sans défaut,
A leur Esprit divin ainsi qu'eux ineffable;
Gloire, louange, honneur à leur sainte unité,
    A leur essence inconcevable,
Et durant tous les temps, et dans l'éternité.

POUR LE TEMPS DE PAQUES.

A VÊPRES.

Au banquet de l'Agneau courons des bouts du monde,
    Et, vêtus d'habits nuptiaux,
Comme de la mer Rouge ayant traversé l'onde,
Chantons à Jésus-Christ des cantiques nouveaux.

Le vin qu'on nous y sert est son sang adorable,
    Son corps sacré le mets divin;
Et, pour nous faire seoir et revivre à sa table,
Son amour sur la croix fait l'apprêt du festin.

Par la pâque en ce soir notre ame, protégée
    Contre l'ange exterminateur,
Du joug de Pharaon se trouve dégagée,
Sort d'un si dur empire, et suit ton protecteur.

Lui-même est notre pâque, et l'Agneau sans souillure
    Pour tous nos crimes immolé;
Et cette chair azyme est la victime pure
Qui satisfait pour tous à l'ordre violé.

Victime à jamais digne et d'amour, et de gloire,

POUR LE TEMPS DE PAQUES.

Par toi tout l'enfer est dompté,
Par toi les vieux captifs ont part à la victoire,
Et la vie est rendue à l'homme racheté.

Après l'enfer vaincu Jésus sort de la tombe,
    Il revient paroître à nos yeux ;
Et, laissant dans les fers un tyran qui succombe,
Il nous ouvre l'entrée au royaume des cieux.

Sauveur de tout le monde, en cette pleine joie
    Dont la pâque remplit nos cœurs,
Daigne si bien guider ton peuple dans ta voie,
Que d'une mort funeste il échappe aux rigueurs.

Gloire à toi, Rédempteur et Monarque suprême,
    Par toi-même ressuscité ;
Même gloire à ton Père, au Saint-Esprit la même,
Et durant tous les temps, et dans l'éternité.

A MATINES.

Éternel, qui régis l'un et l'autre hémisphère,
    De tous deux l'auteur et l'appui ;
Qui devant tous les temps règnes avec ton Père,
Même Roi, même essence, et même Dieu que lui ;

Sitôt que le néant eut enfanté le monde
    Par le son fécond de ta voix,
Tu fis Adam son maître, et la machine ronde
Le voyant ton image, en accepta les lois.

Le diable le déçut, et ce triste esclavage
    Eût perdu l'homme pour jamais,
Si toi, qui l'avois fait toi-même à ton image,

Tu n'eusses à ton tour pris sa forme et ses traits.

Par là tu retiras de cette infame chaîne
    Ce digne ouvrage de ta main,
Et ta nature unie à la nature humaine
Rejoignit l'homme à Dieu, l'esclave au souverain.

Tu naquis d'une Vierge, et c'est une naissance
    Qui nous étonne et nous ravit;
Et nous croyons qu'un jour par la même puissance
Tous nos corps revivront comme le tien revit.

C'est ce même pouvoir qui nous donne au baptême
    Le pardon de tous nos péchés;
C'est par ce trait divin de ta bonté suprême
Que de leur triste joug nos cœurs sont détachés.

Ton amour sur la croix fait encor davantage,
    Il t'y laisse percer le flanc;
Par ta mort à la vie il nous fait un passage,
Et pour notre salut il prodigue ton sang.

Sauveur de tout le monde, en cette pleine joie
    Dont la pâque remplit nos cœurs,
Daigne si bien guider ton peuple dans ta voie,
Que d'une mort funeste il échappe aux rigueurs.

Gloire à toi, Rédempteur, et Monarque suprême,
    Par toi-même ressuscité;
Même gloire à ton Père, au Saint-Esprit la même,
Et durant tous les temps, et dans l'éternité.

A LAUDES.

L'aurore a du vrai jour ramené la lumière,

POUR LE TEMPS DE PAQUES.

  Le ciel fait des concerts charmants,
Le monde par les siens marque une joie entière,
Et l'enfer n'y répond que par des hurlements.

Aussi c'est en ce jour que l'auteur de leur être,
  Brisant les chaînes de la mort,
Foulant aux pieds l'Averne et son orgueilleux maître,
Change des malheureux le déplorable sort.

Ce corps d'un froid tombeau renfermé sous la pierre,
  Ce mort gardé par des soldats,
En pompe triomphante est revenu sur terre,
Réparateur du siècle, et vainqueur du trépas.

Qu'on cesse de gémir! il n'est plus de misères,
  Leur triste cours est arrêté:
De la prison du limbe un mort tire nos pères,
Et l'ange nous annonce un Dieu ressuscité.

Sauveur de tout le monde, en cette pleine joie
  Dont la pâque remplit nos cœurs,
Daigne si bien guider ton peuple dans ta voie,
Que d'une mort funeste il échappe aux rigueurs!

Gloire à toi, Rédempteur, et Monarque suprême,
  Par toi-même ressuscité;
Même gloire à ton Père, au Saint-Esprit la même,
Et durant tous les temps, et dans l'éternité.

POUR L'ASCENSION.

A VÊPRES ET A LAUDES.

Sauveur, qui nous as tous rachetés de ton sang;
    Seul desir d'une flamme pure;
Vrai Dieu, vrai créateur de toute la nature,
Qui dans la fin des temps d'un homme as pris le rang :

Quel excès de bonté, quel amoureux effort
    Te charge de tout notre crime,
D'un cruel attentat volontaire victime,
Qui meurs pour affranchir nos ames de la mort?

Il t'a plu de descendre aux prisons de l'enfer,
    Pour en retirer des esclaves;
Et, vainqueur du démon qu'en son trône tu braves.
A la dextre du Père on t'en voit triompher.

Que la même bonté par un heureux pardon
    Triomphe aussi de nos foiblesses!
Remplis les vœux ardents que forment nos tendresses,
Et fais-nous de ta vue un immuable don.

Sois notre joie ici, pour être au ciel un jour
    Le doux prix de notre victoire;
Fais que nos cœurs en toi réunissent leur gloire
Et dans ces sombres lieux, et dans ce clair séjour.

A MATINES.

Éternel et Très-Haut, roi des célestes plaines,
    Des fidèles doux rédempteur,
Qui, détruisant la mort, brisant toutes ses chaînes,

POUR L'ASCENSION.

Fais triompher la grace, et régner son auteur;

Tu montes dans ton trône à la dextre du Père;
    Et reçois là ce plein pouvoir
Que pour prix de ta mort sur tous il te défère,
Et que mortel ici tu n'en pus recevoir.

C'est par ce haut pouvoir que la triple machine,
    La terre et tous ses habitants,
Ceux qui règnent au ciel, ceux que l'enfer domine,
Tout fléchit devant toi le genouil en tout temps.

L'ange admire en tremblant ce changement de face
    Qui se fait au sort des mortels;
La chair fit le péché, la même chair l'efface,
Et la même chair monte aux trônes éternels.

Fais, grand moteur de tout, fais seul notre allégresse,
    Toi qui dans le ciel tiens ta cour,
Et dont le moindre attrait, la plus simple caresse
Passe tous les plaisirs de ce mortel séjour.

C'est de ces tristes lieux que notre humble prière,
    Pour nombreux que soient nos péchés,
Demande que ta main par une grace entière
Élève à toi nos cœurs à la terre attachés;

Qu'en ce jour redoutable, où du haut de la nue
    L'arrêt dernier sera rendu,
Nous ayant dès ici remis la peine due,
Tu nous rendes le bien que nous avons perdu.

Gloire à ton sacré nom, ô Monarque suprême,

Qui montes au-dessus des cieux ;
Même gloire à ton Père, au Saint-Esprit la même ;
Louange à tous les trois, en tous temps, en tous lieux.

POUR LE JOUR DE LA PENTECOTE.

A VÊPRES.

Viens, Esprit créateur qui nous as donné l'être,
Descends du haut du ciel dans les esprits des tiens ;
    Et, comme tu les as fait naître,
    Remplis-les du plus grand des biens.

Soit que de Paraclet le sacré nom te suive,
Soit qu'ici du Très-Haut nous t'appellions le don,
    Feu, charité, fontaine vive,
    Et spirituelle onction ;

Ta grace au fond des cœurs par sept présents opère,
Doigt de Dieu, qui suffis à les épurer tous,
    Effet des promesses du Père,
    Et langue qui parles en nous.

Illumine les sens par tes saintes largesses,
Verse un parfait amour dans le cœur abattu,
    Rends des forces à nos foiblesses
    Par une immuable vertu.

Mets de notre ennemi toute l'audace en fuite,
D'une sincère paix assure-nous le fruit,
    Fais enfin que sous ta conduite
    L'ame évite tout ce qui nuit.

Apprends-nous à connoître et le Fils, et le Père,
A te croire l'Esprit à tous les deux commun,
  Et cet ineffable mystère
  De trois suppôts qui ne sont qu'un.

Gloire soit à jamais au Père inconcevable,
Gloire pareille au Fils qui s'est ressuscité;
  Gloire au Paraclet adorable,
  Durant toute l'éternité.

A MATINES.

Jésus-Christ remonté sur la voûte céleste,
Dont à descendre ici l'amour l'avoit contraint,
Des promesses du Père accomplissant le reste,
  Devoit envoyer l'Esprit-Saint.

De ce temps solennel l'heureuse plénitude
Se voyoit toute prête à terminer son cours,
Et du char du soleil l'aveugle exactitude
  Avoit roulé sept fois sept jours;

Lorsqu'à l'heure de tierce un éclat de tonnerre,
Aux apôtres qu'il trouve assemblés en son nom,
Apprend que cet Esprit est descendu sur terre,
  Et que Dieu leur en fait le don.

Ce feu pur et brillant des splendeurs éternelles
Sur le troupeau choisi se plaît à s'épancher,
Et Jésus-Christ par lui verse au cœur des fidèles
  La vive ardeur de le prêcher.

Ravis, et sans rien craindre avec ces avantages,
Pleins de ce divin souffle ils sortent de ce lieu,

Et leur impatience, en différents langages,
Annonce les grandeurs de Dieu.

Ils parlent, et les Grecs, les Latins, les barbares,
Reçoivent à l'envi la parole à genoux,
Tous étonnés de voir des hommes si peu rares
Parler le langage de tous.

Parmi tant de croyants les seuls Juifs incrédules
Possédés d'un esprit envieux et malin,
Traitent ces hauts discours de contes ridicules
Que forment des gens pleins de vin.

Mais Pierre a des vertus, Pierre fait des miracles
Qui gravent dans les cœurs les saintes vérités,
Et, de Joël sur l'heure expliquant les oracles,
Confond toutes les faussetés.

Gloire soit à jamais au Père inconcevable,
Pareille gloire au Fils qui s'est ressuscité;
Pareille au Paraclet ainsi qu'eux adorable,
Durant toute l'éternité.

A LAUDES.

L'invariable tour qui règle chaque année
Nous retrace un mystère où chacun applaudit,
En nous ramenant la journée
Où sur le saint troupeau l'Esprit-Saint descendit.

En feu vif et perçant sur leurs têtes il vole,
Sur leurs têtes à tous en langues il s'épart,
Et la ferveur et la parole
Sont des dons où par lui chacun d'eux a sa part.

De toutes nations ils parlent le langage :
Le Gentil s'en étonne, admire, tremble, croit,
    Tandis que le Juif plein de rage
Impute aux vins fumeux ce qu'il entend et voit.

Pareil nombre de jours sépare ce mystère
De la pâque où revit le sacré Rédempteur ;
    Qu'il faut d'ans à la loi sévère
Pour remettre à jamais la dette au débiteur !

Dieu puissant et tout bon qu'aucun ne peut comprendre,
Devant ta majesté nous abaissons les yeux :
    Sur nos ames daigne répandre
Ces dons du Saint-Esprit que tu verses des cieux.

Toi qui fis inonder les torrents de ta grace
Sur ce troupeau choisi qu'il te plut de bénir,
    Pardonne à notre impure masse,
Et nous assure à tous un tranquille avenir.

Gloire soit à jamais au Père inconcevable,
Pareille gloire au Fils qui s'est ressuscité ;
    Pareille à l'Esprit ineffable,
Et durant tous les temps, et dans l'éternité.

POUR LE JOUR

DE LA TRÈS SAINTE TRINITÉ,

A VÊPRES.

O Trinité, sainte lumière,
De trois suppôts divins adorable unité,

Le soleil finit sa carrière :
Dans le fond de nos cœurs verse une autre clarté.

Que la plus longue matinée,
Que le soir le plus lent s'emploie à te louer ;
Que la gloire de la journée
Soit à faire des vœux qu'il te plaise avouer.

Gloire au Père, au Verbe ineffable,
Gloire toute pareille à l'Esprit tout divin ;
Gloire à leur essence adorable,
Qui règne et régnera sans bornes et sans fin.

A MATINES.

Dieu, souverain amour et suprême clémence,
Qui tiras du néant ce tout par ta bonté,
Qui n'es qu'un en pouvoir, qui n'es qu'un en substance,
Et trine en personnalité ;

Prête à notre réveil ta main toute-puissante ;
Que l'ame avec le cœur s'élève jusqu'à toi,
Et que de nos concerts l'ardeur reconnoissante
Ait ta gloire pour seul emploi.

Gloire soit à jamais au Père inconcevable,
Gloire au Verbe incarné, gloire à l'Esprit divin ;
Gloire à leur unité, dont l'essence immuable
Règne sans bornes et sans fin.

A LAUDES.

Sainte Unité de Trois, dont la toute-puissance
Régit tout l'univers,
Des nuits pour te louer nous rompons le silence :

Écoute nos concerts.

L'astre que suit le jour répand sur la nature
 Sa naissante splendeur;
La nuit tombe : répands une lumière pure
 Sur notre vive ardeur.

Gloire au Père éternel, gloire au Verbe ineffable,
 Gloire à l'Esprit divin;
Gloire à leur unité, dont le règne adorable
 Est sans borne, et sans fin.

POUR LA FÊTE

DU SAINT SACREMENT.

A VÊPRES.

Chantons du corps sacré l'adorable mystère,
 Et celui du sang précieux
Qui fut du monde entier le rachat glorieux,
 Qui d'un Dieu fléchit la colère,
Et que le fruit d'un ventre issu de tant de rois,
Le Roi des nations, répandit sur la croix.

D'une Vierge pour nous il prend son origine,
 Son Père nous le donne à tous;
Avec nous il converse, et, semant parmi nous
 Sa parole toute divine,
Il ferme son exil en ce triste séjour
Par un ordre étonnant de puissance et d'amour.

A table, dans la nuit de sa dernière cène,

Avec ses Douze autour de soi,
En pain, herbes, et viande, ayant fait de la loi
Une observance exacte et pleine,
Pour dernier mets lui-même à ce troupeau si cher
Il donne de sa main et son sang, et sa chair.

Ce Verbe-chair, d'un mot, par sa toute-puissance
Change un pain en son corps divin;
Du vin il fait son sang, et ce pain et ce vin
Laissent détruire leur substance;
Tout notre sens résiste à ce qu'il nous en dit,
Mais au cœur pur et droit la foi seule suffit.

Nous qui d'un tel amour recevons un tel gage,
Adorons ce grand sacrement;
Faisons céder la nuit du vieil enseignement
Aux clartés du nouvel usage;
Et si nous n'avons pas des yeux assez perçants,
Que notre foi supplée au défaut de nos sens.

Que de la Trinité l'auguste et saint mystère
A jamais partout soit béni!
Rendons au Père immense un respect infini,
Pareille gloire au Fils qu'au Père,
Pareille à cet Esprit qui procède des deux,
Éternel, ineffable, et tout-puissant comme eux.

A MATINES.

L'allégresse aujourd'hui doit être solennelle:
Poussons jusques au ciel l'éloge du Seigneur.
Vieil usage, cessez! que tout se renouvelle,
Les œuvres, les chants, et le cœur.

POUR LE SAINT SACREMENT.

Nous célébrons la nuit de la cène dernière,
Où Jésus départit l'agneau pascal aux siens,
Donna le pain azyme en la même manière
    Que le donnoient nos anciens.

Le Verbe du Très-Haut, devant qui le ciel tremble,
Ensuite les repaît de son corps précieux,
Le donne tout entier à tous les Douze ensemble,
    Et tout entier à chacun d'eux.

Aux foibles il départ une chair soutenante,
Il rend aux affligés la joie avec son sang.
« Prenez tous, leur dit-il, ce que je vous présente;
    « Mangez, buvez à votre rang. »

C'est ainsi qu'il ordonne un si grand sacrifice;
Il en commet le soin aux prêtres parmi nous,
Et dans leurs seules mains laisse en dépôt l'office
    De le prendre et donner à tous.

Ainsi le pain du ciel devient le pain des hommes,
Il termine et remplit la figure, et la loi.
O banquet merveilleux! esclaves que nous sommes,
    Nous y mangeons notre vrai Roi.

Sainte Unité de Trois, écoute nos prières;
Comme nous t'adorons daigne nous visiter;
Conduis-nous par ta voie au séjour des lumières
    Que tu créas pour l'habiter.

A LAUDES.

Le Verbe du Très-Haut, sorti du sein du Père
    Sans le quitter un seul moment,

Achève son ouvrage, et touche à l'heure amère
    Qui le doit mettre au monument.

Prêt à se voir livrer à la mortelle envie
    De ses plus cruels ennemis,
Lui-même auparavant il se fait pain de vie,
    Pour se livrer à ses amis.

De son sang, de sa chair il enferme l'essence
    Sous ce qui paroît vin et pain,
Afin que l'homme entier d'une double substance
    Apaise sa soif et sa faim.

Il se fait notre frère alors qu'il prend naissance,
    Notre viande dans son festin,
Notre prix quand il meurt, et notre récompense
    Quand il règne là-haut sans fin.

O salutaire hostie, adorable victime
    Qui nous ouvres le ciel à tous,
D'un puissant ennemi l'insulte nous opprime :
    Sois notre force, et défends-nous.

Gloire soit à jamais à l'Être inconcevable
    De la sainte Unité des Trois,
Dont la bonté nous donne un règne interminable
    En la patrie où tous sont rois.

TROISIÈME PARTIE.

HYMNES
PROPRES DES SAINTS.

POUR TOUTES
LES FÊTES DE LA SAINTE VIERGE.

A VÊPRES.

Étoile de la mer, Mère du Tout-Puissant,
Toujours Vierge, toujours étoile sans nuage,
Porte du ciel ouverte au pécheur gémissant,
    Reçois notre humble hommage.

De nous comme de l'ange accepte ce salut;
Et, dans une paix sainte affermissant notre ame,
Change l'impression que notre sang reçut
    De la première femme.

Des captifs du péché romps les tristes liens,
Aux esprits aveuglés rends de vives lumières,
Chasse loin tous nos maux, obtiens-nous tous les biens,
    Vierge, par tes prières.

Montre de pleins effets du pouvoir maternel;

Fais qu'à remplir nos vœux cet Homme-Dieu s'applique,
Qui pour rendre la vie à l'homme criminel
  Naquit ton fils unique.

O Vierge sans pareille en clémence, en bonté,
Fais-lui de tous nos cœurs d'agréables victimes ;
Verse-s-y ta douceur, joins-y ta chasteté,
  Et lave tous nos crimes.

Épure notre vie, enflamme notre esprit ;
Du ciel par ton suffrage assure-nous la voie,
Et fais-nous-y goûter près de ton Jésus-Christ
  Une éternelle joie.

Gloire, louange, honneur et puissance au Très-Haut ;
Gloire, honneur et louange à sa parfaite image ;
Gloire à l'Esprit divin ainsi qu'eux sans défaut ;
  A tous trois même hommage.

A MATINES.

  Celui que la machine ronde
  Adore et loue à pleine voix,
Qui gouverne et remplit le ciel, la terre, et l'onde,
Marie en soi l'enferme, et l'y porte neuf mois.

  Ce grand Roi, que de la nature
  Servent l'un et l'autre flambeau,
D'un flanc que de la grace un doux torrent épure
Devient la tumeur sainte et le sacré fardeau.

  O mère en bonheur sans égale,
  De qui l'Artisan souverain
Daigne souffrir neuf mois la prison virginale,

Lui qui tient l'univers tout entier en sa main :

 Qu'heureuse te rend ce message
 Que suivent tes soumissions,
Par qui le Saint-Esprit forme en toi ce cher gage,
Ce Fils, ce desiré de tant de nations!

 Gloire à toi, merveille suprême,
 Dieu par une Vierge enfanté ;
Même gloire à ton Père, au Saint-Esprit la même,
Et durant tous les temps, et dans l'éternité.

A LAUDES.

 Reine glorieuse et sacrée,
 Qui te sieds au-dessus des cieux,
Et, pour nourrir sur terre un Dieu qui t'a créée,
Lui donnas de ton sein le nectar précieux :

 Ce qu'Ève fit perdre à ta race,
 Par ta race tu nous le rends ;
Par toi notre foiblesse au ciel trouve enfin place,
Par toi sa porte s'ouvre aux fidèles mourants.

 Porte du Monarque céleste,
 Porte des immenses clartés,
C'est par toi que la vie éteint la mort funeste :
Applaudissez en foule, ô peuples rachetés!

 Gloire à toi, merveille suprême,
 Dieu par une Vierge enfanté ;
Même gloire à ton Père, au Saint-Esprit la même,
Et durant tous les temps, et dans l'éternité.

POUR LE PETIT OFFICE DE LA VIERGE.

A PRIME, TIERCE, SEXTE, NONE, ET COMPLIES.

Bénin Sauveur de la nature,
 Souviens-toi que d'un criminel
Tu pris la forme au sein d'une Vierge très pure,
 Et daignas comme nous naître enfant, et mortel.

O mère de grace, ô Marie,
 Notre invincible et doux support,
Contre nos ennemis protége notre vie,
 Et reçois notre esprit au moment de la mort.

Gloire à toi, merveille suprême,
 Dieu par une Vierge enfanté;
Même gloire à ton Père, au Saint-Esprit la même,
 Et durant tous les temps, et dans l'éternité.

POUR LA NATIVITÉ DE SAINT JEAN-BAPTISTE.

24 juin.

A VÊPRES.

Redonne l'innocence à nos lèvres coupables,
 Et nous inspire des ardeurs,
Digne et saint Précurseur, qui nous rendent capables
 De chanter tes grandeurs.

Un ange tout exprès envoyé vers ton père,
 Du ciel en ta faveur ouvert,

Lui prescrivit ton nom, prédit ton ministère,
    Et ta vie au désert.

Lui, qui n'osa donner une entière croyance
    Aux promesses du Roi des rois,
En demeura muet jusques à ta naissance,
    Qui lui rendit la voix.

Prisonnier dans un flanc, tu reconnus ton maître
    Enfermé dans un autre flanc,
Et le fis, tout caché, hautement reconnoître
    Aux auteurs de ton sang.

Gloire soit à jamais au Père inconcevable,
    Gloire au Verbe-chair en tout lieu ;
Gloire à leur Esprit-Saint, ainsi qu'eux ineffable,
    Avec eux un seul Dieu.

A MATINES.

Tu portes au désert tes plus tendres années,
    Et tu fuis tout commerce humain,
Tant tu trembles de voir tes vertus profanées
    Par le moindre mot dit en vain.

Ceins d'un cuir de brebis ton corps pour couverture,
    Prends un rude poil de chameau,
La langouste et le miel pour toute nourriture,
    Et pour tout breuvage un peu d'eau.

Vous n'avez que prévu, que prédit le Messie,
    Prophètes, en termes couverts ;
Lui seul montre du doigt la figure éclaircie
    Dans le Sauveur de l'univers.

Aussi d'aucune femme on n'a jamais vu naître
  De mérites plus achevés;
Et le ciel le choisit pour baptiser son maître,
  Et laver qui nous a lavés.

Gloire soit à jamais au Père inconcevable,
  Gloire au Verbe-chair en tout lieu;
Gloire à leur Esprit-Saint, ainsi qu'eux ineffable,
  Qui n'est avec eux qu'un seul Dieu.

A LAUDES.

O trop et trop heureux, toi, qui vécus sans tache,
  Que ton haut mérite surprend,
Martyr, qu'à ton désert ton innocence attache,
  Toi, des prophètes le plus grand!

Les uns de trente fleurs parent une couronne
  Qui les empêche de vieillir;
D'autres en ont le double, et la tienne te donne
  Jusqu'à cent fruits à recueillir.

Amollis donc, grand saint, de nos cœurs indociles
  La dureté par tes vertus;
Aplanis les sentiers âpres et difficiles,
  Redresse les chemins tortus.

Purge si bien nos cœurs de toute indigne envie,
  Que l'Auteur, le Sauveur de tous,
Quand il voudra jeter les yeux sur notre vie,
  Aime à descendre et vivre en nous.

O grand Dieu, qui n'entends au ciel que des louanges
  A la gloire de ton saint nom,

Si nous joignons d'ici nos voix aux voix des anges,
C'est pour te demander pardon.

POUR LA FÊTE
DE SAINT PIERRE ET DE SAINT PAUL.
29 DE JUIN.

A VÊPRES ET A MATINES.

Que de clartés, ô Dieu, tu versas dans nos cœurs!
Quels ornements tu mis en ton céleste empire,
Quand de Pierre et de Paul le glorieux martyre
Par un trépas injuste obtint grace aux pécheurs!

Juges de l'univers par tous deux éclairé,
L'un meurt la tête en bas, et l'autre l'a coupée;
L'un sur la croix triomphe, et l'autre sous l'épée,
Et tous deux vont remplir un trône préparé.

Quel que soit ton bonheur, c'est de là qu'il te vient,
Rome, que d'un tel sang empourpre la teinture :
Leur mérite pour toi fait plus que ta structure,
Et dans ce haut pouvoir c'est lui qui te maintient.

Louange, gloire, honneur à votre immensité,
Père, Fils, Esprit-Saint, qui n'êtes qu'une essence,
Et qui gardez tous trois une égale puissance,
Et durant tous les temps, et dans l'éternité.

A LAUDES.

Fidèle et bon Pasteur, à qui Jésus-Christ même
Laissa sur nos péchés tout pouvoir en ces lieux ;

Romps-en tous les liens par ce pouvoir suprême
Qui d'un seul mot nous ouvre ou nous ferme les cieux.

Grand docteur des Gentils, forme-nous à l'étude
De la route du ciel par la règle des mœurs,
Jusqu'à ce que du bien l'heureuse plénitude
De la foiblesse humaine ait épuré nos cœurs.

Père, Fils, Esprit-Saint, qui n'êtes qu'une essence,
Gloire, louange, honneur à votre immensité,
Qui soutient en tous trois une égale puissance,
Et durant tous les temps, et dans l'éternité.

POUR LA CHAIRE SAINT PIERRE,

à Rome, le 13 de janvier, et à Antioche, le 22 de février.

A VÊPRES ET A MATINES.

Le ciel, qui t'a commis à dispenser sa loi,
T'autorise à lier et délier sur terre :
Tous les nœuds que tu romps, il les rompt comme toi ;
    Ceux que tu serres, il les serre,
Et du juge au grand jour il te garde l'emploi.

Père, Fils, Esprit-Saint, qui n'êtes qu'une essence,
Gloire, louange, honneur à votre immensité ;
Hommage indivisible à la sainte unité
    Qui vous tient égaux en puissance,
Et durant tous les temps, et dans l'éternité.

POUR LE JOUR
DE SAINT PIERRE-AUX-LIENS.

1er D'AOUT.

A VÊPRES.

Par miracle aujourd'hui brisant tous ses liens,
Pierre d'un fier tyran évite la furie;
Et Dieu l'en tire exprès pour enseigner les siens,
    Pour conduire sa bergerie,
Et pour sauver des loups le troupeau des chrétiens.

Père, Fils, Esprit-Saint, qui n'êtes qu'une essence,
Gloire, louange, honneur à votre immensité;
Hommage indivisible à la sainte unité
    Qui vous tient égaux en puissance,
Et durant tous les temps, et dans l'éternité.

POUR LE JOUR
DE SAINTE MARIE-MADELEINE.

22 JUILLET.

A VÊPRES.

    Père des célestes clartés,
A peine tes regards tournent sur Madeleine,
Que les traits d'une flamme et divine et soudaine
Des glaces de son cœur fondent les duretés.

    L'amour qui vient de l'embraser
Sur les pieds du Sauveur verse une sainte pluie,

Les parfume d'odeurs, et de sa tresse essuie
Ce que sa bouche en feu ne peut assez baiser.

    Sans crainte elle l'embrasse mort,
Du tombeau sans frayeur elle assiége la pierre;
Elle y voit sans trembler, et Juifs, et gens de guerre :
La peur n'a point de place où l'amour est si fort.

    O Jésus, véritable amour,
Fais que par tes bontés notre crime s'efface;
Remplis nos cœurs ici de ta céleste grace,
Et sois leur récompense en l'éternel séjour.

    Gloire à l'immense Trinité,
Gloire au Père éternel, gloire au Verbe ineffable;
Gloire à leur Esprit-Saint ainsi qu'eux adorable,
Et durant tous les temps, et dans l'éternité.

A MATINES.

Madeleine embauma d'un onguent précieux
Les pieds du saint objet de toute sa tendresse,
Les baigna d'un ruisseau qui couloit de ses yeux,
    Et les essuya de sa tresse.

Gloire, louange, honneur, et sans borne, et sans fin,
Au Père tout-puissant, à son Verbe ineffable;
Gloire toute pareille à l'Esprit tout divin,
    Gloire à leur essence adorable.

A LAUDES.

    Du Père éternel Fils unique,
Prends pitié des tourments qu'on souffre en ces bas lieux,
Aujourd'hui qu'un excès de bonté magnifique

POUR LA TRANSFIGURATION. 457

Appelle Madeleine à régner dans les cieux.

Aujourd'hui la drachme perdue
Dans ton sacré trésor rentre tout de nouveau ;
La perle précieuse au vrai jour est rendue,
Et du fond du bourbier tire un éclat plus beau.

Doux refuge à notre tristesse,
Jésus, unique espoir des cœurs vraiment touchés,
Par le mérite heureux de cette pécheresse,
Remets la peine due à nos plus noirs péchés.

Et vous, son humble et digne Mère,
Qui ne voyez que trop notre fragilité,
Parmi les tristes flots de cette vie amère
Daignez servir de guide à notre infirmité.

Gloire à tes bontés souveraines,
Dieu, qui rends le courage aux esprits abattus,
Qui fais grace aux péchés, qui nous remets leurs peines,
Et couronnes au ciel les solides vertus.

POUR

LA TRANSFIGURATION DE JÉSUS-CHRIST.

6 D'AOUT.

A VÊPRES ET A MATINES.

Vous qui cherchez Jésus jusque dans sa retraite,
Voyez sur le Thabor ce qu'il est dans les cieux ;
Voyez-y, pour crayon d'une gloire parfaite,
La neige en ses habits, le soleil dans ses yeux.

Vous verrez un objet illustre, grand, sublime,
Incapable de terme, incapable de fin ;
Un être indépendant, et dont le saint abîme
Du ciel et du chaos devança le destin.

C'est ce que vous cherchez, c'est ce Roi de la terre,
Ce prince si longtemps attendu d'Israël,
Qu'en faveur d'Abraham le maître du tonnerre
Promit à ses enfants pour monarque éternel.

Ce Père tout-puissant nous le donne avec joie,
Deux prophètes en sont les fidèles témoins :
Mais il veut qu'on l'écoute, il entend qu'on le croie,
Il nous ordonne à tous de lui donner nos soins.

Gloire au céleste objet de la haute merveille
Qui se daigne aujourd'hui révéler à nos yeux ;
Au Père, à l'Esprit-Saint, gloire toute pareille ;
Gloire à tous trois ensemble, en tous temps, en tous lieux.

A LAUDES.

Jésus très pur amour, dès que tu nous visites,
    Dès que tu descends dans nos cœurs,
Les ombres de leur nuit, qu'en chassent tes mérites,
Cèdent à la clarté qu'y versent tes douceurs.

Adorable soleil de la sainte patrie,
    Lumière impénétrable aux sens,
Fils à ton Père égal, vérité, voie, et vie,
Que de bonheur alors ont ces cœurs innocents !

Ineffable splendeur de la gloire du Père,
    Incompréhensible bonté,

Donne par ta présence, à notre foi sincère,
L'inépuisable amour que veut ta charité.

Gloire au céleste objet de la haute merveille
    Qui se manifeste à nos yeux;
Au Père, au Saint-Esprit, gloire toute pareille;
Gloire à tous trois ensemble, en tous temps, en tous lieux.

POUR L'APPARITION DE SAINT MICHEL.

8 de mai, et pour sa dédicace, 29 de septembre.

A VÊPRES ET A MATINES.

Prête, Sauveur bénin, l'oreille à tes louanges:
Vive splendeur du Père, ame et vertu des cœurs;
    Nous les chantons à doubles chœurs,
Nous t'offrons leurs concerts à la face des anges,
    Et, pour seconder leurs emplois,
Nos vœux jusqu'à ton ciel font résonner nos voix.

Nous honorons, Seigneur, leur céleste milice,
Toujours prête là-haut à tes commandements;
    Surtout de leurs saints régiments
Nous conjurons le chef de nous être propice,
    Lui dont l'immortelle vertu
Tient écrasé sous lui le dragon abattu.

Souffre que jusqu'au bout nous soyons en sa garde:
Toi, sans qui nos efforts ne sont que vains efforts,
    Épure nos cœurs et nos corps,
Repousse tous les traits que l'ennemi nous darde,
    Et, malgré ses complots maudits,

Par ta seule bonté rends-nous ton paradis.

Gloire soit à jamais au Père inconcevable,
Gloire toute pareille à son Fils Jésus-Christ;
    Pareille gloire au Saint-Esprit,
Tout-puissant ainsi qu'eux, ainsi qu'eux ineffable;
    Gloire à l'immense Trinité,
Et durant tous les temps, et dans l'éternité.

A LAUDES.

Jésus, seule beauté, seule gloire des anges,
Auteur et directeur de ce mortel séjour,
Fais monter jusqu'aux cieux nos voix et nos louanges,
Fais-nous jusqu'à ton ciel monter à notre tour.

Que l'ange de la paix, ce guerrier intrépide
Qui dans le noir abîme enfonça le dragon,
Nous prête par ton ordre un appui si solide,
Que de prospérités il nous comble en ton nom.

Que de ton Gabriel la force inépuisable
De ce vieil ennemi repousse les assauts,
Et qu'à chaque moment sa dextre secourable
Du temple de nos cœurs répare les défauts.

Fais partir de là-haut le médecin céleste,
Raphaël, qui nous rende à tous pleine santé;
Qu'il écarte nos pas de la route funeste,
Et nous guide à l'heureuse et sainte éternité.

Que tous leurs escadrons, que la Vierge leur reine,
Que tous les saints pour nous unissent leurs faveurs,
Et par une assistance et prompte et souveraine

Assurent la couronne à nos humbles ferveurs.

Accordez cette grace à l'humaine impuissance,
Vous sans qui toute ardeur, tout zèle s'amortit,
Sainte Unité de Trois, inconcevable essence,
Dont par tout l'univers la gloire retentit.

POUR LA

FÊTE DES SAINTS ANGES GARDIENS,

qui se célèbre le 1ᵉʳ d'octobre, non occupé d'une autre fête.

A VÊPRES ET A MATINES.

Nous chantons ces esprits qu'à veiller sur les hommes,
Qu'à les guider partout Dieu même a préposés,
De peur que les démons, plus forts que nous ne sommes,
Ne remportent sur nous des triomphes aisés.

Car enfin le dépit de ces anges rebelles,
Dont l'orgueil aux enfers fut soudain abattu,
Arme leur jalousie à perdre les fidèles,
Dont Dieu veut en leur place élever la vertu.

Viens donc, ange du ciel, et, de toute l'enceinte
Que confie à tes soins ce grand Maître des temps,
Détourne tous les maux dont l'ame sent l'atteinte,
Et qui ne laissent point en paix ses habitants.

Exaltons la puissance et la bonté divine
Des Trois qui ne sont qu'Un dans leur immensité,
Et qui, gouvernant seuls cette triple machine,
Règnent et régneront toute l'éternité.

A LAUDES.

Grand Dieu, qui déployas ta suprême puissance
A tirer du néant tout ce vaste univers,
Et qui ne te sers pas de moins de providence
    A régir tant d'êtres divers;

Vois d'un œil de pitié nos ames criminelles,
Qui d'une voix commune implorent tes bontés;
Et, comme l'aube ici rend des clartés nouvelles,
    Rends-leur de nouvelles clartés.

Que ce garde choisi que tout l'enfer redoute,
L'ange qui par ton ordre accompagne nos pas,
Empêche que le crime infecte notre route
    De ses contagieux appas.

De l'envieux dragon qu'il dompte la malice,
Qu'il en rompe l'effort, qu'il en brise les traits.
Et ne permette pas que son noir artifice
    Nous enveloppe en ses filets.

Qu'aux fureurs de la guerre il ferme nos contrées,
Qu'il écarte de nous ce qu'elle a de rigueurs;
Que la peste en nos murs ne trouve point d'entrées,
    Ni la discorde dans nos cœurs.

Gloire au Père éternel, qui garde par ses anges
Tout ce qu'a racheté le sang de Jésus-Christ,
Et qui par eux anime à chanter ses louanges
    Tout ce qu'a rempli son Esprit.

POUR LA FÊTE DE SAINTE THÉRÈSE.

15 octobre.

A VÊPRES.

Par un départ secret des tiens tu te sépares,
Pour annoncer un Dieu qui règne seul en toi,
Thérèse, et pour répandre en des climats barbares,
    Ou ton propre sang, ou la foi.

Mais ce Dieu te réserve une mort plus charmante;
Un martyre plus beau clora ton dernier jour :
Tu ne devras le ciel qu'à cette pointe ardente
    Dont te va navrer son amour.

O d'un amour si saint noble et sainte victime,
Verse en nos cœurs ce feu qu'allume au tien son dard,
Et préserve de ceux où nous mène le crime
    Tout ce qui suit ton étendard.

Gloire au Père éternel sous qui l'univers tremble,
Gloire au Verbe incarné qu'on ne peut trop bénir;
Gloire à leur Esprit-Saint, gloire à tous trois ensemble,
    Dans tous les siècles à venir.

A MATINES.

    Telle qu'une blanche colombe
Qui vole à tire d'aile, et se dérobe aux yeux,
De Thérèse aujourd'hui l'ame remonte aux cieux,
    Quand le corps descend sous la tombe.

    Son divin Époux la rappelle:
« Viens, ma sœur, lui dit-il, viens du haut du Carmel,

« Viens de l'agneau mystique au festin éternel,
  « Viens à la couronne éternelle. »

Chaste époux des vierges sans tache,
T'adorent à jamais les esprits bienheureux!
Et qu'à bénir sans fin tes desseins amoureux
  Leur sainte éternité s'attache!

POUR LA FÊTE DE TOUS LES SAINTS.

1er NOVEMBRE.

A VÊPRES ET A MATINES.

Secourez-nous dans nos misères,
  Unique Rédempteur de tous,
Et souffrez que la Vierge, à force de prières,
Pour de pauvres pécheurs calme votre courroux.

Saints escadrons d'esprits célestes,
  Qui nous montrez à le bénir,
Guérissez, repoussez, chassez les maux funestes;
Purgez-en le passé, le présent, l'avenir.

Prophètes du souverain Juge,
  Apôtres chéris du Sauveur,
Notre fragilité met en vous son refuge:
Remplissez-en l'espoir, parlez en sa faveur.

Martyrs, dont nous implorons l'aide,
  Et vous, confesseurs éclairés,
De tout ce qui nous tue obtenez le remède,
Et faites-nous revivre aux palais azurés.

Heureux troupeau de vierges pures,
  Corps sacré de religieux,
Comme les autres saints guérissez nos blessures,
Et nous ouvrez l'entrée au royaume des cieux.

  Chassez la nation perfide
    Loin des fidèles au vrai Dieu ;
Que nous puissions lui rendre avec amour solide
Les graces qu'en tout temps on lui doit en tout lieu.

  Gloire au Père, à son Fils unique ;
    Même gloire à l'Esprit divin ;
Gloire à tout ce qu'aux saints leur bonté communique,
Gloire à leur unité sans mesure et sans fin.

A LAUDES.

  Jésus, Sauveur de tout le monde,
Protége des pécheurs par ton sang rachetés ;
  Et toi, Vierge et Mère féconde,
Demande pour eux grace à ses hautes bontés.

  Anges dont le respect l'admire,
Patriarches bénis à qui Dieu le promit,
  Et vous qui le sûtes prédire,
Prophètes, déployez pour nous votre crédit.

  Précurseur, qui mieux que tous autres
Connûtes ce Messie avant que d'être né,
  Portier du ciel, dignes apôtres,
Brisez les fers honteux d'un peuple infortuné.

  Que, par une faveur égale,
Le pur sang des martyrs, la foi des confesseurs,

Et la chasteté virginale,
Des taches du péché daignent purger nos cœurs.

Que les rigides solitaires,
Que tous les habitants du céleste palais,
A nos vœux joignent leurs prières,
Pour nous faire avec eux y revivre à jamais.

Louange au Père inconcevable,
Honneur au Verbe-chair, gloire à l'Esprit divin;
Hommage à leur être adorable,
A leur unité sainte, à leur règne sans fin.

QUATRIÈME PARTIE.

HYMNES
DU
COMMUN DES SAINTS.

POUR
LES APOTRES ET LES ÉVANGÉLISTES,
HORS DU TEMPS DE PAQUES.
A VÊPRES ET A LAUDES.

Aux célestes concerts mêlons d'ici les nôtres,
Que la terre avec joie en puisse retentir :
L'ange célèbre au ciel la gloire des apôtres,
    C'est à nos voix d'y repartir.

Juges de l'univers, véritables lumières
Dont le monde éclairé bénit les sacrés feux,
C'est à vous que nos cœurs adressent leurs prières ;
    Recevez-en les humbles vœux.

Les clefs du paradis sont en votre puissance,
Par vous sa porte s'ouvre et se ferme par vous ;
D'un seul mot aux pécheurs vous rendez l'innocence :

Parlez, et nous sommes absous.

Sous quelque infirmité que les hommes languissent,
Votre ordre les guérit ou les laisse abattus :
Rendez aux bonnes mœurs, qui dans nous s'affoiblissent,
    La sainte vigueur des vertus ;

Afin que quand Dieu même en son lit de justice
Décidera du monde, et finira les temps,
Il prononce pour nous un arrêt si propice,
    Qu'il nous laisse à jamais contents.

Gloire au Père éternel, gloire au Fils ineffable ;
Gloire toute pareille à l'Esprit tout divin,
Qui, procédant des deux, et comme eux immuable,
    Avec tous deux règne sans fin.

A MATINES.

Que les dons éternels du monarque des anges,
    Saints apôtres, ses favoris,
Occupent notre bouche à de justes louanges
    Pour vous qu'il a le plus chéris.

Son grand choix vous a faits princes de nos églises,
    Chefs des plus triomphants combats,
De ce vaste univers les lumières exquises,
    Et du vrai Dieu les vrais soldats.

En vous on voit des saints la foi dévote et nette,
    Des croyants l'invincible espoir ;
En vous de Jésus-Christ la charité parfaite
    Du monde brave le pouvoir.

En vous le Père voit la splendeur de sa gloire,
    Le Saint-Esprit, sa volonté ;
Le Fils y voit briller l'éclat de sa victoire,
    Dieu tout entier est exalté.

Adorable Jésus, dont la gloire infinie
    Remplit tous les célestes chœurs,
Daigne nous, à jamais, joindre à leur compagnie,
    Quoique inutiles serviteurs.

POUR

LES APOTRES ET LES ÉVANGÉLISTES,

AU TEMPS DE PAQUES.

A VÊPRES ET A MATINES.

Les apôtres en pleurs, et comblés de tristesse,
    Regrettoient ce maître adoré
Que l'impie attentat d'une race traîtresse
Par un cruel trépas avoit défiguré.

Un ange en consola de vertueuses dames :
    « Quittez, leur dit-il, ce tombeau ;
« Allez en Galilée, et ce roi de vos ames
« Y frappera vos yeux par un éclat nouveau. »

Aux apôtres soudain elles courent le dire
    Avec un saint empressement,
Et rencontrent ce Dieu pour qui leur cœur soupire,
Comme il l'avoit promis, sorti du monument.

Ses disciples à peine en ont la connoissance,
    Qu'ils vont en hâte au même lieu
Voir ce dernier effet de la toute-puissance,
Qui ranime le corps de l'unique Homme-Dieu.

Sauveur de tout le monde, en cette pleine joie
    Dont la pâque remplit nos cœurs,
Daigne si bien guider ton peuple dans ta voie,
Que d'une mort funeste il échappe aux rigueurs.

Gloire à toi, Rédempteur et Monarque suprême,
    Par toi-même ressuscité ;
Même gloire à ton Père, au Saint-Esprit la même,
Et durant tous les temps, et dans l'éternité.

A LAUDES.

Pâques semble au soleil en faveur des apôtres
    Prêter de nouvelles splendeurs :
Avec les yeux du corps, foibles comme les nôtres,
D'un maître revivant ils ont vu les grandeurs.

Ils ont vu dans sa chair l'ouverture des plaies,
    Ils l'ont sondée avec les doigts ;
Son trépas étoit vrai, ces merveilles sont vraies :
C'est ce que chacun d'eux publie à haute voix.

Saisis-toi de nos cœurs, Roi qui n'es que clémence,
    Et qui pour nous te fis mortel,
Afin que notre zèle à ta haute puissance
Rende avec allégresse un hommage éternel.

Sauveur de tout le monde, en cette pleine joie
    Dont la pâque remplit nos cœurs,

Daigne si bien guider ton peuple dans ta voie,
Que d'une mort funeste il échappe aux rigueurs.

Gloire à toi, Rédempteur et Monarque suprême,
    Par toi-même ressuscité ;
Même gloire à ton Père, au Saint-Esprit la même,
Et durant tous les temps, et dans l'éternité.

POUR UN MARTYR.

A VÊPRES ET A MATINES.

Dieu, qui de tes soldats couronnes la victoire
    Et sers de prix à leurs hauts faits,
En faveur du martyr dont nous chantons la gloire,
    Dégage-nous de nos forfaits.

Il renonça du siècle aux honneurs périssables,
    Les regarda comme pollus,
Et goûte dans le ciel ces biens inépuisables
    Que tu dépars à tes élus.

Il brava des tourments l'horreur la plus cruelle,
    Les souffrit avec un grand cœur ;
Et son sang répandu pour ta gloire immortelle
    Lui gagne un immortel honneur.

Écoute, ô Dieu bénin, notre cœur qui soupire !
    Et, favorable à nos clameurs,
Aujourd'hui qu'un martyr triomphe en ton empire,
    Pardonne à de pauvres pécheurs.

Gloire au Père éternel, gloire au Fils ineffable,
  Gloire à l'Esprit saint et divin ;
Gloire à leur unité, dont l'essence immuable
  Règne sans bornes et sans fin.

A LAUDES.

Martyr, qui, du grand Dieu suivant le Fils unique,
  Et son vrai disciple en ces lieux,
Domptas tout ce qu'osa la fureur tyrannique
  Dont tu triomphes dans les cieux ;

Contre tous nos péchés daigne de tes prières
  Nous prêter le céleste appui ;
De tout ce qui nous souille affranchis nos misères,
  Et soulage tout notre ennui.

Détaché des liens de la terrestre masse.
  Tu vis dans l'éternel séjour ;
Détache-nous du siècle, et nous obtiens la grace
  De mettre en Dieu tout notre amour.

Gloire au Père éternel, gloire au Fils ineffable,
  Gloire à l'Esprit saint et divin ;
Gloire à leur unité, dont l'essence immuable
  Règne sans bornes et sans fin.

POUR PLUSIEURS MARTYRS.

A VÊPRES.

Chantons des saints martyrs les mérites sur terre,
La valeur aux combats, les triomphes aux cieux :

C'est de tous les vainqueurs qu'ennoblisse la guerre
  Le genre le plus glorieux.

Le monde avec horreur a regardé leur vie,
Comme ils ont regardé le monde avec mépris;
Et ta route, ô grand Dieu, jusqu'à ton ciel suivie,
  De ton royaume a fait leur prix.

Leur courage a bravé les gênes préparées;
Leur force a mis à bout la rage des tyrans;
L'ongle de fer leur cède, et leurs chairs déchirées
  Raniment le cœur des mourants.

Comme innocents agneaux ils souffrent tout sans plainte;
On les brise, on les hache, ils n'en murmurent point;
Leur cœur s'en applaudit, et porte à chaque atteinte
  La patience au dernier point.

Quelle plume, Seigneur, quelle voix peut décrire
Ce que ta main apprête à ces dignes guerriers?
La pourpre de leur sang leur assure un empire,
  Et leur mort, d'immortels lauriers.

Unique déité, daigne effacer nos crimes,
Laver leur moindre tache, et nous donner ta paix,
Afin qu'associés à ces pures victimes
  Nous t'en rendions gloire à jamais.

A MATINES.

Que les dons éternels du monarque des anges,
  Les victoires de ses martyrs,
Occupant notre bouche à de justes louanges,
  Épanouissent nos desirs.

Le mépris des terreurs qu'épand la tyrannie,
 Et celui des gênes du corps,
Les ont fait arriver à l'immortelle vie
 Par la plus heureuse des morts.

Ils sont livrés aux dents des bêtes carnassières,
 On les abîme dans les feux;
Des plus cruels bourreaux les rages les plus fières
 Fondent et se lassent sur eux;

On déchire leurs flancs, on sème leurs entrailles;
 Et quand leur sang est répandu,
Leur esprit en repos attend de ces batailles
 Le prix qu'il sait leur être dû.

Adorable Jésus, dont la gloire infinie
 Remplit tous les célestes chœurs,
Daigne nous, à jamais, joindre à leur compagnie,
 Quoique inutiles serviteurs.

A LAUDES.

Toi, qui mets tes martyrs au-dessus du tonnerre,
 Et couronnes les confesseurs;
Toi, qui pour le mépris des faux biens de la terre
 Rends d'inépuisables douceurs;

Prête à nos voix, Seigneur, des oreilles propices,
 Donne à nos vœux de prompts effets;
Nous chantons des martyrs les triomphants supplices :
 Pardonne à nos plus noirs forfaits.

Tu vaincs en ces martyrs, et ta bonté fait grace
 A ceux qui confessent ton nom;

Tu vois de nos péchés quelle est l'impure masse :
   Triomphe-s-en par le pardon.

Gloire au Père éternel, gloire au Fils ineffable,
   Gloire à l'Esprit saint et divin ;
Gloire à leur unité, dont l'essence immuable
   Règne sans bornes et sans fin.

POUR UN CONFESSEUR.

A VÊPRES ET A MATINES.

Ce digne confesseur dont le peuple en ces lieux
Honore la mémoire, et célèbre la fête,
D'un empire aujourd'hui fit la sainte conquête,
   Et prit sa place dans les cieux.

Tant qu'il vécut sur terre, on vit sa piété
Par un divin accord s'unir à la prudence,
Sa pudeur conspirer avec la tempérance,
   Son calme avec l'humilité.

Autour de son tombeau les malades rangés
Reçoivent chaque jour des guérisons soudaines,
Et les maux les plus grands qui ravagent leurs veines
   Sont d'autant plus tôt soulagés.

C'est donc avec raison que nos chœurs aujourd'hui
Font résonner un hymne et des vœux à sa gloire,
Afin que son mérite aide à notre victoire
   A monter au ciel après lui.

Gloire à l'unique auteur de ce vaste univers,
Gloire, honneur, et louange, à sa bonté divine,
Dont l'absolu vouloir gouverne la machine
 Du ciel, de la terre, et des mers.

POUR UN CONFESSEUR PONTIFE.

A LAUDES.

Doux Rédempteur de tout le monde,
 Sainte couronne des prélats,
Daigne, par ta clémence en miracles féconde,
Favoriser des vœux qu'on t'offre d'ici-bas.

C'est en cette heureuse journée,
 Dont nous célébrons le retour,
Qu'un prélat tout à toi vit sa course bornée
Par le prix éternel qu'en reçut son amour.

Pour avoir des biens périssables
 Rejeté les flatteurs attraits,
Il en goûte aujourd'hui qui sont inexprimables,
Et dont l'épanchement ne tarira jamais.

Fais-nous, Seigneur, suivre ses traces,
 Imprimer nos pas sur les siens,
Afin qu'à sa prière obtenant mêmes graces,
Nous puissions dans le ciel jouir des mêmes biens.

Puissions-nous, ô Roi débonnaire,
 Te rendre une gloire sans fin,
Pareille et même gloire à ton céleste Père,
Pareille et même gloire à l'Esprit tout divin.

POUR UN CONFESSEUR NON PONTIFE.

A LAUDES.

Jésus, de notre foi la plus riche couronne
    Et la plus haute vérité,
Qui, pour prix des travaux qu'en t'aimant on se donne,
    Rends une heureuse éternité ;

Accorde en rédempteur aux vœux de l'assemblée,
    Par les mérites de ce saint,
La grace des péchés dont elle est accablée,
    Et brise les fers qu'elle craint.

Ce jour que tous les ans sa fête renouvelle,
    Ce grand, ce digne jour nous luit,
Où, quittant de son corps la dépouille mortelle,
    Il monta dans un jour sans nuit.

Pour avoir dédaigné tout ce que la nature
    Étale d'attrayant aux yeux,
Et traité ses trésors et de fange, et d'ordure,
    Il règne à jamais dans les cieux.

A force d'adorer ta main qui nous gouverne,
    A force d'exalter ton nom,
Il dompta hautement tout l'orgueil de l'Averne,
    Et les ministres du démon.

Ce qu'il eut de vertu, ce qu'il eut de foi vive,
    Dans le rang de tes confesseurs,
Pour fruit d'une abstinence heureusement craintive,
    Goûte d'éternelles douceurs.

Daigne donc, ô grand Dieu, dont les bontés sublimes
    L'ont mis au nombre des élus,
Remettre en sa faveur à l'excès de nos crimes
    Les châtiments qui leur sont dus.

Louange à tout jamais au Père inconcevable,
    Louange à son Verbe en tout lieu ;
Louange à l'Esprit-Saint, ainsi qu'eux ineffable,
    Qui n'est avec eux qu'un seul Dieu.

POUR LES VIERGES.

A VÊPRES ET A LAUDES.

    Jésus, des vierges la couronne,
Que dans ses flancs sacrés une mère porta,
Qui vierge te conçut, et vierge t'enfanta,
Reçois les humbles vœux dont notre cœur résonne.

    Parmi les lis que tu fais naître
Les vierges à l'envi te vont faire leur cour ;
En époux glorieux tu les remplis d'amour,
Et ton céleste amour les récompense en maître.

    Partout elles suivent tes traces,
Et la sainte candeur de leurs feux innocents
Offre à ta gloire immense un éternel encens,
A ton immense amour d'inépuisables graces.

    Fais-nous par des faveurs nouvelles
Épurer à tel point notre fragilité,
Qu'élevés au-dessus de notre infirmité,

Nous soyons à tes yeux chastes et saints comme elles.

> Honneur, vertu, gloire et louange,
> Au Père, au Fils unique, à l'Esprit tout divin,
> Qui ne sont qu'une essence, et qui tous trois, sans fin,
> Règnent dans un séjour où jamais rien ne change.

A MATINES.

Fils d'une Vierge pure, auteur de cette mère
Qui vierge te conçut, vierge te mit au jour ;
Nous chantons d'une vierge et la mort et l'amour :
> Donne à nos chants de quoi te plaire.

Elle fut, cette Vierge, en deux façons heureuse :
Son sexe étoit fragile, elle sut résister ;
Son siècle étoit cruel, elle sut le dompter,
> Toujours forte et victorieuse.

Elle voyoit aussi le trépas sans le craindre,
Les tyrans sans frémir, les bourreaux sans horreur ;
Et les flots de son sang que versa leur fureur
> Jusqu'au ciel la firent atteindre.

Au nom de cette Vierge exauce nos prières,
Pardonne à nos péchés, purge ce qui vient d'eux.
Afin qu'à tes autels notre zèle et nos vœux
> Te portent des ames entières.

Gloire au Père éternel, tout bon, tout saint, tout sage ;
Gloire au Verbe incréé, gloire à l'Esprit divin,
Qui, procédant des deux, règne avec eux sans fin,
> Et veut de nous pareil hommage.

POUR UNE SAINTE

QUI N'EST NI VIERGE, NI MARTYRE.

A VÊPRES ET A LAUDES.

Exaltons d'une femme forte
Le courage viril, l'heureuse fermeté,
Les victoires qu'elle remporte,
Et qui font en tous lieux briller sa sainteté.

De l'amour de son Dieu navrée,
Elle prit en horreur le monde et ses plaisirs,
Et par une route sacrée
Elle parvint au ciel, où tendoient ses desirs.

Les veilles furent ses délices,
La fervente oraison fit ses plus doux festins,
La charité ses exercices,
Et ses jeûnes là-haut goûtent des mets divins.

Grand Dieu, vertu des fortes ames,
Qui seul en celle-ci fis de si grands effets,
Inspire-nous les mêmes flammes,
Écoute nos soupirs, et lave nos forfaits.

Gloire au Père, au Verbe ineffable,
A l'Esprit tout divin, à leur sainte unité,
A leur essence inconcevable,
Et durant tous les temps, et dans l'éternité.

A MATINES.

Au nom de cette sainte exauce nos prières,

Pardonne à nos péchés, purge ce qui vient d'eux,
Afin qu'à tes autels notre zèle et nos vœux
    Te portent des ames entières.

Gloire au Père éternel, tout bon, tout saint, tout sage;
Gloire au Verbe incréé, gloire à l'Esprit divin,
Qui, procédant des deux, règne avec eux sans fin,
    Et veut de nous pareil hommage.

POUR LA DÉDICACE D'UNE ÉGLISE.

A VÊPRES ET A MATINES.

Sainte Jérusalem, ville heureuse à jamais,
    Charmante vision de paix,
Qui n'es bâtie au ciel que de pierres vivantes,
Les anges l'un de l'autre en ta faveur jaloux
    Te font des couronnes brillantes,
Et telles que l'épouse en attend de l'époux.

Aussi le digne éclat que tu reçois des cieux
    T'offre si pompeuse à ses yeux,
Qu'il te voit en épouse à son lit destinée :
Tes places et tes murs sont d'un or épuré,
    Et toute leur structure ornée
Des plus riches splendeurs dont son chef soit paré.

Tes gonds et tes verroux de perles sont couverts,
    Tes portes à battants ouverts
Au vrai mérite seul en permettent l'entrée :
C'est là qu'il introduit quiconque en ces bas lieux.
    En cette infidèle contrée,
Endure pour le nom d'un Dieu, le Dieu des dieux.

Ces pierres qu'ici-bas polissent les tourments,
 Les gênes, les acccablements,
Prennent là des clartés à jamais perdurables :
Le céleste ouvrier met chacune en son lieu,
 Et par des chaînes adorables
Attache l'une à l'autre, et les unit en Dieu.

Gloire, puissance, honneur, et louange, au Très-Haut,
 Au Fils comme lui sans défaut,
A l'Esprit tout divin, ainsi qu'eux ineffable ;
Gloire, honneur, et louange, à leur sainte unité,
 A leur essence inconcevable,
Et durant tous les temps, et dans l'éternité.

A LAUDES.

Bienheureuse cité, le monarque éternel,
 Qui sauva l'homme criminel,
Te sert de fondement et de pierre angulaire :
De tes murs rayonnants il est la liaison,
 Et se fait le digne salaire
De la foi qui sur terre enchaîne ta raison.

Cette ville chérie, et toujours en faveur,
 Infatigable en sa ferveur,
Résonne incessamment d'une musique sainte ;
Et l'amoureux concert que font toutes ses voix
 Exalte en toute son enceinte
Ces Trois qui ne sont qu'Un, et cet Unique en Trois.

Ce temple la figure en portrait raccourci :
 Seigneur, daigne y loger aussi ;
Accorde cette grace à nos humbles prières ;
Verse à grands flots sur nous ta bénédiction,

Et par des faveurs singulières
Rends-nous dignes un jour de ta sainte Sion.

Qu'en ce temple chacun obtienne de ses vœux
    L'effet cent et cent fois heureux
Qu'ont ici de tes saints mérité les souffrances :
Admets-nous avec eux en ton divin séjour,
    Et fais-nous part des récompenses
Qu'à leurs travaux finis prodigue ton amour.

Gloire, puissance, honneur, et louange, au Très-Haut,
    Au Fils comme lui sans défaut,
A l'Esprit tout divin, ainsi qu'eux ineffable ;
Gloire, honneur, et louange, à leur sainte unité,
    A leur essence inconcevable,
Et durant tous les temps, et dans l'éternité.

FIN.

TABLE

DU TOME ONZIÈME.

L'Office de la Sainte Vierge.	Page 1
Les sept Psaumes Pénitentiaux.	185
Vêpres et Complies des Dimanches.	243
Instructions chrétiennes.	293
Prières chrétiennes.	352
Les Hymnes du Bréviaire Romain.	391

FIN DE LA TABLE.

www.ingramcontent.com/pod-product-compliance
Lightning Source LLC
Chambersburg PA
CBHW060236230426
43664CB00011B/1674